U0781323

要件审判
九步法

邹碧华 著

人民法院出版社

邹碧华 (1967—2014) 汉族，江西奉新人。法学博士，高级法官。
1988 年北京大学法学院毕业后至上海市高级人民法院参加工作。历任上海市
高级人民法院民二庭庭长、上海市长宁区人民法院院长、上海市高级人民法
院副院长等职。2000 年赴美国联邦司法中心担任研究员。兼任中国民法学
研究会理事、上海市第九届青联委员、上海市劳动和社会保障学会劳动法专
业委员会副主任，并兼任华东政法大学硕士生、博士生导师，兼任上海财经
大学、上海对外经贸大学硕士生导师。2006 年被评为"上海市十大杰出青
年""上海市十大优秀中青年法学家"；2009 年被评为首届"全国审判业务专
家"。2015 年被追授"时代楷模""全国优秀共产党员""全国模范法官"荣誉
称号。2018 年，被授予改革先锋称号。2019 年被评为"最美奋斗者"。

2000 年在美国联邦司法中心担任研究员

在捷克参加世界法律大会

2014 年 11 月向兄弟法院介绍上海法院信息化建设工作

2013 年 9 月前往信访人员家进行现场查看

要件审判九步法

（新注版）

修订委员会

主　任　　米振荣

副主任　　金练红

成　员　　赵　敏　　宓秀范　　王　飞

　　　　　彭志娟　　柏传祥　　彭小萍

新注版出版说明

2020 年 8 月,本书在法律出版社的出版合同到期。经与邹碧华法官家人磋商同意,现由人民法院出版社出版。《中华人民共和国民法典》于 2021 年 1 月起施行,民法通则等 9 部法律同时废止,最高人民法院亦对有关司法解释进行了全面清理。基于这样的契机,为了更好地弘扬邹碧华法官精神,传承邹碧华法官的审判理念与方法,我们根据最新的法律规定和司法解释,组织编辑出版本书的"新注版"。"新注版"在保留邹碧华原著内容的基础上,做了以下修订补充:

第一,对书中引用的法律条文作注释,说明该条文的修改变化情况,及在现行有效法律、司法解释中的对应条文,并以脚注的形式列出新旧法律条文,方便读者随时对比。既保留了作者的思想原蕴,让读者流畅完整地阅读原文,又对书中引用的法律条文进行了更新,让读者的思路与现行有效法律、司法解释的规定保持一致,便于指引司法实践。此为本版《要件审判九步法》"新"的体现之一。

第二,对附件中的"请求权、抗辩(权)基础备考表"进行了全面修订。根据民法典及清理后的司法解释,对备考表中的案由、诉讼请求、请求权基础、抗辩(权)主张、抗辩权基础进行了修订更新,便于读者在司法实践中随时查阅、使用,进一步增强了本书的时效性和实用性。是为此版本"新"的体现之二。

本书的修订再版得到了上海市长宁区人民法院米振荣院长及有关领导的大力支持和指导,长宁法院审判监督庭(审管办、研究室)孙海峰、李旭颖,民事审判庭付琰、邓金、臧佳俊、严超,商事审判庭罗静深、聂妍铧、陈清、邓鑫,少年家事综合审判庭颜世杰等老师参与本书的修订工作,我们在此表示诚挚感谢! 对本书修订过程中存在的疏漏和不足之处,望广大读者朋友不吝批评指正。

编者
2021 年 6 月

第十二次重印说明

在本书进行第十二次重印之际,总想为英年早逝的本书作者邹碧华法官说点什么。为此,我们邀请了邹碧华法官的妻子唐海琳女士撰写了"做一个法律人"一文,置于本说明之后,序之前。文中饱含深情的肺腑之言是对邹碧华法官最好的纪念。为便于读者更全面了解本书的内容和编辑出版过程,由责任编辑撰写了编后记,附于本书后记之后,亦表达了一份对邹碧华法官的深切怀念。

2015 年 1 月

做一个法律人

2015 年初似乎格外地寒冷，每一次午夜梦醒时，身边空空的，习惯性地，我总想起床去叫碧华："很晚了，明天还要上班，你早点休息吧……"，然而碧华不会再回应我了，他永远地留在了 2014 年。在我茫茫然的时候，出版社找到我，请我为碧华《要件审判九步法》写一些文字。写什么呢，他是我生命中的重中之重啊！往日的情形不用刻意回忆就纷至沓来。

碧华写本书的时候，正在长宁法院担任院长，之前他在高院工作。在高院时他就很关心司法方法这一领域，2003 年高院盛勇强副院长推出了《民事办案要件指南》，他极为推崇，他不止一次地和我说，这套指南强化请求权基础、强调固定规范要件、固定争点，具有较强的科学性。每次说到这套指南，他就像个孩子一样，歪着头，眼睛都在雀跃。2008 年碧华到长宁法院后，他近距离观察基层法官审判思路，觉得还需要把审判方法进一步具体化、步骤化。为此，他直接深入地查阅大量案件和当事人来信，在 2008 年底前亲自审阅了所有长宁法院一年以上审限案件的案卷，在半年内阅读当事人来信 500 多件。由于担任基层法院院长，行政和审判管理工作非常繁忙，他只能在夜间进行大量的阅卷、写作工作，往往一直工作到半夜两点多。我心痛他，但是看到他如此精神饱满地工作，并展望这个工作对实现审判公正的作用时，我又为他自豪。

很多次，碧华和我晚上一起跑步锻炼的时候，他都会说起他对审判工作的一些想法：做法官，就必须承担得起当事人的"期待"，承担起法官的责任，不光要有卓越的价值观，还要有能力实现司法的价值目标；有的时候是说案卷中反映出来的当事人诉讼请求不固定导致案件长期无法进入实质性审查，进而审限超长，又引发当事人不满；有的时候他会说一些工作中发现的部分法官缺乏法律适用方法的训练，他认为思维方式甚至比专业知识更为重要，专业知识有据可查，而思维方式是靠长期专门训练而成的；有的时候他会说律师和法官之间的关系应该是良性的，互相尊重的,应该共同重视请求权基础,提高庭审效率……

2010年初,《人民法院报》刊出了"九步法"报道,在全国各地法院引起反响,不少法院前来交流"九步法",于是碧华决定以这个方法为主题写一本讲义。在探索过程中,他的同事们纷纷在自己的办案实践中尝试采用"九步法"并加以总结提炼和推广。2010年8月,碧华的"九步法"终于成书了,这是他结合一线法官的办案实践探索总结的成果,"以请求权和抗辩权作为法律适用的基本出发点,以要件事实作为审判的基本元素,以简明具体的操作步骤作为抽象审判思路的基本载体,在程序法和实体法之间建立连接点,在纠纷事实与法律规范构成要件之间建立连接点,在法官诉讼指挥权与当事人处分权之间建立连接点"。正如碧华所说,"这一机制从规范法官司法行为模式出发,遵循了法律规则本身的逻辑要求,强调从诉讼流程的各个具体环节出发实施审判管理,实现了对法官法律适用全过程的行为构成与司法方法的规范化与制度化。"

至今想来,成书之时碧华颇有一种责任感、使命感。"技可进乎道,艺可通乎神",从实践中总结提炼而成理论,再用理论去更好地指导实践,从而让一名法官,能够"像个法律人一样地思考",进而"能够让带着满脑子的糨糊来到他的法庭的当事人,带着清晰的答案离开",这就是碧华的理想。

今天,我坐在碧华的书房再读了一遍本书,掩卷之际举目四顾,三面墙仍然是密不透风、顶天立地的书架,各种以法学为主的书籍肆无忌惮地向着窗台、楼梯口乃至所有可资利用的空间蔓延、侵蚀,这是碧华留下的书籍,而碧华的精神则留在了他的言行中,留在了他的著作中。审判管理模式、制度、方法三位一体的体系建设任重而道远,碧华先行了一步,我想,他更希望有更多的人不断探索、敏于创新,甚而能够超越他,不断推动法治建设,让法治精神留存在每一个人的心中。

唐海琳
2015年1月冬夜

序

当前,随着我国经济社会的转型和利益格局的调整,各类社会矛盾呈现出主体多元、数量多发、诉求多样的发展态势,并以案件的形式进入人民法院的司法领域,人民群众对司法的需求和关切日益强烈。进一步优化司法资源配置,强化审判管理,讲求司法方法的科学性,增强司法能力,确保司法公正高效,不断满足人民群众的新要求、新期待,成为人民法院面临的重要职责和迫切任务。

公平正义是更高层次的民生需求,也是司法工作的价值追求。司法的基本功能在于通过客观公正的判断,明是非、断责任、解纠纷、促和谐。实现这一基本功能和价值追求,既要人民法院广大法官牢固树立"公正、廉洁、为民"的司法核心价值观,根植社会主义法治理念,也要立足法律规定,加强对审判规律和审判方法的理论研究与实践探索,使广大法官善于把握司法规律,敏于掌握科学方法,不断增强司法能力,在案件审理的每个阶段,在裁判的每项内容上,都能将人民法院构建和谐社会,维护社会稳定的政治责任,与严格依法审判、公正裁判的法律规定有机统一,增强司法裁判的社会认同,切实让有理有据的当事人打得赢官司,让公平正义看得见,能感受。

近年来,上海法院在审判方法方面一直进行着不懈的探索。早在2003年,上海市高级人民法院就推出了《民事办案要件指南》,为上海法院的民事审判实践发挥了重要的指导作用。邹碧华同志结合基层法院一线法官的办案实践探索总结的要件审判九步法,以请求权和抗辩权基础作为法律适用的基本出发点,以法律规范构成要件作为审判的基本元素,以简明具体的操作步骤作为抽象审判思路的基本载体,将民商事案件的审理分解为九个步骤,在厘清法官办案思路、提高办案技能、提升办案方法科学性上进行了积极而富有意义的探索。碧华同志这种从审判管理的角度研究思考和总结审判方法的钻研精神和探索努力,值得肯定。

值此《要件审判九步法》付梓之际,谨向碧华同志表示祝贺,并期待着这一理论研究成果在实践中进一步丰富和完善,也衷心期待上海法院更多的法官在繁重的审判工作之余,勤于思考、勇于探索、敏于创新,立足丰富的审判实践,正确把握审判特性,不断认识审判规律,善于提炼审判经验,积极破解审判难题,为维护社会公平正义,构建社会主义和谐社会作出应有的贡献。

是为序。

上海市高级人民法院院长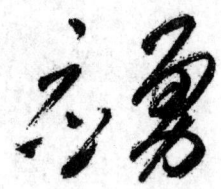

2010 年 8 月 18 日

目　录
Contents

导　论

　　法律方法或法学方法是国内外法理学界长期以来一直非常关注的一个重大问题。在近年来译介入我国的法学著作中,这方面的文献不在少数。一些经典著作如德国法学家拉伦茨的《法学方法论》、卡尔·恩吉斯的《法律思维导论》等都已有中文译本面世。国内法学界在这方面也作出了诸多努力,著名学者舒国滢、梁慧星、王利明等纷纷推出了这方面的专著。

　　但是,在具体的法律适用方法方面,国内的相关著作还比较少见。比较有名的有我国台湾地区学者王泽鉴先生的《法律思维与民法实例》,美国鲁格罗·亚狄瑟的《法律的逻辑——法官写给法律人的逻辑指引》(法律出版社 2007 年版)等。我国学者许可先生的《民事审判方法——要件事实引论》对日本在裁判方法方面的研究作了具有相当深度的介绍,同时也提出了自己非常独到的观点。杨立新先生的《民事裁判方法》属于在这方面比较专业的著作,他提出的民事裁判“五步法”在法律适用方法研究方面具有十分重大的意义。另外,上海市高级人民法院曾于2003 年推出《民事办案要件指南》一书。总体而言,我国在法律适用方法方面的研究和成果仍然比较少。因此,上述研究成果和实践努力尤显珍贵,对我国法律适用方法的研究和司法实务具有十分重要的意义。

　　为了对法官的审判活动提供指导,推进我国法律适用方法的研究,我们结合已有的理论研究成果和自身司法实践经验,推出了“要件审判九步法”。

　　所谓“要件审判九步法”,是在要件分析方法的基础上形成的一套操作方法。要件分析方法,也叫基础规范分析方法,是指以构成诉讼基础的基础规范作为出发点,通过分析并涵摄规范要件对案件作出裁判的方法。其实质也就是请求权方法,最关键的是以权利请求基础作为诉讼的出发点。“要件审判九步法”以要件分析方法为基础,同时又发展了要件分析方法。它是以权利请求为出发点、以实体法律规范构成要件分析为基本手段的审判方法,围绕当事人的权利请求基础,将审判活动划分为环环相扣的九个步骤,分别是:固定权利请求——确定权利请求基础规范——确定抗辩权基础规范——基础规范构成要件分析——诉讼主张的检索——争点整理——要件事实证明——事实认定——要件归入并作出裁判。这里的“要件”,一是指“法律规范的构成要件”,也即法律规范的各个构成要素;二是特指“要件事实",即与法律规范构成要件相对应的能够引发法律效果的主要事实。

"要件审判九步法"以确定当事人主张的法律关系为核心,从固定诉讼请求、法律关系,到寻找并确定请求权基础和抗辩权基础,再固定当事人争议焦点、分配证明责任,直至根据实体法律规范的构成要件进行逻辑分析,并最终作出裁判,审理思路完整、清晰。其特点是以请求权和抗辩权基础作为法律适用的基本出发点,以要件事实作为审判的基本元素,以简明具体的操作步骤作为抽象审判思路的基本载体,在程序法和实体法之间建立连接点,在纠纷事实与法律规范构成要件之间建立连接点,在法官诉讼指挥权与当事人处分权之间建立连接点。

"要件审判九步法"的九个步骤初看好像比较复杂,但只要把握其中几个关键点,运用起来就比较方便。它符合司法审判的规律和要求,对法官厘清审判思路、掌握审判节奏、制作裁判文书等具有十分重要的指导和借鉴作用。

第一章　为什么要写这本讲义？

这本讲义欲解决的主要是法官职业技能中的核心技能——审判方法和审判思路问题。为什么要选择这个题目呢？

一、法官离得开法律适用方法吗？

每次当事人站在审判台前时，他们期待的眼神给我们带来的只有两个字——"责任"。从我们选择做法官的那一天起，我们就注定要面对当事人的期待；面对着期待，我们就必须承担起这个职业所带给我们的沉重责任。

法官的责任意味着什么？我认为它首先意味着职业价值观。没有崇高的职业价值观，是不可能成为一名优秀法官的。要成为一名优秀法官，其前提一定是我们想要成为一名优秀法官，那就意味着我们首先必须拥有一名优秀法官的卓越价值观。一个人拥有了优秀法官的价值观，他就会对这个职业的价值目标（包括职业操守要求）有深刻的体认。

但是，仅仅有明确的职业价值目标，我们的问题就解决了吗？

不。法官的责任还意味着法官要有能力实现司法的价值目标。或者，更加准确地说，法官还要有能力彰显司法的价值目标，亦即在可能的范围内，通过自己的具体司法行为把司法价值目标的要求淋漓尽致地体现出来。这就要求他对这个职业的基本技能必须有深刻的理解和娴熟的运用能力。

毛主席说过，我们不但要提出任务，而且要解决完成任务的方法问题。我们的任务是过河，但是没有桥或没有船就不能过。不解决桥或船的问题，过河就是一句空话。不解决方法问题，任务也只是瞎说一顿。在将法律适用于具体案件的过程中，法律适用技术起着决定性的作用，它解决的是将法律适用于具体案件的方法和手段问题。这些方法和手段构成了一整套的程序和规则体系。

我们当然需要一定的法律适用方法。这是个不言自明的问题。没有一定的方法，法官就不可能完成司法的任务。从罗马法开始，人类就开始了对法律适用方法的探索。这种探索发展到分析法学时期，已经达到了相当的高度。虽然由于分析法学方法过于强调法律适用方法的形式性、忽略人类的实践理性而逐渐为人们所诟病，但不可否认的是，法律适用方法已经成为人类法治文明的粲然硕果。法官们理解法律、认知案件事实、适用法律作出裁判等行为无不需要运用一定的方法。离开了方法,就无法实现司法的价值目标。因为,法律适用的过程本质上就是将某个生活事实归入某个法律概念之下的逻辑涵摄过程。[①]

对于演绎推理等形式化的方法自身存在的缺陷,法理学界多有指摘,甚至有人要否定这些基本方法。但是,正如拉伦茨先生所言,强调法律适用中的价值判断因素,并不是说,"法律家可以不依一定的方法来处理问题,也不是意指,迄今被用过的方法全都变得不堪使用";"假使我们不尊重一定的方法的话",法律适用的任务是不可能实现的。[②]

众所周知,法律适用方法离不开法律推理,甚至可以说法律适用方法构筑在法律推理的基石之上。从司法实践来看,法律推理至少有以下几个方面的重要作用:

一是法律推理为我们提供了法律规范具体化的工具。法律条文是抽象的,而生活现象是具体变化的。人类不可能针对一切生活现象都作出具体的规范,那样既不现实,也不科学,当然更无必要。人们总是通过对一类情形作出抽象的规定,然后,在具体生活事件发生的时候,再把具体生活事件的基本特征与抽象的规范进行对照,从而将抽象规范具体地适用于生活事件。从抽象到具体这一经典过程的基本工具就是法律推理。

二是法律推理为我们提供了法律面前人人平等的理性基础。法律面前人人平等的基本原则,要求在司法领域排除法律适用者的主观恣意,实现同案同判。而法律推理恰恰发展出了一套相对脱离个人偏好的形式理性系统。比如,法律规定"闯红灯要罚款"。甲闯了红灯,要罚款;乙闯了红灯,当然也要罚款。法律推理的理性系统,可以有效抑制法律适用者的主观恣意,为同类案件同样处理提供了方法论的前提。

三是法律推理为人们提供了行为预期。法律规范不仅是裁判规范,同时也是一种行为规范,对人们的行为起着导引、规范作用。正是法律推理的形式性,使得人们在法律规范具体化的过程中可以对自己行为的法律后果进行预判,从而作出什么事情该干、什么事情不该干的预期。这种对自己行为法律后果的有效预期,在很大程度上可以满足人们对法律稳定性的期待,有助于实现整个社会运行的安定与有序。

四是法律推理为人们提供了认识未知领域的方法,丰富了人们认识事物的手

---

① [德]卡尔·拉伦茨:《德国民法通论》(上),王晓晔等译,法律出版社2003年版,第96页。

② [德]卡尔·拉伦茨:《法学方法论》,陈爱娥译,商务印书馆2003年版,第20页。

段。以犯罪故意的认定为例,现代科学技术尚无法为我们提供探知人类主观思想状态的密码,而犯罪故意恰恰是行为人的主观思想状态,那么,在司法实践中如何有效地认定行为人的主观思想状态呢?

我们来看看国外的检察官是怎样通过法律推理方法让犯罪嫌疑人的主观意图得到客观展示的。在这个案件中,犯罪嫌疑人因使用假币购物被起诉,但他辩称自己并不知道那是假币。检察官在法庭上通过一连串的发问展现了以下几个事实:

(1)被告在第一家便利店用 100 美元的假币买了一根价值 2 美元的巧克力棒,便利店找给他 98 美元;

(2)十分钟后,被告在第二家便利店又用 100 美元的假币买了一根价值 2 美元的巧克力棒,便利店找给他 98 美元;

(3)又十分钟后,被告在第三家便利店再用 100 美元的假币买了一根价值 2 美元的巧克力棒,便利店仍旧找给他 98 美元;

(4)在第四家店,被告如法炮制,结果被巡逻的警察抓住。

通过上述四节事实,我们会很容易得出被告要用假币换真币的主观意图。尽管我们不能去阅读他的思想,但我们可以通过既有的事实,对未知的事实进行推理。这就是法律推理的作用。正是因为法律推理的存在,我们的法律适用才具有了特定方法。

当前,人民法院受理案件数量急剧上升,新型案件层出不穷。面对着法律素质参差不齐的当事人,面对着纷繁复杂的案件,法官们如果没有一个清晰的头脑,如果不能掌握一套缜密的法律适用方法,法律适用结果的公正与效率必将是一种奢望。此外,司法判决如欲获得正当性,赢得社会公众的认同,也必须遵循法律推理。法律推理是法官们每天必须操练的一种智慧行为。这其实意味着法官必须掌握一定的法律适用方法。

二、中国法官缺乏法律适用方法的训练

也许有法官会问,我们办案子的办法都用了二三十年了,不都这样过来了嘛?!是的,我们的老办法处理了很多案件,但它存在着几个方面的问题:其一,缺乏传承性。方法的传承,对于司法的进步具有非常重要的意义。一个国家的法治进步与其方法的可传承性具有密切关系。一个法官的办案方法再好,也只有他自己在使用,等到他退休,他的方法很可能就失传了。当然,这也要看具体情况,有的法院比较注重方法的传承问题,可能会好一些,但总体上看,我们法官们的方法比较缺乏可传承性。其二,缺乏标准性。这个问题在实践中的反映比较明显。我们那么多法官,每个人的办案水平、办案能力差异较大。有的法官每个月能办二十多件案子,而且办案效果特别好,鲜有投诉;但有的法官不仅办案效率不高,且不时遭遇投诉。个中缘由就在于传统的办案方法往往都是"得失寸心知"的个性化经验,更多地依赖于法官个人的人格魅力、人生阅历等独特性因素,无法予以标准化、格式化,难以为他人所复制、沿用。其三,缺乏可检验性。一种方法如果无法检验其适用结论的正确性,则难以推广运用。传统的办案方法多系对个案办理经验的概括和总结,属于经验性描述。这种个性化的经验,更多地重视"具体情况具体分析",没有具体的原则、规则的指导,其适用条件和范围不明确,适用规则也不清晰,因此,其适用所得出的结论是否符合实际情况、是否正确,难以为他人所评判,通常也难以通过自我检验而实现自足;其适用结论是否正确就会捉摸不定,他人对其适用结论也难以实现预判。

法官作为一种必须直面责任的职业,必须高度重视和强调方法。何谓职业?波斯纳先生说得好,"职业是这样的一种工作,人们认为它不仅要求诀窍、经验以及一般的'聪明能干',而且还要有一套专门化的但相对(有时则是高度)抽象的科学知识或其他认为该领域内的某种智识结构和体系的知识"。[1] 法官作为一种职业,有着自身特殊的要求。吕忠梅法官认为,"是职业要求法官必须同时具备两个方面的素质:系统的法律知识与适用法律的基本技能——诀窍、经验以及'聪明能干'。缺乏其中的任何一个方面,都不能真正满足法官职业的要求"。[2] 对于法官来说,"思维方式甚至比他们的专业知识更为重要,因为专业知识是有据可查的,而思维方式是靠长期专门训练而成的"。[3] 离开了专业的思维方式,所谓的责任只能是一种空谈。

我们强调法官职业必须高度重视方法,也是我国的国情所决定的。第一,长期以来,我们比较注重实质正义、实质理性,而对形式理性的重视相对不足。比如,司法实践中当事人可以不管自己诉辩的内容是什么,可以不管自己的证据是否靠得住,可以不管法官适用的法律条文是什么,而只是要求法官给他一个他认为的"公正",无论这种"公正"是否是真正的"公正"。第二,中国的法学教育中较为缺乏形式理性的方法训练。记得有一次,我去旁听一起案件,当法官对律师说,"请明确你方的请求权基础",那个律师听了一愣,含含糊糊不置可否。我明

---

① [美]理查德·波斯纳:《超越法律》,苏力译,中国政法大学出版社2001年版,第44页。
② [美]鲁格罗·亚狄瑟:《法律的逻辑——法官写给法律人的逻辑指引》,唐欣伟译,法律出版社2007年版,第3页。
③ [美]鲁格罗·亚狄瑟:《法律的逻辑——法官写给法律人的逻辑指引》,唐欣伟译,法律出版社2007年版,第5页。

显能够感受到那位律师对"请求权基础"这个概念不甚明了。在我们的法庭上，不知道"请求权"为何物的法官和律师还是有一定数量的，因为我们的法学院里基本没有类似的课程和训练。亚狄瑟法官在他的《法律的逻辑》一书中，举了一个法学院进行"苏格拉底式对话"的思维训练的例子。这段训练非常生动形象地向我们展现了英美法学院对法律思维方式训练的重视及其特点，值得一读。第三，我们的法律职业人员在具体方法的把握方面还存在着一些迫切需要解决的问题。后文我讲到的法官在审判中存在的"四个不固定"问题，其实就反映了法官们在具体方法的把握方面的不足。这类问题在实践中有一定的普遍性。从律师职业来看，这方面也急需改进。例如，我们不少律师在开庭陈词时往往是按照起诉状照本宣科，既耗时间，亦造成庭审中重复劳动。其实，开庭陈词阶段需要说的内容是十分有限的，只需提出要件主张即可，至于证据及辅助性事实可以放在法庭调查中逐步展开。但我们的法律职业人员缺乏这方面的训练，所以就会出现上述问题。第四，法学界对具体法律适用方法的研究比较薄弱。我们比较注重形而上的东西，而不太注重形而下的研究，也就是不太注重操作层面的研究。在实现司法正义目标的问题上，形而上的东西和形而下的东西都很重要。现在我们或者强调实践理性而忽视形式理性；或者注意到了形式理性的重要性，强调二者的并重，但却鲜有法律适用具体方法的专门研究。张卫平先生说，"在法学界由于我们要强调基础性问题的研究，因此法技术的问题历来被轻视。……从事理论的学者不可能将主要精力放在实用法技术的层面，学者也缺乏回答和解决法应用技术层面的问题条件"。[①]

之所以要写这本讲义，还与我们的法官对法律适用方法的把握参差不齐的状况密切相关。我曾经对一批结案时间超过 12 个月的民事"老案"（2009 年上海基层法院各类案件的平均结案时间为 56.63 天）做过专门调查。这批案件之所以会比其他案件的结案时间长，主要有三个方面原因：一是送达困难；二是鉴定耗时，主要是送审计、评估、鉴定等环节耗时；三是案情疑难复杂，致重复开庭率高。鉴定耗时和送达困难主要还是缘于客观原因[②]。但同时我们也发现，**案件不能及时审结，还有几个更加重要的主观原因应当引起我们的重视：一是诉讼请求不固定；二是法律条文不固定；三是诉讼主张不固定；四是证据材料不固定。**这几个问题不仅会引起诉讼迟延，还会影响案件审理质量。比如，我所在的法院有一项制度，审判委员

---

① 张卫平：《知向谁边》，法律出版社 2006 年版，第 21~22 页。
② 我国的送达难问题主要在于我国人口众多、人口流动、地域广大及我国民事诉讼法规定的送达模式效率较低等客观原因。

会要听取超 12 个月未审结案件原因的专题汇报。在听取汇报中,我们发现"老案"的形成有一项原因是鉴定时间较长。一般情况下,送鉴定时间较长被认为是比较正常的,因为鉴定机构的效率与法官个人的主观原因无关。但经深入分析,我们发现有些鉴定之所以迟迟出不来结果,是因为双方当事人不予配合,证据材料未得到固定。这个例子充分说明,具体方法对司法目标的实现多么重要。

裁判文书的质量也是我们这些年来一直强调的问题,但从裁判文书的制作中,同样可以看出我们在方法上存在的问题。比如,说理的逻辑层次性不强,说明我们的法官在逻辑方法上缺乏训练。又如,裁判文书中引用的法律条文不准确,说明法官在形成判决的过程中没有把法律条文放在重要位置,这是缺乏司法方法训练的典型表现。

郑永流先生在其翻译的德国法学家卡尔·恩吉施的《法律思维导论》一书的后记中说,"没有方法论的自觉和训练,的确也可凭借职权断案,但常断不明案,当事人每每不服。这固然有时是判断者的价值观出了问题……却也大量表现为技艺不行。法学是一门充满实践理性的学科,魅力主要不在坐而论道,建构价值,因为其他学科也共担这样的使命,而在于如何通过规范把价值作用于事实,作出外有约束力、内有说服力的判断的技艺,这种技艺就是要使预设的价值、规范在事实的运动场上跑起来,让它们在舞动中获得新生或延续生命。无技艺,自由的价值、诚信的原则总是养在深闺,纵有千种风情,与何人说? 与事实永是银汉相隔"。①

因此,掌握必需的职业方法,是我们每一名法官的天职。

法律适用方法在司法的职业技能中占据着核心地位。只有具有正确的法律适用方法,法官的法律适用过程才会清晰。而拥有清晰的审判思路,则是一名法官最起码的道德。没有基本的职业技能,所有的司法价值目标都是空话,或者说,都只能是空中楼阁。

亚狄瑟法官在《法律的逻辑》一书中,引用了美国电影《力争上游》里教授对法学院学生说的一句话:"你们带着满脑子糨糊来到这里,而我们的任务就是让你们像个法律人一样地思考。"一名法官,能否"像个法律人一样地思考",实际上就是看他是不是掌握了法律人特有的思维方式和审判方法。一名法官,从他审理第一起案件开始,审判方法和审判思路问题,就应当成为他终身不懈思考的问题。这是我们每一位法官终身的必修课。一名像个法律人那样思考的法官,就能够让带着满脑子糨糊来到他的法庭的当事人,带着清晰的答案离开。只有这样,他才是一名合格的法官。

---

① [德]卡尔·恩吉施:《法律思维导论》,郑永流译,法律出版社 2004 年版,第 284~285 页。

第二章 我们需要什么样的法律适用方法?

一、我们能否找到一种方法?

法学界对实证法学和分析法学的批评从来没有停止过。但是,法律职业的方法性却是不容置疑的。我们不能陷入怀疑主义和不可知论的泥潭。人类法律领域内的问题,无论多么抽象多么复杂,最终都能够找到一定的方法来认知和把握。虽然从哲学意义上说,认识永远也不可能达到百分之百的精确,但社会就在此基础发展和运行。人类的认知却是可以进行的。

法律怀疑主义者认为,对法律判决的形成过程的细致分析表明,判决适用的法律规则往往是不确定的,认定的事实往往是模糊的,逻辑过程是不充分的,据此断言法律的非确定性。

但是,法律存在形式主义的一面却也不容置疑。法治要求法律推理应该依据客观的事实、明确的规则以及逻辑去决定一切为法律所要求的行为①。

法治的要求是平等性和统一性,同样的情况同样处理,裁判不能因为裁判主体的不同而不同,也不能因为裁判对象的不同而不同。法律推理可以增强人们对法律结果的预测,否则世界将会陷入混乱。

我们的法律构建起来的时候,本身就遵循着一定的方法,遵循着一定的规则体系和方法体系。整个法治体系其实是建立在一定的逻辑体系之上的。这一点,无论是大陆法系还是英美法系,都是相同的。正是因为这种逻辑体系的基础,我们才可以找到相应的方法来完成法律的实践。

何谓法律的实践? 法律的实践是把法律实施到具体的现实生活中去的活动。何谓法律的方法? 法律的方法就是把法律规范的内容与现实生活中的具体事件联系起来的规则、程序和手段。换言之,方法就是连接规范与现实的桥梁。

无论如何,人类的实践证明,我们能够找到联系规范与事实的桥梁或方法。很简单,无论法律体系多么不完美,无论现实生活多么复杂,我们的法律规范或规则

---

① [美]史蒂文·J. 伯顿:《法律和法律推理导论》,张志铭、解兴权译,中国政法大学出版社2000年版,第3页。

体系在我们的生活中是在起着作用的,而且还起着重要作用。为什么会起作用呢?因为一个很简单的道理——人们能够找到自己的行为与规范之间的联系,或者说,人们能够把自己的行为与法律规范的后果联系起来。我曾经处理过不少涉及会计师事务所出具虚假验资证明的案件。当时,最高人民法院曾经出台过几个追究会计师事务所出具虚假验资报告行为责任的司法解释。这几个解释出台后,全国各地出现了一批会计师事务所清理关闭重组的浪潮,出现了一批新设立的事务所。这说明,这几个司法解释起作用了。接下来,会计师事务所出具虚假验资报告的情况就比较少了。但是,另外一种情况又发生了,有些地区出现了专门为开公司的人提供一条龙服务的投资咨询公司。有的投资人想开公司又没有钱,怎么办?就找这些一条龙服务公司。这些公司,你只要给他五千或一万元钱,他就根据你的需要给你垫付一笔钱,帮你虚假注册。大家注意到没有,虚假注册从直接出具虚假报告的行为转化为垫付资金虚假注册了。当时,有一位律师在代理一起案件时,发现被告公司根本就是空壳公司,一查就发现了一条龙服务公司垫资虚假注册的情况,于是律师就把这家帮助他人虚假注册的公司给告了,要求这家公司也承担相应的侵权责任。当时,我们对帮助他人虚假注册公司是否应当承担侵权责任的情况吃不太准,就请示了最高人民法院,结果最高人民法院认为应当承担责任。于是我们就作出应当承担责任的裁判。结果,又出现了新的做法——这些一条龙服务公司不再直接垫资,而是由第三家公司另外提供垫资服务……对于上述情况,我认为是好事。为什么说是好事?因为这说明我们的法律规范在发生作用。它促使人们不断变更行为方式。人们之所以会不断根据法律规范变更自己的行为方式,是因为人们对法律规范的内容理解了,并且根据自己对法律规范的理解不断对自己的行为作出调整。换言之,这说明人们找到了法律规范与自己行为之间的联系。大家可以看到,找到这种联系是多么重要啊!

二、我们需要一种怎样的方法?

要想让人们找到法律规范与自己行为之间的联系,就必须找到一种法律适用方法。我们需要一种什么样的方法呢?我们需要的方法需要具备几个条件:

其一,能够促进法律的平等适用、统一适用。法治正当性的核心基础之一,就是法治的平等性、统一性。说得再直接一些,那就是法律面前人人平等。在适用法律的时候,你不能因人而异,不能因为法律适用的主体不同而让同一种情况产生截然不同的结果,也不能因为法律适用的对象不同而让同一种情况产生相异的裁判结果。我们选择的裁判方法,一定要能够做到推进法治的平等性和统一性。当然,对法治的平等性和统一性的理解也不能过于绝对,因为在法律适用过程中,还会出现法官的自由裁量因素。这种自由裁量因素会影响裁判结果的统一性。法律上会有许多模糊概念,如"合理期间""酌情"等等。曾经有一位美国学者对纽约的两名法官就交通肇事案件的处理结果进行过调查,结果发现,在交通肇事的获罪率上,两位法官差异非常大,分别为约40%和约70%。这说明,法律适用结果的平等性和统一性也是相对的。当然,后来为了避免这种过大的差异,美国也开始在刑事审判领域搞了一些量刑指南。应当说,这对促进法律适用结果的统一性还是起到了一定作用。

从法律适用方法上面来看,法律适用就应当讲究法治化或平等化原则,亦即法律适用应当保持统一性。我们经常提到的就是,同样的情况,同样的判决,也就是同案同判。情况相同,我们所作出的判决就应当基本相同或相类似。其实,当事人在每个案件中的诉讼应对方式和举证情况有可能存在较大差异,这些因素都可能引起案件处理结果之间的一些差异,所以说同案未必同判。当然,从法治统一性的角度看,我们还是应当努力追求同案同判。

其二,能够促进法律适用结果的可检验性。刘汉富先生翻译的德国资深法官狄特·克罗林庚写的《德国民事诉讼法律与实务》一书,介绍了德国的同行们在撰写裁判文书的时候,要求把当事人的诉讼请求和案件的基本事实写清楚,让任何一位第三人都能够自己来适用法律,从而得出自己的裁判结论,并进而将自己的裁判结论与裁判文书载明的裁判结论进行对比。其中说到,"当事人的陈述须从当事人的角度进行报道。事实构成的读者(指阅读'事实构成'部分内容之人——作者注)应能根据该完全中立的报道一项形成其自己的裁判理由,并与判决中随后叙明的判案法院的结论相比较"。[①] 这样,就可以对法律适用结果进行检验。大家应该已经注意到了,德国法官之所以能够实现法律适用结果的可检验性,正是因为他们遵循了一定的裁判方法。这种可检验性是由这种裁判方法提供的。所以,我们需要的裁判方法一定要满足可检验性的要求。

其三,符合我们的法律传统和法律文化的要求。一个国家采用什么样的裁判方法,一定与这个国家的基本法律传统或文化传统密切相关。所谓传统或文化,实际上是人们行为模式的一种历史传承和积累。在一定的传统或文化中,人们往往会习惯于一定的行为模式。同时,传统或文化本身也是人们生活的一种客观反映,在人们的生活中甚至起着决定性作用,其力量巨大,不可任意改变。所

---

① ［德］狄特·克罗林庚:《德国民事诉讼法律与实务》,刘汉富译,法律出版社2000年版,第88页。

以,我们在选择裁判方法的时候,必须充分考虑我们自己的法律传统和法律文化因素。如果让英美法系的法官们采用成文法的裁判方法,那么可以想象一定会遇到巨大阻力,因为那样会引起法律思维方法的重大改变。反过来,如果让大陆法系的法官们采用判例法,也同样会遇到许多问题。关于这个问题,我后面还将专门讲述。

其四,符合我国当事人法律素质和法律职业群体职业素质的现状。法治的本土资源,不仅包括一国的司法架构、制度体系、文化传统等,而且包括了人的因素,因为不同的人的思想观念和自身基本素质也同样会影响法治的进程。我们的社会公众无论是在文化素质还是在法律素质方面,与发达国家相比,都存在着差距。所以,我们在选择裁判方法时,一定不能脱离了这个基本国情。裁判方法必须强调可操作性。好的裁判方法,一定具有较强的可操作性。否则,就不太容易在实际操作中把握。

我们当法官时间比较长的同志可能会注意到,当事人在起诉的时候经常把诉讼请求弄错。比如,混淆撤销与无效确认的概念、在法庭上不知道如何有序地展示自己的证据、不知道如何组织自己一方的法庭陈词或辩论词。我给大家讲一个我自己在法庭上亲身经历的事:有一次,在一个借款案件中,原告方的律师援引了《最高人民法院关于民事诉讼证据的若干规定》(以下简称《证据规定》)的第 2 条(这是一个关于举证责任分配规则的条文)。当时,我心中暗自一惊,这个律师怎么会援引这条,这个条文对他的当事人不利啊。然而,让我更加吃惊的是,被告方的律师立即表示反对——"凡是敌人拥护的我们都要反对!"他要求援引第 5 条或第 7 条分配举证责任,可是,后面这两个条文对被告是不利的。这说明,作为我们法律共同体成员的律师们并非所有人都有非常高的法律素养。那么,以裁判作为职业的法官们情况又怎样呢? 要对这个问题作出回答,我们不妨做个实验,那就是随机性地抽出十份裁判文书,看看这十份文书写得怎么样,是不是都写得比较好。以我自己的经历来看,我对此不太自信,而且我相信没有几个法院院长会对此非常自信。要是真的抽取十份裁判文书,我想我们总能在其中发现那么几份写得不怎么清楚的裁判文书。大家如果不相信,自己就可以去试试看。(当然,前提是随机抽取)为什么会这样呢? 因为并不是所有法官都掌握了一套行之有效的法律思维方法。

新注 1：《证据规定》第 2 条，2019 年修正的《证据规定》没有保留该规定，该条被《最高人民法院关于适用〈中华人民共和国民事诉讼法〉的解释》第 90 条继受，内容有变动。①

新注 2：《证据规定》第 5 条，2019 年修正的《证据规定》没有保留该规定，该条被《最高人民法院关于适用〈中华人民共和国民事诉讼法〉的解释》第 91 条继受，内容有变动。②

新注 3：《证据规定》第 7 条，2019 年修正的《证据规定》未保留该规定。③

所以，在这种情况下，我们所要选择的裁判方法，一定不能过于简单，还要考虑这套方法的实用性和可操作性。这是由我们国家的当事人和法律职业群体的法律素质现状所决定的。当然，我们所选择的裁判方法，还要讲究效率，你不能用了一个方法后大幅度地降低了审判效率，这样是不行的。这个方法一定要跟我们的诉讼规律相吻合。

上述四个方面的要求要同时得到满足，看来只有形式理性的方法了。其中最为核心的，就是以演绎推理为基础的法律分析方法。

演绎推理方法到今天已经走过了超过千年的历程，并且至今仍然发挥着巨大

---

① 《证据规定》（2001 年）第 2 条规定：当事人对自己提出的诉讼请求所依据的事实或者反驳对方诉讼请求所依据的事实有责任提供证据加以证明。没有证据或者证据不足以证明当事人的事实主张的，由负有举证责任的当事人承担不利后果。

《最高人民法院关于适用〈中华人民共和国民事诉讼法〉的解释》第 90 条规定：当事人对自己提出的诉讼请求所依据的事实或者反驳对方诉讼请求所依据的事实，应当提供证据加以证明，但法律另有规定的除外。在作出判决前，当事人未能提供证据或者证据不足以证明其事实主张的，由负有举证证明责任的当事人承担不利的后果。

② 《证据规定》（2001 年）第 5 条第 1 款、第 2 款规定：在合同纠纷案件中，主张合同关系成立并生效的一方当事人对合同订立和生效的事实承担举证责任；主张合同关系变更、解除、终止、撤销的一方当事人对引起合同关系变动的事实承担举证责任。对合同是否履行发生争议的，由负有履行义务的当事人承担举证责任。

《最高人民法院关于适用〈中华人民共和国民事诉讼法〉的解释》第 91 条规定：人民法院应当依照下列原则确定举证证明责任的承担，但法律另有规定的除外：（1）主张法律关系存在的当事人，应当对产生该法律关系的基本事实承担举证证明责任；（2）主张法律关系变更、消灭或者权利受到妨害的当事人，应当对该法律关系变更、消灭或者权利受到妨害的基本事实承担举证证明责任。

③ 《证据规定》（2001 年）第 7 条规定：在法律没有具体规定，依本规定及其他司法解释无法确定举证责任承担时，人民法院可以根据公平原则和诚实信用原则，综合当事人举证能力等因素确定举证责任的承担。

作用,在司法活动中扮演着极其关键的角色。尽管法理学家们对之非议不断,但以演绎推理为基础的法律分析方法的根基却毫无动摇,牢牢地占据着司法实践的主要阵地。

德国的法学家们提出了以请求权基础为核心的法律推理方法。我们的东邻日本的同行们在此基础上提出了要件式审判方法,在这方面的研究尤其发达。我国台湾地区的学者如王泽鉴先生,亦在这方面进行了呼应。

从我国的情况看,梁慧星先生的《裁判的方法》和杨立新先生的《民事裁判方法》均提出了裁判方法的学说和理论,其中演绎推理方法仍然得到不同程度的肯定。

再看看我们国内的司法实践,虽然到今天为止采用的办案方法还没有完全成形,但基本上还是以演绎法为基础的法律关系分析方法。这与大陆法系成文法的特点是相一致的。

其实,逻辑演绎方法是比较符合我国法律体系和法律传统的一种方法。我国属成文法系国家。成文法律适用的基本方法就是逻辑演绎方法。成文法背景下的法律适用特点就是把抽象的法律条文运用于具体的生活事件——从规范到事实,从抽象到具体的思维方式,把规范中的抽象概念对应于具体生活事件的特征,或者反之。完成这个过程的法律推理方式正是逻辑演绎方法。

逻辑演绎方法有利于促进法律的平等适用,确保法律适用结果的可检验性。

我们试举一例来加以说明:假设有一条法律规定,闯红灯者,罚款十元。那么,当张三闯红灯时,其逻辑演绎过程是这样的:

大前提:闯红灯者,罚款十元。

小前提:张三闯红灯了。

结　论:对张三罚款十元。

在这个逻辑演绎方法中,其中"张三"这个词,在逻辑上属于小词,"闯红灯者"属于中词。只要是属于中词的小词,即应在逻辑上得出相同的结论。[1] 所以,如果不是"张三"闯红灯,而是"李四"闯红灯时,其结论也必然是对"李四"罚款十元。这一逻辑方法对于适用这条法律的人来说具有强制性,不得任意改变。如果李四闯红灯未被罚款,一定是有特殊的理由使其不再符合中词的特征,比如,李四是未成年人,或者是紧急避险行为,等等。所以,我们可以看到逻辑演绎方法具有其特有的强制力量。

---

① [美]鲁格罗·亚狄瑟:《法律的逻辑——法官写给法律人的逻辑指引》,唐欣伟译,法律出版社2007年版,第64~66页。

　　逻辑演绎方法，作为一种形式理性的法律分析方法，也是成文法国家历史实践选择的结果。逻辑演绎方法能够延续上千年，其生命力如此强大，有其必然性。这也与这种方法与成文法传统的契合性有密切关系。甚至可以说，成文法法律传统的形成，本身也是这种方法作用的结果。二者之间呈现出某种密不可分的状态。所以，我们今天的选择一定是历史合理性的结果。

　　不过，有一点我们要特别注意，法理学界对形式化的司法推理和司法方法提出了不少质疑。这些观点比较强调实践理性的因素，强调法官的经验和理性在司法过程中的作用。他们经常引用的是霍姆斯的那句名言，"法律的生命并不在于逻辑，而在于经验"。毫无疑问，强调实践理性有其非常合理的一面。司法过程如果仅仅依靠形式理性，最终必然会走向死胡同。这一点已经有诸多大师长篇累牍地证明过了。

　　但是，应当引起我们特别重视的是，我们绝不能因为强调实践理性的作用就抛弃形式理性、逻辑方法。虽然逻辑方法有其局限性，逻辑理性不能解决所有问题，但我们不能忘记逻辑方法已经构成法治大厦的基石之一。如果把实践理性当作法治大厦的一个支柱，那么逻辑方法则是另一个支柱。这两个支柱结合在一起，共同撑起了法治的大厦，二者缺一不可。如果我们放弃形式理性而把希望全部寄托于实践理性，那无异于把公平正义寄托于纯粹的主观因素，取决于个人因素而不是法治因素。

　　博登海默先生认为，要使法律成为一个完全的演绎制度，是永远不会成功的。但是，否认或缩小形式逻辑在法律中的作用也是不恰当的。他指出，美国霍姆斯法官说"法律的生命并不在于逻辑，而在于经验"这一经典格言时，意思其实并不是要否定法律的逻辑特性。事实上，形式逻辑是作为平等、公正执法的重要工具而起作用的。它要求法官始终如一地和不具偏见地执行法律命令。虽然逻辑演绎并不能解决最棘手的法律问题，"但是这并不意味着逻辑与经验之间的相互关系是对立或相背的。逻辑和经验在行使司法职能过程中与其说是敌人，毋宁说是盟友"。①

　　因此，我们需要一种方法，这种方法必须具有可习得性，而事实上，逻辑演绎法之所以能从亚里士多德一直传承到今天，正是因为这种方法不仅符合人类理性，而且因为这种方法是可以习得的。我们必须拥有一种可以传承、可以复制、可以推广的方法，这样我们就可以实现司法的理性判断。换言之，我们就可以实现司法的正当性，在一定程度上解决法官恣意问题（请注意，这里说的是"在一定程度上解决"，后文详述）。

---

　　① ［美］E·博登海默：《法理学：法律哲学与法律方法》，邓正来译，中国政法大学出版社 2004 年修订版，第 517～518 页。

第三章　为什么提出要件审判九步法？

近几年来,法学界及全国各地法院为探索法律适用方法作出了诸多努力。在这方面,几位著名大学教授也作出了他们的努力。上海市高级人民法院曾经于2003年推出了《民事办案要件指南》。这些研究成果和实践努力,为司法方法的发展与进步奠定了坚实的基础。在此基础上,结合我们的实践摸索,我们推出了要件审判九步法。

一般而言,法官对裁判方法有三个态度:一是他们希望能够获得好的方法的指导。一方面缘于办案压力的增加,另一方面也是基于提高业务水平的内在愿望。二是他们希望这种方法是简明的。由于现行的教程和材料都非常抽象甚至有些晦涩,无论哪一本,如以拉伦茨的《法学方法论》为代表的一系列书籍,读来都十分费解。三是他们希望这种方法具有较强的可操作性,最好是能够非常清晰地描述办案过程中每一步需要处理的事情。

我们认为,这与我国法官的现状是有一定关系的。由于法学教育传统的差异,我国法学院的学生们在法学院里几乎没有接受过英美国家法学院那种关于法学方法的专门训练,而我们有的法官甚至没有进过法学院。我们的工作岗位上亦较少进行办案方法的系统化的训练。这种状况直接影响到了办案质量、效率及效果。

一、类比法、历史法和要件分析方法

要解决这个问题,让我们简单回顾一下三种法律适用方法:类比法、历史法和要件分析方法。

第一种,类比法,也叫比对方法。判例法国家采用的就是类比法。我们现在有很多人提出来,说中国应该推行判例制度。很多人在报纸上发表文章,说中国现在应该用判例技术、判例制度,应该大量地颁布案例,为什么？因为案例比较生动,老百姓比较容易理解。对这个问题我觉得应该比较谨慎。为什么我们不宜大规模地推行案例制度呢？这是因为案例适用很容易出问题。问题容易出在哪？英美法的案例制度有一套很严格的法律适用方法,非常严格,我们可能没有意识到。我们有的案例非常有示范意义,但如果我们把它当作判例来适用的话,会很容易发生案例要旨的偏移现象,也就是我们适用案例进行裁判的结果与当初发布这个案例的初衷会产生很大的偏差。在判例适用技术上，首先必须掌握判例识别技术。法官拿到一个案子，首先要对这个案件的事实进行解读，看看其中包含了哪些事实。等到法官把这些事实整理出来以后，就把它跟判例中包含的事实进行比对。这个比对，其实就是把手头案件事实的特征点与判例事实的特征点进行比对。比如说，被告丢失了一张票据，商店销售商品后收取了这张票据，原告某商店起诉被告主张善意取得，他是不是构成善意取得？第一个案件判决对这个问题作出了构成善意取得的判断，于是就形成了一个判例。但是，在后面再发生的案件中，事实可能会与前面这个判例中的事实存在一些出入。比如，商店店主可能不知道这张票据是人家丢失的，可能知道它是人家丢失的，也可能事实上不知道但应当知道它是人家丢失的，这几种情况在上面讲到的案例中并没有作出明确的区分，是不是会对是否构成善意取得产生影响呢？还有，如果这张票据是被盗赃物，那么是否会对构成善意取得产生影响呢？是不是应当成为善意取得规则的例外呢？所有这些情况，在前面讲到的那个判例中，可能都没有涉及。那我们如果按照一般的比对方法来对前述案例比对事实特征点，可能就很难进行下去了。所以说，在案例识别过程中对事实点进行比对时，事情就会很容易变得比较复杂。一个手头案件，跟前面的案子进行比较的时候，我们会发现它有很多相同的地方，还是以上面说到的票据案件为例，比如，经过审查，法官可能会发现以下几个事实与前案事实相同：票据是案外人捡到的，拿到店里去买东西，商店接受票据，交付物品等。但还有一些事实点并不相同，如捡到票据的人是个外国人，或者是个男人，或者是个女人，等等。大家注意到没有，手头的案件和在先的案件、判例案件，经过比较以后，会出现相同的事实和不同的事实。相同点和不同点出现以后，法官要做的一件事情，就是比较相同点和不同点哪个更重要。比如上面提到的这个案例中，主观上的知情状况是不是在判断是否构成善意取得过程中的关键事实？这个问题需要法官作出回答。法官在适用这个判例进行判决的时候，必须对之作出明确判断。美国法学家列维在《法律推理导论》一书里面提到过从在先判例向新的案例不断转化的系列渐变案例。其中，在先判例，有人捡到一张票据，到一个商店去买东西。商店在不知情的情况下收受了这张票据，并将商品卖给了持捡到票据来购物的人。这是第一种情况。接下来是第二个案例，情况略微发生了变化，那就是商店对持票人所持票据的来历隐隐约约地有些怀疑，但他并不想深究，而是简单化地把生意给做成了。然后是第三个案例，商店知道持票人的票据是捡来的，并仍然接受了这张票据。在后面两个案例中，是不是应当遵循在先判例中的那个判断规则呢？案中的其他事实点都是相同的，但其中一个关键的事实点在不断地变化，逐步地发生着细微的变化。尽管我们没有做过英美法系国家的法官，但凭着我们法官的本能，我们已经可以意识到，第三个案例中的情形与在先判例中的情形，已经发生了较为关键的变化。在先判例中确立的原则在第三个案例中已经不能再适用了。如果要解决第三个案例，法官必须创设一条新的法律规则（即票据的收受人在知道或应当知道持票人系恶意取得票据或有权利瑕疵时，不适用善意取得原则，这一规则就是票据善意取得的例外规则）。这时，第三个案例即成为一个新的判例。这三个案例说明了什么问题呢？说明在决定是否适用判例时，法官必须认为识别出来的相同点更加重要才可以援引判例。如果法官认为不同点更加重要，则法官必须放弃这个判例，转而寻找其他判例或者在找不到其他判例作为判决依据的情况下创设一个新的判例。由此，我们也可以看出，在判例适用技术里面，识别出相同点和不同点，并对相同点和不同点的重要性作出判断，是非常关键的技术。这其中，就包含了价值衡量技术。应当说，这是判例适用技术中的一个很高超的技术。六十多年前，哈佛大学的一位教授曾经写过一起假想案例，讲的是六个人去探险，在一个山洞里遇到了山洞口塌方，六个人被堵在山洞里，他们在等待营救的过程中，终于饿得撑不住了，最后就决定抽签，被抽中的人交给其他人吃掉。结果，他们真的这样做了。等到他们把这个人吃掉后，山洞被打开了，外面的人把剩下的五个人救出去了。接下来就遇到了一个法律问题了，那就是这五个人剥夺他人生命的行为，是否构成杀人罪。这个假想案例非常有意思，涉及法律的逻辑判断、伦理价值及价值衡量技术。若干年来，许多学者纷纷从不同的角度对这起案例提出自己的观点。这些人发表的观点非常多，其中有许多观点非常精彩，有人把这些观点经过筛选，汇编成了一本很有名的书，叫《洞穴奇案》。这本书现在已经被译成中文，在许多书店里都有卖。书中介绍了许多价值考量的东西。你认为未经国家法定正当程序剥夺他人生命这个事实点重要的，就要判那五个人构成杀人罪；你认为人们在与世隔绝的情况下为了自救达成协议这一不同点更加重要的话，你就不能适用杀人罪的那个判例，而应当创设人们在某些特殊情况下有权支配自己生命权利的规则。无论你采用哪一种观点，你都必须非常严密地论证你关于相同点重要还是不同点重要的判断的理由。这个论证过程充满了智慧，充满了法律适用技术，充满了正义感及价值观。大家注意到没有，要支撑案例识别技术，还必须有判例制作技术作为基础。我们必须特别注意：第一，判例必须具有明确的判例要旨，即判例包含的基本法律规则，案例所要解决的法律规则。第二，案例在制作时必须具有明确的要件，这些要件与法律规则存在着必然的对应关系。比如，上面讲到的那个关于票据的判例，就必须表明其判例要旨及构成要件。接受他人权利存在瑕疵的票据，适用善意取得规则必须具有四个要件：一是持有票据的人使用了这张票据；二是使用这张票据发生了正常的商品交易（收受人付出了合理的对价）；三是票据持票人的权利存在瑕疵；四是收受票据的人不知情且不应当知情。一般情况下，具备这四个要件，即应适用善意取得规则。

在案例制作技术方面，我们还存在认识上的一些欠缺。其中最为重要的欠缺就是案例要旨不明确以及案例的要件不明确。我们经常会在很多出版物上读到一些案例。有些案例写得特别长，故事的经过是这样的，从二十年前开始，到每一节事实、与每一节事实有关的一些细节、细节的认定过程，等等，事无巨细，统统往里堆砌。但这个案例的要旨是什么，其基本要件是什么，我们并不清楚。大量无关的事实细节与案例要旨是无关的。这样制作出来的案例，存在三个问题：第一，是案例要旨的偏移，偏移向非判例要旨的内容，例如，在一起关于继续履行合同的案件中却涉及债务人公司出资不足问题。这个案例本来想要解决的是继续履行规则的问题，但其中对于债务人的股东出资不足的责任主体问题也涉及了，此时，对于查阅这个案例的人来说，就涉及股东出资不足的责任主体规则的适用问题了。但这条规则并非本案要解决的主要问题，可能在逻辑上、适用条件等问题上都不是十分明晰。在制作这个案例时，这些问题并未经过深入思考，如果把这条规则通过这个案例固定下来，就可能发生问题。这就是案例要旨的偏移问题。实践中，可能发生偏移的情况较多，偏移到程序法规则、证据规则、相邻法律部门等，有时甚至会完全出乎案例制作者的意料。第二，适用案例规则的要件不明确。要件不明确，就很容易发生适用上的不准确问题，尤其是在出现一些新情况以后，很容易把某些不宜甚至不应适用案例规则的情形也纳入适用范围。第三，案例要件不明确，还会产生一个案例制作时的不简明问题。其实，在制作案例时，要件事实的证明过程并不需要写出来，只需写证明结论就可以了。至于要件事实如何存在争议，双方你来我往的证明过程，则不需要载明（当然，如果案例要旨是关于证据规则、事实发现的，则另当别论）。我们国家长期接受的思维方法是概念法学的思维方法。这种思维方法的特点是非常强调基本概念，概念在法律推理中起着非常重要的作用。所以有一位日本学者把这种思维方法称为概念出发型的思维方法。而判例法或比对法，则是肇始于经验论，法律推理强调从事实出发，从经验出发，所以也被称为事实出发型的审判方式。两种思维方法各有千秋，各有优势，我们大陆法系的思维方式有我们的优势。两种思维方式从形式上看好像差别较大，但其实二者的核心地带——价值补充方法，完全是殊途同归的，并没有什么太大的差别。我之所以要在这里介绍一下比对法，是要我们了解，判例制作是一门技术，判例适用也是一门技术。每个判例里面，人家英文里面叫holding，就是指在一个案件里面都有其特定的内容、特定的要件，在适用时是不允许任意适用、任意改变的。对此，我们要特别注意。

接下来，我们讲讲历史方法。历史方法是指依案件事实发生的过程的顺序检索法律关系的方法。最为常见的就是合同案件的审理:我们拿到一个合同案件后,首先判断合同是不是成立,然后判断合同是不是有效,再接下来判断原告是不是按约履行,被告是不是按约履行,判断哪一方违约,最后作出判决。这种方法的特点就是依照事件发生的性质来逐步推进。

在判断合同是否成立之前,先判断合同的要件是否齐备、要约是不是成立、承诺是不是成立,要约承诺是不是达成一致,然后判断出合同是否成立。接下来判断履行,一格一格地判断下来,按照时间顺序,一格一格地判断,最后得出结论。这是一种正向的思维方式,也是一种很有效率的思维方式。所以在实践中也经常被应用。

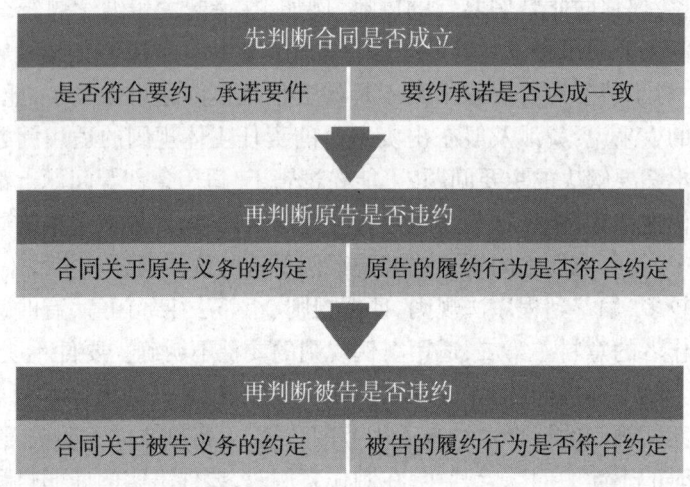

[案例]甲于3月1日致函于乙,表示愿出售某画,价款100万元,必须于3月10日前答复。该函于3月3日到达乙,乙在3月7日复函决定购买,回函3月9日到达了甲。甲在3月4日知道丙愿以更高的价格买画,就给乙发函,说我前面那个函要撤回,请求撤回的这个函于3月6日达到乙。问甲乙的买卖合同是否成立?①

在这个案例中,用历史方法的审理思路是什么呢?

第一步:甲3月1日发的这个函构成要约;

第二步:函3月3日到达乙,要约生效,乙获得承诺权,这个要约对甲具有实质性的拘束力;

第三步:甲3月4日发的这个撤回函,后于要约到达,不发生撤回效力,这是合同法上的规则;

第四步:乙在3月7日复函,构成承诺,承诺于承诺期内到达,所以发生效力。

---

① 王泽鉴:《法律思维与民法实例》,中国政法大学出版社2001年版,第56页。

结论:甲、乙之间买卖合同已经成立。

我们可以明显看出,历史方法就是按照事件发生的基本顺序,一步一步审下来,一格一格地进行判断,最终得出它的结论。历史方法的优点是按照事件发生的时间先后,容易被理解,符合人的一般思维习惯。但这种方法适合于法律关系比较简单的案件。法律关系比较复杂、环节较多的案件,审理起来容易乱。要适用这种方法,就要求法官对事件的全貌有整体把握,尤其是要对案件最终得出的结论要有清晰的认识。

再接下来,我们讲第三种方法,即要件分析方法。要件分析方法,也叫基础规范分析方法,是指以构成诉讼基础的基础规范作为出发点,通过分析并涵摄规范要件对案件作出裁判的方法。在民事领域,所谓请求权分析方法系指以请求权基础为出发点,分析支持原告诉请主张的法律规范作出裁判的方法。请求权基础,是指据以支持一方当事人对另一方当事人提出主张的法律规范。① 本质上,要件分析方法与请求权分析方法是一致的。

我在这个讲义中没有用"请求权基础分析方法",而用了"权利请求基础"这一概念。为什么这个地方用"权利请求"而不是"请求权"? 我主要是觉得用"请求权"这个概念容易发生概念混淆。因为请求权有广义请求权和狭义请求权之分。狭义请求权,是与所有权、形成权、抗辩权等概念相对应的一个概念,主要指实体法上的请求权,主要产生给付之诉的权利。广义请求权,则主要在诉讼法意义上使用,在这种意义上使用请求权概念时,可以包括确认之诉、形成之诉和给付之诉等范畴。我注意到,王泽鉴先生在他的《法律思维与民法实例》一书中,并未对"请求权"这一概念下过定义。他有时候在狭义的意义上使用请求权一词,有时候在广义的意义上使用这个词。这样,我们在理解这种方法时,很容易发生概念理解上的混乱。为了避免与狭义请求权概念的混淆,我在这里使用"权利请求基础"这一提法。请求权方法中,最关键的是以权利请求基础作为诉讼的出发点。这是什么意思? 什么叫权利请求基础? 所谓权利请求基础,就是指当事人提出权利请求所依据的法律条文,也就是诉讼请求依据的法律条文。"基础"两个字表示"规范基础",其实就是指法律条文,或者说是基础性法律条文。这种方法以法律条文为我们诉讼的出发点。正如我们刚才所提及的,我们大陆法系是实证法学、分析法学。什么是分析法学? 其实就是以法律条文的分析为核心的一种法学方法。按照这种方法,法律适用首先确定应当依据的法律条文,即确定法律推理的大前提,然后看案件事实是否符合法律的构成要件,即确定法律推理的小前提,最后作出判决,即

---

① 王泽鉴:《法律思维与民法实例——请求权基础理论体系》,中国政法大学出版社 2001 年版,第 56 页。

得出法律三段论的结论。当事人要起诉被告违约,就得先把违约请求权的法律条文找出来,比如《合同法》第107条,或者另外几条。当事人要起诉被告侵权损害赔偿,就得把《民法通则》或《侵权责任法》关于侵权损害赔偿的条文找出来。找到的这个法律条文,是支持原告向被告主张权利请求的。当事人要确认物权、确认所有权,就要把《物权法》中有关物权确认的法律条文找出来。找到的法律条文是我们进行法律推理的基本出发点。请求权分析方法,首先要解决的是这个问题。这个非常重要,是我们的法律思维方式。

> 新注4:《合同法》第107条,被《民法典》第577条继受。①

要件分析方法,就是以权利请求基础规范为出发点的分析方法,是一种法律分析方法。例如,原告起诉被告,要求被告按约交货。这个案件该怎么审呢? 按照要件分析方法,我们首先要找到《合同法》第107条、第110条或其他条文的规定,按照这些规定,买受人得依约要求出卖人交付标的物,买方有权利要求卖方交付标的物。要件分析方法就是要求我们在把这个法律条文找出来以后,对这个法律条文的要件进行分解。在上面这个条文中,包含了什么要件? 第一个要件是买受人的请求符合合同约定;第二个要件是一个隐含的前提性要件,即合同已经依法成立并生效。也就是说,按照这个法律条文,原告关于交付标的物的请求权能够成立必须符合两个要件:双方意思表示已经成立并生效、原告的权利请求符合意思表示。以前面讲到的那个关于买画的案例为例,如果我们按照要件分析方法,则乙的请求权是继续履行合同请求权,或者说是请求交付标的物(画)的请求权。支持这个请求权的法律条文包含两个要件:要件一就是合同已经成立并生效,要件二是原告的请求符合合同约定。判断要件一是否成立,就要判断要约是否成立、要约是否生效、要约撤回是否符合要约撤回规则,同时还要判断乙的复函是否构成承诺,承诺是否在承诺期内到达,是否发生效力。如果这些条件都成立,则要约承诺发生效力,合同成立并生效。在对第一个要件作出判断后,我们再来判断第二个要件。这时我们必须判断乙的请求是否符合合同约定。怎么判断呢? 我们把合同约定的意思表示的内容与当事人的履约行为及其请求内容进行对照,看当事人的请求内容是否

---

① 《合同法》第107条规定:当事人一方不履行合同义务或者履行合同义务不符合约定的,应当承担继续履行、采取补救措施或者赔偿损失等违约责任。

《民法典》第577条规定:当事人一方不履行合同义务或者履行合同义务不符合约定的,应当承担继续履行、采取补救措施或者赔偿损失等违约责任。

符合合同约定的条件,比如,是否已按约付款,是否履行了通知义务,等等。如果都做到了,那原告就取得了要求对方交货的权利,这样第二个要件也成立了。根据要件一和要件二这两个要件,我们就可以得出结论,即可以适用这个法律条文判决原告胜诉,否则只能判决原告败诉。这就是法律基础规范要件分析方法。当然,值得注意的是,要件分析方法是可以与历史方法在一定程度上结合使用的。比如,我们在对第一个要件进行判断的过程中,就使用了历史方法。历史方法与要件分析方法是可以并用的,可以在一个推理过程中结合起来。

> 新注5：《合同法》第107条,被《民法典》第577条继受。①
>
> 新注6：《合同法》第110条,被《民法典》第580条继受,内容有变动。②

按照王泽鉴先生的说法,请求权方法的基本模式为"谁得向谁,依据何种法律规范,有所主张"。当事人可以主张的请求权,依其内容可归为六大类：一是契约上给付请求权;二是返还请求权,包括基于物权和债权的物的返还请求权,以及用益的返还请求权;三是损害赔偿请求权;四是补偿及求偿请求权,包括代偿请求权、连带债务人的求偿权等;五是支出费用偿还请求权;六是不作为请求权。运用请求权方法的审判思路,要求当事人或法官依照一定顺序寻找最合适的请求权基础。

[案例]甲将名贵花瓶交乙保管,因乙未尽善良管理人之注意义务而导致花瓶灭失,甲起诉要求乙予以赔偿。在这个实例中,甲可以依据《民法通则》第106条的规定,请求乙损害赔偿,也可以依据《合同法》分则第十九章"保管合同"第374条的规定,请求保管人乙损害赔偿。但《合同法》第374条规定的请求权属于契约上请求权,《民法通则》第106条规定的请求权属于损害赔偿请求权。

---

① 《合同法》第107条规定：当事人一方不履行合同义务或者履行合同义务不符合约定的,应当承担继续履行、采取补救措施或者赔偿损失等违约责任。

《民法典》第577条规定：当事人一方不履行合同义务或者履行合同义务不符合约定的,应当承担继续履行、采取补救措施或者赔偿损失等违约责任。

② 《合同法》第110条规定：当事人一方不履行非金钱债务或者履行非金钱债务不符合约定的,对方可以要求履行,但有下列情形之一的除外：(1)法律上或者事实上不能履行;(2)债务的标的不适于强制履行或者履行费用过高;(3)债权人在合理期限内未要求履行。

《民法典》第580条规定：当事人一方不履行非金钱债务或者履行非金钱债务不符合约定的,对方可以请求履行,但是有下列情形之一的除外：(1)法律上或者事实上不能履行;(2)债务的标的不适于强制履行或者履行费用过高;(3)债权人在合理期限内未请求履行。有前款规定的除外情形之一,致使不能实现合同目的的,人民法院或者仲裁机构可以根据当事人的请求终止合同权利义务关系,但是不影响违约责任的承担。

> 新注7:《民法通则》第106条,被《民法典》第176条继受,内容有变动。①
> 新注8:《合同法》第374条,被《民法典》第897条继受,内容有变动。②

这个案例涉及存在不同性质的请求权的情况下,如何选择请求权及其法律基础的问题。要件分析方法要求法官在进入审理之前,必须首先解决好这个问题。关于如何解决这个问题,我们在后面再进行分析。

运用要件分析方法,具有一些独特的优点:一是符合审判实务需要,因为当事人通过诉讼争执的往往是其主张的权利的性质及是否成立,从要件出发对当事人的权利是否成立进行判断,符合法律思维的实务需要;二是符合诉讼经济原则,要件分析方法主要集中审查法律基础规范的构成要件,诉讼活动围绕构成要件进行,避免纠缠于无关的非要件事实;三是保障法律分析的正当性,逻辑方法在很大程度上可以防止法官恣意行为,从法律出发比较有利于确立法律正当性,避免价值判断主观性带来的问题,同时也可以避免法官自由裁量失去拘束;四是有利于展示法律推理过程的合法性,建立在要件分析方法基础上的法律推理过程的展示,比较容易做到条分缕析。这几个方面的优点,我们后面还会作进一步分析。

要件分析审判思路的出发点是实体法律规范的构成要件。其实,这个方法在刑事、行政审判领域也同样可以适用。在刑事案件中,首先要求法院找到刑事法律关系所对应的刑法条文,然后看被告人的行为是否符合那个法律条文的构成要件。在行政案件中,这一点表现得更加明显,因为行政诉讼主要解决的是行政行为合法性的问题,换言之,判断行政行为是否合法,必须首先找到行政行为所依据的法律规范,即行政法律关系所对应的法律基础规范,然后对行政行为所依据的法律基础规范的构成要件进行分析,再把行政行为与之进行对照,最后得出行政行为是否合法的结论。

二、什么是要件审判九步法?

(一)要件审判九步法的概念及起源

"要件审判九步法"是以权利请求为出发点、以实体法律规范构成要件分析为

---

① 《民法通则》第106条规定:公民、法人违反合同或者不履行其他义务的,应当承担民事责任。公民、法人由于过错侵害国家的、集体的财产,侵害他人财产、人身的,应当承担民事责任。没有过错,但法律规定应当承担民事责任的,应当承担民事责任。
《民法典》第176条规定:民事主体依照法律规定或者按照当事人约定,履行民事义务,承担民事责任。
② 《合同法》第374条规定:保管期间,因保管人保管不善造成保管物毁损、灭失的,保管人应当承担损害赔偿责任,但保管是无偿的,保管人证明自己没有重大过失的,不承担损害赔偿责任。
《民法典》第897条规定:保管期内,因保管人保管不善造成保管物毁损、灭失的,保管人应当承担赔偿责任。但是,无偿保管人证明自己没有故意或者重大过失的,不承担赔偿责任。

基本手段的审判方法。它围绕当事人的权利请求基础,将审判活动划分为环环相扣的九个步骤,分别是:固定权利请求——确定权利请求基础规范——确定抗辩权基础规范——基础规范构成要件分析——诉讼主张的检索——争点整理——要件事实证明——事实认定——要件归入并作出裁判。这里的"要件",一是指"法律规范的构成要件"①,也即法律规范的各个构成要素;二是特指"要件事实"②,即与法律规范构成要件相对应的能够引发法律效果的主要事实。

总体而言,要件分析审判思路,就是以确定当事人主张的法律关系为核心,从固定诉讼请求、法律关系,到寻找并确定请求权基础和抗辩权基础,再固定当事人争议焦点、分配证明责任,直至根据实体法律规范的构成要件进行逻辑分析,并最终作出裁判的审理思路。其特点是以请求权和抗辩权基础作为法律适用的基本出发点,以要件事实作为审判的基本元素③,以简明具体的操作步骤作为抽象审判思路的基本载体,在程序法和实体法之间建立连接点,在纠纷事实与法律规范构成要件之间建立连接点,在法官诉讼指挥权与当事人处分权之间建立连接点。

(二)要件审判九步法的基本内容

要发挥审判方法的规范功能,必须使之转化为具体的应用步骤。要件审判九步法把法官审理民事案件的基本思路分为九步:

第一步:固定权利请求。权利请求是当事人诉权的核心所在,也是民事审判的最原始的起点,是所有诉讼行为展开的基本依据。所以,民事诉讼的首要任务就是固定当事人的权利请求。固定权利请求包含三层含义:明确当事人诉讼请求的含义,弄清当事人诉讼请求中的模糊含义;剔除当事人诉讼请求中矛盾之处;促使当事人更正明显错误、荒谬或非理性的诉讼请求。

① 学者中持这种说法的较为普遍,如王泽鉴:《法律思维与民法实例》,中国政法大学出版社2001年版,第201页;[德]卡尔·拉伦茨:《法学方法论》,陈爱娥译,商务印书馆2003年版,第150页;梁慧星:《民法学说判例与立法研究》,法律出版社2003年版,第3页。

② 学者对要件事实的定义有所不同。在要件事实滥觞之地的日本,法学界和实务界大致存在三种观点,一是将要件事实等同于法律事实,即能够引起权利的得丧变更的具体事实;二是指法律要件的类型化构成事实;三是指案件的主要事实。参见许可:《民事审判方法——要件事实引论》,法律出版社2009年版,第38~40页。

③ 民事诉讼之所以必须以要件事实为审理的基本元素,其原因在于,在诉讼案件中,涉及的事实包括基础规范所涉及的要件事实、支持要件事实成立的支持性事实、证明支持性事实的延伸性事实,尤其是延伸性事实,可能会形成一个非常长的事实链条。例如,证明当事人之间合同成立的事实是合同,证明合同真实的证据事实包括合同书、合同章、签约人,而证明合同真实的可能包括鉴定人资质证明、鉴定比对章。该事实链条还可往下延伸,如鉴定人资质证明中可能还需要用有关鉴定人管理机构的公函来证明。从理论上讲,这种证明链条可能是无穷无尽的。为了避免诉讼上的多种行为自始漫无目的,必须建立起要件事实作为审理元素的规则。

　　第二步:确定权利请求基础规范(并法律观点开示)。所谓的权利请求基础规范,是指当事人提出的权利主张所依据的法律基础。应按原告诉讼请求所依据的事实和理由,审查、确定原告主张的法律关系,并在该法律关系基础上进行审理,这是确定法院审理思路的基本出发点。

　　第三步:确定抗辩权基础规范。在识别出原告的权利请求基础后,应当对被告的答辩进行相应的审查,识别被告是否提出抗辩及其抗辩权基础。实践中,常见的抗辩主要包括权利消灭抗辩、对方违约抗辩、同时履行抗辩、先履行抗辩等。

　　第四步:基础规范构成要件分析。找到权利请求基础规范及对立规范后,应当对基础规范的构成要件进行分析,把所有相关法律条文中所包含的构成要件都分析出来,这样才有可能在进一步的审判中对案件事实与法律条文中的事实要件进行准确对照。

　　第五步:诉讼主张的检索。① 根据基础规范构成要件分析、对比当事人的诉讼主张是否清晰、完备,如存在相互矛盾或者不完备的情况,法院应当予以释明,要求原告补充、修正或明确。

　　第六步:争点整理。根据原、被告双方的诉辩主张及其请求权基础规范,归纳案件的争点。争点整理是民事诉讼中的一项非常重要的工作,争点整理的过程就是法官引导诉讼的过程。

　　第七步:要件事实证明(并心证公开义务)。争点整理结束后,即以案件的事实争点为核心,组织各方当事人进行举证质证。在这一阶段,法官重点要解决好四个问题:根据整理出的事实争点,帮助当事人厘清举证、质证的基本任务和要求;分配举证责任,使承担举证责任的当事人明确知晓真伪不明情形下的风险所在;在证明过程中,法官应当及时将心证结论告知当事人,以促使其围绕法官的心证结论展开诉讼行为;审查当事人是否已经用尽证明资源及证明方法,如存在明显缺陷,法官可通过指导要求其继续举证。

　　第八步:事实认定。当事人举证、质证完成后,应根据各方当事人所提供证据以及法庭质证过程,认定案件事实;当案件事实仍处于真伪不明状态时,则根据结果意义上的证明责任分配原则,认定相关案件事实。

　　第九步:要件归入并作出裁判。将查明的案件事实,与原被告主张所对应的法律规范构成要件,逐一进行分析比对。这种分析比对的过程,实际上就是法院运用逻辑

---

　　① 依照大陆法系通说,如果当事人没有就对自己有利的要件事实加以主张,则法院不会适用相应的法律规范,当事人会因此受到不利裁判。这被称为主张责任。参见[德]汉斯－约阿希姆·穆泽拉克:《德国民事诉讼法基础教程》,周翠译,中国政法大学出版社2005年版,第242页。

分析方法,逐一将查明的事实与相对应的法律条文的各项构成要件进行归入的过程。

三、为什么是"九步法",而非"三步法"或"五步法"?

要件审判九步法,之所以是九步,而不是三步、五步或七步,并非偶然,这与审判实践的实际需要是密不可分的。既然是一种方法,在分解其步骤时,总要考虑一定的因素,如可操作性、清晰性以及效率性。

(一)为什么不是"三步法"?

事实上,"三步法"就是我们通常所说的逻辑三段论方法。当然,严格说来,三段论未必等于"三步法"。简单地理解,要正确进行三段论推理,我们还必须解决大前提、小前提的确立以及大小前提的对应问题,无论是大前提还是小前提的确定,均非一步可以完成,其中还有相当多的步骤需要完成。所以,采用简化的三步是不可能完成这些推理过程的,所以我们不能采用"三步法"。

最关键的是,过于简单化的步骤不能起到指引实践的作用。

(二)为什么不是"五步法"?

杨立新先生在他的《民事裁判方法》一书中提出了一个"五步法"。

杨立新先生的"五步法",是把民事案件的裁判过程分为五个步骤:一是发现请求权;二是请求权定性;三是寻找请求权法律基础;四是确定请求权;五是适用法律裁判。这个"五步法",对于民事裁判方法的探索,具有非常重要的意义,因为这是国内第一本真正从实务的角度研究裁判方法的专著,并且把请求权方法在实务中的运用较王泽鉴先生又有了进一步的推进,它对深化我们对裁判方法的研究具有十分重大的意义。在我研究"九步法"的过程中,对我影响最大的专著主要有三本:一本是许可先生的《民事审判方法——要件事实引论》,一本是王泽鉴先生的《法律思维与民法实例》,还有一本就是杨立新先生的《民事裁判方法》。

但是,我觉得"五步法"还不够解渴。为什么这么说呢?这主要是因为"五步法"的注意力主要集中于请求权及法律基础规范的确定上了。但是,我们法官裁判案件,要解决这样一些重要任务:固定请求权及抗辩或抗辩权、固定基础规范、基础规范要件分析、检索诉讼主张、争点整理、确定要件事实以及法条归入,等等。这些任务,都属于法官审理案件过程中的关键动作,省略不得。"五步法"主要处理的是这些任务中的第一件"固定请求权及抗辩或抗辩权"和最后一件"法条归入",其余任务尚未彻底解决。所以,我没有采用"五步法"的分步方法。

为什么是"九步法"?因为这九步是法官审案中都必须经历的事情,要准确地适用法律裁判案件,法官在这九步中没有一步是可以遗漏的。

提到审判方法,我们应该注意,我们各位法官,每天都在实践中摸爬滚打,每天都在处理大量的案件,应该说都有自己的一套办法,很多办法可能是行之有效的,甚至是更高效的,那么为什么还要提一套办案方法出来? 是不是这套办案方法就必然比大家手头在用的方法一定要好? 我的感觉倒未必。我们有的法官在实践中用的方法虽然没有命名为一个什么什么方法,但实际上可能会行之有效,可能本身已经是很好的方法。所以,所谓"要件审判九步法"未必必然会比大家自己用的方法好。但是,之所以还要提出来,是因为我们每个法官个体把握方法的能力是不一样的。有的法官本身效率高,思路特别清晰,没有什么九步法,就按照本能的方法走下去,他不需要归纳成几步,就能把案子办掉。但是也有法官在办案过程中,办着办着走偏了,可能这个案子一陷下去,一年过后,两年过后,办不下来,其中可能就是在思路上出问题了。所以,我们在这方面还需要一套能够让每个人很具体地去把握的方法。所以,我觉得,我们还是需要提炼出一套方法来。我曾经专门对我所在的法院里面超过一年的老案全部研究了一遍。经过研究我有个体会,就是我们这些老案,其中有相当一部分,之所以变老,是因为我们在审判思路上出了一些问题,我们对审判思路的把握还不是特别精到。比如说,我们有一个案子,审了大概两年了,还在继续审理。我看这个案子的时候,有一个感觉,那就是这个案子再有一年也未必能审完。为什么呢? 因为这个案子的诉讼主张还没完全固定下来,法官还在跟着当事人的诉讼主张跑。很显然,这个案件的审判思路出问题了。有经验的法官在办案时有几个很重要的习惯:在审理案件的时候,首先固定好当事人的诉讼请求,只有把诉讼请求固定好了,才能往下审,否则,就很容易做无用功。然后,再把诉讼主张固定好,不能今天一套,明天又是另一套。如果是那样,同样也很容易做无用功。我听的老案里面,有些之所以会变老,还有一个重要原因就是诉讼主张不固定。当事人的主张不固定的话,今天这样一种说法,明天那样一种说法。最多的一个案例,很多年前曾经看到一个案子,一审的时候,当事人刚开始时说是联营关系,后来又说是租赁关系,到二审的时候当事人又说是承包关系,二审把这个案件发回重审,重审中当事人又说是中外合作关系,后来又回到租赁的说法,前前后后一共变化了五次。当事人的诉讼主张始终没有固定下来。其结果,给我们带来了什么问题? 大家都知道,我们法官其实最担心的就是这个问题,双方当事人争执的焦点都固定不下来,这个诉讼效率显然是要受到影响的。

现在,我们许多法院都开始加强审判管理。有的法院,对超过一定期限没有审结的案件都有一个向审委会汇报超期原因的做法。我所在法院也有这个制度。有的承办人在向审委会汇报时,经常提及一个重要理由:"这个案子现在送去鉴定了,所以时间这么长。"后来,我专门对送鉴定的案件做了一些调研。我注意到,鉴定确实是一个非常容易引起诉讼迟延的原因。其原因主要有三:第一,鉴定机构的原因,有的鉴定机构由于各种原因效率比较低,导致部分案件的审理期间过长。第二,法院与鉴定机构之间的沟通出现问题,中间涉及基本案情、卷宗及材料的移交等,往往容易出现空当,引起不必要的迟延,有时甚至会出现法院找鉴定机构的人找不着,鉴定机构的人员找法官找不着的问题。一来二去,审理期间就过长了。第三,当事人不配合,比如,我们有一个案子鉴定了一年多没有出结果。为什么鉴定一年多出不了结果呢？问题出在当事人不配合上了,鉴定机构要求当事人提供证据材料,但这个当事人认为这些材料应当由对方当事人提供,而对方当事人观点正好相反,双方互相不配合,都认为不应当由自己提供证据材料。在这种情况下,鉴定机构对当事人没有权威性,没有相应的司法强制手段,鉴定机构当然就鉴定不下去了。这个问题其实应该由法官来解决的。在鉴定期间,我们法官也没有主动去鉴定机构问一问,是否遇到什么需要法官来帮助解决的问题。有的案件在审计或鉴定过程中,鉴定机构遇到问题时,往往束手无策。过了很长时间,法官才得知问题出在当事人不配合或者当事人不愿提供证据材料上了,案件就这么耽误下来了。从上面讲到的这种情况中同样也可看出我们在审判思路方面出现的问题——证据材料不固定。大家是否注意到,如果不从一开始就养成一些好的做法,就有可能在审判思路方面引起一系列问题,刚开始时是权利请求不固定,当事人请求一变,一切从头开始;接下来是诉讼主张不固定,当事人诉讼主张一变,举证、质证等审理重心也得跟着改变;再接下来,证据材料不固定,一个案件就这样折腾来折腾去,时间都耗没了。

上述这些情况中所遇到的问题,都需要我们总结出一些基本的方法来加以解决。我们的法官们在办案中急需一套能够帮助厘清思路、提高效率、实施案件管理的办案办法。这也是我提出"要件审判九步法"的重要原因。这个"九步法",提出来以后,在实践中还是起到了一定作用。

九个步骤初听上去好像挺复杂,怎么会有九个步骤？其实,真正用起来,我觉得很顺理成章、很快地就下去了。这就好比是武术分解招式一样,看着一个个招式好像挺复杂,其实动作娴熟以后,所有的招式都会连贯起来,所有的招式都会隐于无形之中。其实,在把握"九步法"的时候,关键是要把握住其中几个要点。九步法有许多内容都是我们知道的,但未形成一个套路。九步法在某种程度上其实可以把我们法官的现有知识作一个梳理,它并不是一个跟我们现有做法完全不同的东西。其中有不少内容,我们平时也不知不觉中一直在用着,只不过我们现在系统地把它提炼出来、梳理出来,有些东西可以让大家按图索骥,比较方便一点。

四、要件审判九步法的基本逻辑结构

这一讲主要是介绍一下九步法的基本逻辑结构,以便于大家从总体上对九步法有一个把握。

(一)我们在法律适用中使用什么样的推理方式?

法律适用必须依赖于法律推理才能进行。法律推理包含演绎推理、归纳推理及类比推理等形式。

我们可以先通过以下几个案例来看一看类比推理是如何发挥作用的:

[案例一]甲偷了乙的马并转卖于丙,丙不知道也没有理由知道马是从乙那儿偷的。乙起诉丙要求返还马。乙胜诉。

该案确立了一条规则,即出卖人不具有标的物所有权的,买受人不能取得所有权。

[案例二]甲以伪造的支票买了乙的马,甲知道支票是伪造的。乙在把马交付给甲后,发现此事,于是起诉甲,要求返还马。乙胜诉。

该案确立了另一项规则:通过欺诈方法占有标的物者,不能取得所有权。

[案例三]甲以伪造的支票买了乙的马,甲知道支票是伪造的。在乙把马交付给甲后,甲把马转售给丙。丙不知道也没有理由知道伪造支票一事。乙起诉丙要求返还马,乙败诉。

该案如果按照案例一、案例二的规则,似乎乙应胜诉,因为根据案例二确立的规则,通过欺诈方法占有财产者,不能取得标的物所有权;根据案例一的规则,未取得财产所有权者,不得向他人转让所有权。但该案却判决丙拥有所有权,尽管甲并未取得所有权。

[案例四]丙曾帮甲对乙进行欺诈,其余事实与案例三同。

[案例五]丙从甲处买马后又将马转卖于丁,其他事实与案例三同。丁曾听说过欺诈的传闻。乙起诉丁要求返还马。①

从上述案例,我们可以看出,判例法上的类比推理并非十分简单的"照葫芦画瓢",实际上是一个充满了技术性的法律推理过程。

类比推理是从特殊到特殊的推理方法。这是英美法系法官们最常用的推理方法。所谓"遵循先例",就是必须以类比为其方法基础,作为判例法国家,英美法拥有大量判例。每个判例中都包含了法律规则或原则。所有在后来发生的与先例相同或相类似的案件,都应当适用先例所确定的规则或原则来进行裁判。这个过程中,类比推理发挥着主要作用。其基本步骤如下:

第一步 找到相对应的判例(从手头案件初步判断);

---

① [美]史蒂文·J. 伯顿:《法律和法律推理导论》,张志铭、解兴权译,中国政法大学出版社2000年版,第40~43页。

第二步　案例识别，识别出相同点和不同点；

第三步　对相同点和不同点进行价值衡量；

第四步　相同点重要，则援引先例中已经确立的规则；如不同点重要，则放弃先例，转而寻找其他先例，如找到其他适合先例，则适用该先例；如不能找到，则创设新判例。

值得我们重视的是，案例中并非所有内容都有拘束力。其中的法律原则、法律理由才是有拘束力的，尤其是法律理由中的事实要件构成了案件的基点事实。这实际上是要求有非常严格的判例制作技术。艺术家罗丹说，是欣赏者创造了艺术品。同一个物从不同的角度可以有不同的解读，同一个案件亦是如此。

上面我们讲的是类比推理。这一推理形式迄今为止仍是英美法系的主要推理方式。接下来，我们再来看看演绎推理。到今天为止，演绎推理仍然是成文法国家最基本的推理形式。这是因为成文法的法律规范制定后，一旦发生与法律规范相对应的事件，就必须从法律规范中寻找对应的具体规定，对应完成后，推理过程即告结束。这一过程，就是典型的逻辑三段论："大前提＋小前提＝结论"①。

下面这个三段论的例子，几乎已经被全世界关于逻辑学的书籍举了无数遍：

所有的人都会死（大前提）

苏格拉底是人（小前提）

苏格拉底也会死（结论）

逻辑学家所说的三段论公式可分为三个步骤：第一，在初步审阅事实的基础上识别出一个大前提（如上例中的"所有的人都会死"）。第二，用大前提的方式表述一个小前提（"苏格拉底是人"）。第三，最后推出结论（"苏格拉底也会死"）。按照逻辑律，演绎推理是前提蕴含结论的推理形式。也就是说，大前提是关于一般性规则的陈述，其本身就隐含着推理的结论，即凡符合大前提规定的情形，均可得出相应的结论。所以说，演绎推理的结论是逻辑地从大小前提中产生出来的。

从上面的范例可以看出，演绎推理指的是从某类事物的一般性知识出发，推出其中的特殊对象具有某种特性的推理②。演绎推理是一种从一般到特殊的推理方式。这一点，与归纳推理正好相反，即归纳推理是特殊到一般的推理方式。

演绎推理是一种能够确保推理结论形式正确性的推理方式。这是其他任何一种推理形式所不具备的，当然，确保推理结论正确性的前提是逻辑律，即大小前提为真，遵守推理规则。正是由于这一特点，演绎推理对于确定法律适用的确定性和

---

① 三段论只是演绎推理的主要形式，假言推理、选言推理等也是演绎推理的重要形式。

② 参见陈锐：《法律推理论》，山东人民出版社2006年版，第40页。

稳定性具有十分重大的作用。德国法学家汉斯·普维庭指出,"经典的三段论推理模式在今天仍然占据主导地位"。①

有人认为,英美法系采用的是类比推理,他们不太采用演绎推理。其实,这是一种误解。美国法学家伯顿、列维都曾在他们的著作中对英美法系如何采用演绎推理作了详细阐述。当然,我们也要注意,在我们的法律适用过程中,虽然演绎推理是主要的推理形式,但事实上,归纳推理和类比推理也同样发挥着相应的作用。

要件审判九步法遵循的也是演绎推理这一最基本的逻辑结构。应当注意的是,在实际案件中,三段论法往往会表现为一连串的三段论,其中一个结论是下一个三段论的前提。这就是复合三段论。无论这种过程的层次有多少个,其推理过程都是一致的。在审理案件中,法官应当注意厘清前后三段论的推理层次。

(二)要件审判九步法总体框架的逻辑解析

要件审判九步法的九个步骤中,每一个步骤都可以在逻辑框架中找到相应的位置。下面我们通过一个简表来看看每个步骤在逻辑框架中的位置:

大前提		
固定权利请求	寻找基础规范	分解规范要件

小前提		
检索诉讼主张	整理诉讼争点	证明要件事实	认定要件事实

结论	
要件归入	作出裁判

---

① [德]汉斯·普维庭:《现代证明责任问题》,吴越译,法律出版社 2000 年版,第 71 页。

　　从上面这个示意图中,我们可以看出:要件审判九步法的前四个步骤——固定权利请求、寻找基础规范(含权利基础规范和抗辩权基础规范)、分解规范要件主要解决确立逻辑推理的大前提问题;第五步到第八步——检索诉讼主张、归纳诉讼争点、证明要件事实、认定要件事实主要解决确立逻辑推理的小前提问题;第九步要件归入主要解决逻辑推理的结论问题。

　　为了更加清楚地了解九步法的逻辑结构,我们再来看一看完全性法律条文的逻辑结构:

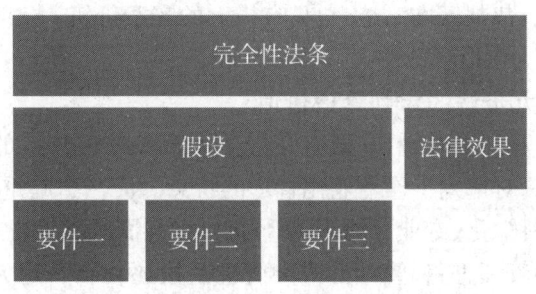

	步骤	任务
大前提	第一步	固定权利请求
	第二步	找到权利请求基础规范
	第三步	寻找抗辩(权)基础规范
	第四步	基础规范构成要件分解
小前提	第五步	检索诉讼主张
	第六步	整理诉讼争点
	第七步	证明要件事实
	第八步	认定要件事实
结　论	第九步	要件归入并作出裁判

第四章　要件式审判方法的价值分析

基本审判思路要求法官养成严谨的逻辑思维,对避免实践中因模糊思维而造成的审理思路混乱、裁判标准不统一,具有极大的实践价值。

一、要件审判九步法的审判管理价值

法院管理工作具有双重性,它既有一般国家机关普遍具有的队伍管理和行政管理的特点,又兼具对审判工作专业化管理的特点。应当引起重视的是,我国的审判管理起步较晚,科学化、专业化程度尚不能与实践需求相匹配。实践中,符合审判工作运行规律的管理思路、管理方式和管理手段还存在一定欠缺。加强审判思路与审判方法研究,在法院内部推行科学、合理、高效的审判思路管理方法,具有紧迫性和必要性。

（一）审判思路管理是审判管理的关键

审判管理,主要包括审判价值观管理、审判绩效管理和审判方法管理三个方面的基本内容。

（1）审判价值观管理是审判管理的基础和核心。它决定了人民法院审判活动的基本政治方向。审判价值观不是可有可无的摆设,它必须贯穿于审判管理工作的始终,并通过审判绩效得以体现。司法为民能否最终实现,依赖于社会主义核心价值观的推广以及此种推广工作取得的实际效果。

（2）审判绩效是审判管理能否实现核心价值观的基本标志。价值观是意识形态领域的概念,而审判绩效则属意识形态的物质外化,二者统一于审判管理工作。任何价值观最终都必须通过一定的结果表现出来。没有绩效,审判价值观就无从实现,没有绩效的审判管理是失败的管理。

（3）审判方法是价值观转化为审判绩效的基本保证。审判方法是否正确,是否符合认知规律和诉讼规律,决定了审判质量和审判效率,决定了当事人能否充分行使自己的诉权,更决定了法院与当事人、法院与社会之间的信息交流机制能否顺畅。科学的审判方法能确保案件审理程序的规范、流畅、高效,是提高审判绩效的基本保证,是有效化解社会矛盾、创新审判管理方法、确保廉洁公正司法的坚实基础。

（二）审判思路管理是审判方法管理的核心

审判必须依循一定的思路进行。基本审判思路是否清晰,是否符合认知规律和诉讼规律,决定了当事人能否顺利地展开自己的诉权,决定了法院能否按照一定规律增进审判之质量、效率和效果,也决定了法院与社会之间的沟通交流机制能否顺畅。

我国正处于社会转型的关键时期,各类社会矛盾凸显,其中相当一部分以诉讼的形式向人民法院集聚,法院和法官面临空前巨大的办案压力。当前通行的审判思路,特别是民事案件审判思路存在根本性的缺陷。① 审判思路的不正确、不妥当、不清晰、不统一,对案件审判质量、司法的权威性造成的负面影响日益显现,一些个案判决引发的争议甚至遭受的质疑,已成为制约法院工作的瓶颈。因此,对审判方法的研究、推广和引导,是深化法院审判管理工作的必然要求。加强审判思路的研究,以法院管理工作推动正确审判思路的树立及推广,是提高司法能力,确保司法裁判公正、高效、权威的必然要求。

（三）要件审判九步法是审判思路管理的有效路径

1. 九步法是规范出发型审判方法的具体化

与英美法系国家事实出发型审判方法不同,大陆法系国家的司法裁判主要从成文法出发,属于规范出发型审判方法,以演绎推理为主,严格遵循三段论的论证方式。法学方法论中把这一方法称为 Subsumtion(涵摄或归入)②,即以法律规范(T)为大前提,以要件事实(S)为小前提,以法律效果的产生与否(R)为结论。特定的案件事实,必须该当于法律规范所包含的所有要件特征,始能发生该法律规范所定的法律效果。其论证过程的逻辑结构如下③:

T→R(符合构成要件 T 即产生法律效果 R)

S = T(特定的案件事实 S 符合构成要件 T)

---

① 当前的民事裁判方法可以概括为"法律关系定性式审判方法",即首先确定案件的法律关系性质,然后依照相应的法律规范进行审理和裁判。但这种审判方法存在明显的缺陷:一是未能将当事人权利请求和抗辩主张特定化、具体化,很容易在具体法律适用上出错,也容易遗漏必要的案件事实和审理要素;二是主要依赖法官依职权审查,忽视了当事人的处分权和程序主体性;三是没有建立主张责任和证明责任之间的动态联系,没有调动当事人自主构建诉讼攻防体系的有效手段。相似论述,还可参见杨立新:《民事裁判方法》,法律出版社 2008 年版,第 7~18 页。

② 这一概念来源于德国。法院审查诉讼中所确认的事实是否满足法条事实构成所有的特征,这一审查过程被称为涵摄。参见[德]奥特马·尧厄尼希:《民事诉讼法》,周翠译,法律出版社 2003 年版,第 122~123 页。

③ 具体逻辑论证过程可参见王泽鉴:《法律思维与民法实例》,中国政法大学出版社 2001 年版,第 200~207 页。

S→R(特定的案件事实 S 产生法律效果 R)

作为成文法国家,这一论证过程也是我国在构建审判方法过程中所必须遵守的原则。但涵摄法(归入法)是高度抽象化的审判思路,只能作为论证的起点,无法对案件的审理提供更多具体的指导。要件审判九步法在吸收其他合理元素的基础上,把其分解成九个明确具体的步骤,完善了涵摄过程的基本架构,是规范出发型审判方法的具体化。

2. 九步法符合我们法官队伍素质的基本现状

随着我国法治进程的加快和民众法律意识的增强,法院和法官面临巨大的办案压力,这要求法官具有较强的个案管理能力,其中,办案方法的可操作性即是个案管理能力的重中之重。

个案管理能力主要体现为微观层面的个案操作,而办案方法则是统领个案管理的宏观技术系统。在实践中,个案管理的主要工作流程是:

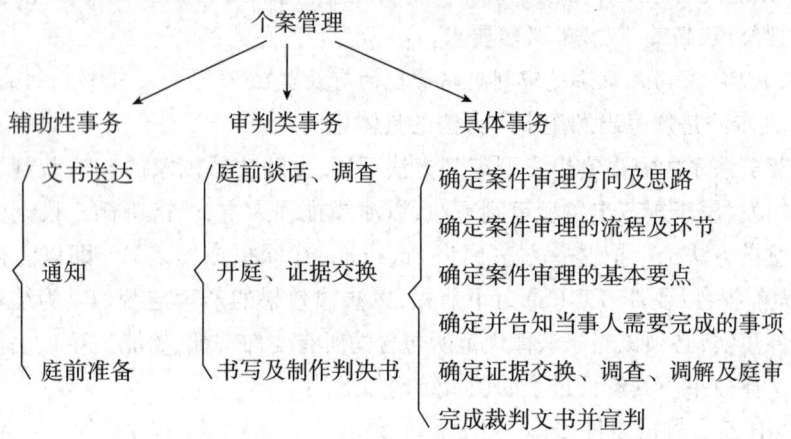

上述事务的管理,在案件数量少或人力资源供给充分的情况下,是比较容易完成的。但是当法官的工作量接近或处于饱和状态、工作效率要求极高的情况下,管理的问题(效率管理和质量管理)就显得极为重要了。这种情况下,不允许法官过多进行重复劳动或无效劳动。而审判思路混乱极易导致重复劳动和无效劳动,后者往往引起效率问题和质量问题,甚至引发矛盾激化。审判思路清晰的法官,办案数量、质量、效率及办案效果较高,且投诉率常居于较低状态。这也即法官需要科学合理的审判方法之原因及目的所在。但实际状况是,多数法官会"先易后难",即将易结之案优先处理,难案、老案积压成堆。尽管这不影响法官的表面结案绩效数据,但对于老案、难案的当事人来说,这会使他们对司法公信力、权威性失去信心。因此,我国法官队伍的现状要求提高法官的案件管理能力及引进一套行之有效的办案方法。

近年来,随着多层次在职教育培训在全国法院系统的广泛开展、司法资格统一考试的推行和高学历法学院毕业生的招收录用,法官群体的职业素质得到大幅度提升。与此同时,各地法院涌现出很多优秀法官,他们的工作方法、办案经验在一定范围内得到了推广,但还缺乏必要的理论提升和系统化研究,指导作用和示范效应也具有一定的局限性。只有立足于审判思路管理的高度,对好的审判经验和做法进行总结提炼,才能具备更强大的生命力。

九步法把抽象的审判思路分解成具体的工作步骤,更方便法官理解和掌握。当然,作为一个法律思维、法律方法与法律知识、立法规定、法学理论的串联体系,这要求法官具备一定的基本素质。但九步法不是纯粹的抽象理论探讨,不是标新立异的学术命题,而是一个建立在法官应有知识体系基础之上、用于日常工作的审判方法。随着当前法官素质的大幅度提升,应当说,任何一位合格的法官都可以通过一定的培训而熟练掌握。

二、要件审判九步法的诉讼公正价值

确保诉讼公正,必须有一系列的制度保障。正确的审判思路与审判方法,是确保诉讼公正不可或缺的因素。以审判思路保证审判公正要求法官围绕当事人诉讼请求、诉讼主张、法官的法律推理、证明过程及审理结果等要素来展开。要件审判九步法在这几个方面都有其优势。

(一)有利于厘清当事人的权利请求及诉讼主张

按照辩论主义三原则,当事人的诉讼主张构成了法院审理及判决的基础。[①]诉讼活动主要以当事人的权利请求及诉讼主张为出发点。当事人权利请求是否正确、是否与法律规定或法律要件相符,是诉讼开始时必须解决的问题。否则,很有可能出现累讼或当事人因诉讼常识缺乏而引起的权利丧失后果。要件审判九步法首先解决的就是固定或厘清当事人的诉讼主张,不明确的予以进一步明确,明显荒谬的予以更正或删除,明显不合理的加以合理化,通过这些方法解决诉讼的基本出发点,并以此作为识别权利请求基础规范及抗辩权基础规范的依据,进而进行法律规范构成要件的分析,并在此基础上展开审理活动。

---

① "辩论主义"一词由德国学者格纳在 1801 年首次提出,其后发展成为大陆法系国家民事诉讼基本原则。按照大陆法系通说,辩论主义包括以下三原则:构成判决基础的事实须以当事人辩论所涉为限,当事人没有主张的事实不能作为判决的基础;当事人没有争议的事实(包括自认的事实)应当作为判决的基础;法院能够实施调查的证据只限于当事人提出申请的证据。相关内容可参见[日]谷口安平:《程序的正义与诉讼》,王亚新、刘荣军译,中国政法大学出版社 2002 年版,第 24 页。

同时,当事人提出了相应的权利请求后,能否正确地根据自己所依据的权利请求基础规范提出自己的诉讼主张,也会影响到案件的正确审理。要件审判九步法要求法官根据权利请求基础规范构成要件对当事人提出的诉讼请求进行检索。这样,即可避免当事人因为诉讼基础知识欠缺而引起的诉讼主张遗漏或错误。

(二)有利于判断审判推理的正确性

要件审判方法以权利请求为出发点,在确定权利请求所依据的基础规范后对基础规范进行要件分析,然后对要件事实进行逐项审查,在此基础上进行要件归入,最终完成诉讼裁判的任务。这一方法是一个步骤清晰、逻辑完整的法律适用过程,审判推理过程稍有不足,即可从相关步骤中发现。

审判推理的正确性主要从六个方面来进行保证:

其一,诉讼的出发点审查。当事人明显错误或不合理的诉讼请求可通过初步审查予以廓清,确立了诉讼出发点后即确立审判推理的基本框架。其作用是不言而喻的。

其二,诉讼的法律基础审查。司法的对象即是法律,具体而言,就是法律条文。诉讼的法律基础审查,解决的是裁判将要适用的法律条文问题。当然,这个步骤存在的重大困难之一即是找法的困难。按照相关学者的观点,找法活动往往不是一个回合能够解决的问题。但是,如果不先解决法律基础问题,审判过程的推进是有疑问的。要件分析方法最重要的一个步骤就是先固定法律基础规范,避免诉讼推理变成没有大前提的前提。

其三,要件主张的完备性审查。如果当事人未全面提出要件主张,审判推理将缺乏重要的推理前提。要件主张是否完备,是要件分析方法必须解决的一个重要问题。

其四,要件证明的充分性审查。要件事实证明是否充分,是要件分析方法必须解决的一个重要问题。在某种意义上,法庭审理的核心即在于此。

其五,举证责任分配的判断。并非所有的事实都能够通过法庭查明。要件事实如果经过充分审理仍然处于真伪不明的状态,则必须通过举证责任分配来进行司法拟制结论。

其六,要件归入的充分性审查。要件归入,要求所有要件均能归入,缺一不可。全面要件相符,司法推理即可得出支持权利请求的结果。反之,只要有一个要件不符合,司法推理即可得出不能支持权利请求的结论。

通过上述分析可以看出,要件分析方法从诉讼的启动、法律基础的寻找、法律要件的分析、诉讼主张完备性审查、证明充分性的审查以及要件归入等方面进行了全面的分解,使审判推理的过程清晰明白,容易把握,完整地构建了审判推理的逻辑结构。在实现了诉讼请求与法律规定、实体法律规范与正当程序原则、纠纷事实与法律要件事实、诉讼争点与审理重点、案件审理过程与诉讼文书写作的有效对接基础上,确保审判推理的正确性。

(三)要件分析方法有利于查明案件事实

首先,要件分析方法有利于确定事实查明的范围及程度。一个案件中,需要查明的事实范围必须首先予以明确,否则当事人双方的诉讼活动将难以开展。要件分析方法主要是通过对法律基础规范的构成要件进行分析,确定需要审理查明的要件事实,并以此为基础界定事实查明范围及程度。

其次,要件分析方法有利于明确举证期限的客体范围。举证期限也以要件事实作为客体范围。这个问题对于确保司法公正具有重要意义。当前举证时限制度的主要缺陷是客体不明确,这导致在审判实践当中会出现"一刀切",所有的证据必须在一定时间内举出。事实上只能针对既有的事实主张,只能针对当事人主张的要件事实,而不能是延伸性事实更不能是其他补充性事实。后文将予以详述。

再次,要件分析方法有利于正确分配举证责任。正确分配举证责任也是确保诉讼公正的一个基本条件。我国现行举证责任分配规则采用的基本方法是罗森伯格的法律规范要件分类说(当然,还保留有部分待证事实说)。要件分类说本质上与要件分析方法系同一种方法。关于证明责任的分配标准,理论界存在规范说、法律要件分类说、利益衡量说、修正的法律要件分类说等。九步法以法律要件分类说为证明责任分配的一般原则,①即将法律规范分为权利发生规范、权利阻碍规范、权利消灭规范,当事人应就有利于己的法规所指向之要件事实负担证明责任。这一分配标准具有客观化和容易把握的特点,便于法官和当事人理解和适用。

最后,要件分析方法有利于争点整理,确保事实调查过程的清晰性,避免遗漏案件事实。要件分析方法把基础法律规范分析出来后,必须进行争点整理,提炼出审理的重点,这对于保证诉讼过程的清楚明白具有十分重要的意义。

九步法通过明确主张责任和证明责任,把诉讼主张、诉讼证明与诉讼结果紧密联系起来。当一方当事人的诉讼主张不完备,或者诉讼主张未能被有效、充分的证据证实时,就要承担败诉后果,这充分调动了当事人构建诉讼攻防对抗体系的积极

---

① 这也与我国现行证据制度的司法解释相符。一般认为《最高人民法院关于民事诉讼证据的若干规定》确立了双重意义(行为意义和结果意义)上的,以法律要件分类说为证明责任分配原则的证明责任制度。

性,便于法官查明事实。

基本审判思路决定审判之质量。审判的任务主要是查明事实、适用法律。查明事实的过程必须条分缕析,按照一定方法、一定顺序,依照一定要件逐一进行,而不能杂乱无章,顺序背反。例如,刑事审判中,如果对被告人的公诉包含三个罪名,首先,必须把这三个罪名的法律规定予以明晰;其次,必须审查控方起诉的内容是否符合这三个法律规定的主客观要件;再次,分别查明三个罪名项下的主客观要件事实是否成立,是否能够得到证明;复次,在不能查明的情况下,按照证据规则对之进行认定;最后,将事实与法律进行对照,要件符合则适用该法条定罪量刑,反之则不予适用。如此,案件审理即较为容易和清晰。如果我们不遵循这种基本思路,将前后顺序颠倒、各项要件混杂在一起,"搅成一锅粥",则不仅当事人会陷入事实的"泥潭",法官也会处于混沌状态,案件最后的处理结果可想而知。事实上,早在20世纪前,德国的法官们就已经探索出这种基本审判思路了。

明确的审判思路有助于法院确定相关的程序事项。民事诉讼中的多个程序性事项,与案件的实体法律关系密切相关。采用不同的审判思路,就会有不同的处理方法,对相关程序事项的判断,亦相应地会形成一定差异。例如,要件式审判思路必须首先确定案件实体法律关系的核心要素。这种核心要素,对于法院正确确定程序事项具有重大意义。

其一,有利于确定当事人是否适格。同一生活事实,可能产生复数的、竞合的法律关系。构建诉讼基础的法律关系不同,则当事人主张权利的方式亦不同,对当事人适格问题的判断结果也会不同。例如,甲公司向乙公司出售水泥,乙公司以丙公司出具的10万元支票未进行背书即交付甲公司。甲公司因支票无法兑付,起诉要求乙公司支付10万元。如果甲以票据法律关系起诉,因乙公司非票据当事人,则乙属不适格之被告;如果甲以买卖合同关系起诉,则因乙系水泥买卖合同之债的债务人,则属适格之被告。

其二,有利于确定案件的管辖权。民事诉讼立法关于地域管辖的规定,在"原告就被告"的基本原则之外,特别作出依不同法律关系确定管辖权之规定。如依合同法律关系起诉,合同履行地法院有管辖权;依票据法律关系起诉,则票据支付地法院有管辖权。因此,确定争议的法律关系对于法院确定案件的管辖权,具有重要意义。

其三,有利于确定裁判的既判力客观范围。所谓既判力,是指确定的终局判决对后诉的拘束力。判决确定以后,判决中针对当事人的请求而作出的实体判断,当事人不能再提出与此相同的主张来进行争执,即"禁止重复起诉",

法院也不得作出与此相矛盾的判断。所谓既判力的客观范围,是指确定的终局判决中的哪些部分对后诉产生既判力的约束。诉讼法理论认为,诉讼标的就是判决既判力的客观范围。依照传统诉讼标的理论,诉讼标的是指当事人之间争议的民事法律关系①。因而,法律关系不同,诉讼标的也不同。例如,原告前诉的法律关系为购销,未获法院支持。后又以相同生活事实和诉讼请求,以加工承揽法律关系提起后诉。依传统诉讼标的理论,加工承揽法律关系与购销法律关系系不同的诉讼标的,加工承揽法律关系未经前诉审理,后诉不构成重复起诉。

相反,如果在诉讼初期不能解决法律关系问题,则势必无法对当事人适格状况、管辖权、既判力客观范围等问题作出准确判断,案件的审理质量也无从谈起。

三、基本审判思路对审判效率之影响

在审判效率方面,基本审判思路的作用显得更加重要。通常,审判效率与审判思路之间形成了一种对应关系,即审判思路越是清晰,办案效率越高,反之亦然。例如,据对上海市长宁区人民法院 2009 年间所有超过一年期案件的统计,在案件超期原因中,案件在审理中未能及时固定诉讼请求的占 12%;未能及时固定证据材料的占 48%;未能及时固定诉讼主张的占 10%。上述未能做到“三固定”的约占 70%。这三个方面的不固定造成的直接后果就是诉讼迟延。而三个方面的不固定,其根本原因就在于审判思路方面的欠缺。

基本审判思路之所以能够有效地提高审判效率,主要在于,清晰的审判思路有助于法院确定正确的审理方向,有助于界定裁判范围,减少无效劳动范围,促进当事人尽快形成争点,加速案件审理重点的形成,同时加速事实认定过程并缩短裁判过程。

（一）有利于尽快树立审判方向

要件审判九步法首先要求法院审查、固定当事人之间争议的法律关系和具体权利请求和抗辩。这就尽早确立了审判方向,可以避免因为基础不明确导致案件审理无从下手,也可以减少方向性错误引起的诉讼行为反复。因为不同的法律关系对应着不同的法律构成要件,不同的构成要件又需要不同的法律事实支撑。甚至举证责任分配、诉讼时效等都会有所不同。如果法院不能及时固定法律关系,当事人就必须对各种可能的法律关系进行攻防,法院的审理方向和范围也可能随之不断发生变化,造成审判思路的不清晰。例如,在医疗损害赔偿纠

---

① 李龙:《民事诉讼标的理论研究》,法律出版社 2003 年版,第 90 页。

纷案件中,原告究竟依违约法律关系,还是依侵权法律关系,将会决定案件的后续审理方向。

（二）有利于尽快确立审理对象

要件式审判思路要求法院审查、固定当事人之间争议的法律关系。法律关系确定之后,当事人就可以围绕特定的法律关系进行诉辩攻防,法院的审理方向和裁判范围也可以确定下来,这样,法律关系所对应的实体法律规范的构成要件才能明确,法院需要审查的要件事实才能确定,法院的审理方向才能明确,判决结果才能准确。实践中,不少当事人诉讼能力有限,不能根据自己的请求权或抗辩权正确地提出自己的诉讼主张。诉讼主张与请求权相互矛盾的有之,诉讼主张与请求权构成要件不能匹配的有之,遗漏诉讼主张的也同样屡见不鲜。例如,原告诉请被告对承运的货损承担违约金,但主张的理由却是被告侵害了原告的财产,显然诉请提出的是合同违约之债,主张的理由却是侵权之债,两者明显矛盾。为了确定原告要求法院裁判的对象,妥善解决纠纷,法院应在审查当事人诉讼主张的基础上,对诉讼主张与基础法律规范的要求发生明显背离或错误的情况予以释明,要求原告补充事实和理由,或者就矛盾之处予以解释明确,避免因上述情况而影响诉讼效率。

（三）有利于尽快明确审理重点

争点整理是一项极端重要的诉讼方法。所谓争点（争议焦点）,是指当事人存在争议的具体事项,通常包括法律和事实两个方面的事项。在一起案件中,涉及的事项可能会非常广泛,当事人不可能就所有的事项都展开对抗,法院也不可能去审理与案件有关的所有事实,案件的审理范围不可能没有任何限制,必须按照重点来进行。诉讼中的审理重点应当靠诉讼争点的形成来发现。只有形成诉讼争点,才有可能明确案件的审理重点。争点是当事人攻击和防御的重点,是庭审成功与否的重要前提,故争点整理也被认为是民事案件审理的"主线"或"脊梁",是民事审判中的一项基本技能。正确的审判思路有利于诉讼争点的形成。

（四）有利于尽快展开诉讼证明

在明确请求权基础和抗辩权基础之后,当事人即可以根据自身对法律规范构成要件的解读并依据法官的指导,有针对性地进行举证、质证。只有诉讼证明活动的方向明确,才能尽快展开诉讼证明,证明效率才能得以提高。

（五）有利于尽快形成判决结论

要件式审判思路的思维模式是,当要件事实完全涵摄于法律规范的构成要件时,该法律规范所确定的法律效果即发生。至于要件事实以外部分的生活事实,即便存在争议,法院亦无审查的必要。同时,要件式审判思路要求要件事实涵摄（或归入）于基础法律规范的全部构成要件,只要有一项构成要件不符,该基础法律规范即不能适用于其权利请求。由此,在存在若干项要件事实需要审查时,只要其中一项能够被确定地认定为不能成立,即可省却对其他要件事实的审查。

四、基本审判思路与庭审思路

庭审思路是基本审判思路在庭审过程中的体现。庭审思路与基本审判思路应当一脉相承。因此,法官是否具备正确的基本审判思路,决定案件的庭审思路是否正确、案件审理工作是否高效。

(一)庭审思路决定了开庭陈词的效率及准确性

按照正确的庭审思路,法官首先应当固定诉求。富有经验的法官,往往会对当事人的开庭陈词把握得十分严格。例如,法官应当问明当事人提出诉讼请求的明确意思,厘清其诉讼的法律依据,注意其诉讼请求之间、诉讼请求与诉讼理由之间的模糊之点或矛盾之处等。在当事人提出的诉讼请求明显荒谬或错误时,法官还可以要求当事人进行补正。这是因为无论采取何种基本思路,无论在哪个法系哪个国家,当事人诉讼请求都被视为诉讼的基本出发点。

据对上海市高级人民法院民二庭 2005 年间审理案件的抽样调查,90%的律师在开庭陈词时,往往会事无巨细地把各种事实细节陈述无遗,而其中相当多的内容其实可以放在法庭调查中再行展开。其实,这是庭审思路不清晰的重要表现。按照正确的庭审思路,在开庭陈词阶段其实只需列明事实要件和基本法律观点即可,事实要件是否成立、能否得到证明以及如何证明、法律观点能否成立、本案是否具备适用条件等等,在此阶段可以在所不问。

在庭审中,如果要及时、准确查明案件事实,及时澄清法律观点,争点整理是一项非常重要的手段。争点整理也是一项能够反映法官审判思路的工作。有效的争点整理可以起到减少讼争、缩短庭审期间并引导庭审进一步深化的作用。争点整理必须按照一定的审判思路来进行。例如刑事审判中,必须在把刑法法条中罪名的主客观要件进行分解后,由控辩双方对全部要件能否成立进行辩驳。此时,法官把双方存在争议的要件和不存在争议的要件分别进行归纳,要求双方就存有争议的要件深入展开,既有利于节省法庭审理时间,也容易使各方当事人思路更加清晰。甚至,对争点整理比较及时充分的法庭,庭审笔录的质量也会有相应的提高。争点整理可以帮助当事人发现自己应当提出而未能提出的诉讼主张,可以帮助当事人发现自己未对对方提出的诉讼主张作出回应的内容,可以提示当事人逐项对自己所提出的主张举证,等等。

(二)充分利用争点,可避免遗漏重要要件或重要法律观点

要件审判方式具有独特的作用,有助于我们解决好争点整理问题,进行法律条

文的层次分解。比如,甲向乙购买花瓶,约定价款十万元,同时,十二万元转卖给丙。乙在送货时不慎摔碎。甲能否向乙请求转卖所得利益二万元?首先,第一层次的分解,即根据规定,因可以归责于债务人的事由,致给付不能者,债权人得请求损害赔偿。具体而言包括以下构成要件:乙负有给付义务、给付不能、有可归责之事由。明确三个构成要件是第一层次的分解。其次,第二层次的分解,即明确乙负有给付义务需要哪些构成要件进行支撑,这一层次主要是买卖合同效力的法律规定,主要针对当事人的给付义务。但在审判实践中,未必需要作这个层次的构成要件的分析,其原因主要在于有可能当事人对自己负有给付义务不进行争辩,故第二层次的法律分解,可能是不需要进行分析的。但是如果当事人提出其不负给付义务时,对买卖合同约定内容的审查就变得重要起来,尤其是当事人作出买卖合同不成立的抗辩时。此时法官即需要对买卖合同是否成立进行合同成立要件(要约、承诺、意思表示一致)的分解。如果当事人对要约承诺是否成立、意思表示是否一致等要件表示异议,则需要进行第三层次的分解。但是对方对合同成立这个要件认诺的话,就不需要对后面的要件进行展开了。所以这里面的法律分解是有层次的,而且有些要件是隐含的,乙负有给付义务,它隐含了他们的买卖合同已经成立。如果他对合同成立提出争辩,即需要法官对合同已经成立进行法律上的分解,因此,要件审判方式的思路是十分清晰的,有其独特的法律层次分解结果。

(三)有助于实现对事实争点的证明并提高审判效率

争点是案件审理的一条红线,发端于原告的起诉,终结于一份民事裁判文书,其贯穿于民事审判的整个过程。法官对争点进行整理,并围绕争点展开庭审调查,针对争点进行说理论证,是要件分析审判思路的重要内容。一般而言,争点整理可从以下几个步骤展开:

首先,应当正确发现并及时固定争点。法官应当基于当事人争议的法律关系,从当事人诉辩主张所依据的法律规范出发,发现、固定直接影响法律规范各项要件成立或满足的事实争点,以及争议法律规范能否适用的法律争点,并及时组织当事人确认,记录在案。

其次,基本审判思路是否清晰直接决定着法庭中的事实查明思路是否清晰。事实调查遵循着"一方主张—对方是否承认(自认)—不承认时举证质证—法官能否认定事实—真伪不明时由法官根据举证责任分配规则认定"的基本次序进行。在事实调查的推进过程中,法官必须按照一定的思路决定是一次性进行事实调查还是分别逐项进行。法庭如何发问及如何引导当事人发问,也是在正确的庭审思路的指引下进行的。

法庭辩论也是能够反映庭审思路是否清晰的重要领域。法庭辩论往往涉及事实认定理由是否充分、法律要件是否完备、法律观点是否正确等,其内容较为庞杂。基本审判思路有所欠缺的人,往往会在这方面存在较大问题,或者不能把握住辩论要点,或者遗漏重要辩论要点。

五、基本审判思路与裁判文书的逻辑结构

长期以来,裁判文书的质量标准一直是审判实践中一个难题。所以,我们检查裁判文书质量多数采取的是形式化标准,主要由三类标准组成:一是格式标准,解决的主要是文书格式是否正确;二是文字标准,解决的是文书的错别字问题;三是形式标准,解决的主要是文书的纸张、打印、排版等方面的问题。这类标准具有一定的客观性,可对裁判文书的质量作出一定评判,但这种评判并不全面,主要停留在形式层面,对于裁判文书在逻辑推理方面的质量,并不能起到评价作用。而对逻辑推理方面的质量,或者实质层面的质量判断,基本都处于较为主观的状态。

事实上,遵循一定的审判思路,裁判文书亦可从逻辑结构上建立起质量标准。例如,民事判决书可以从请求权出发,再围绕请求权基础的构成要件,检索当事人的诉讼主张中是否已经涵盖所有构成要件,举证、质证、事实认定均应围绕事实争点来进行,而判决理由亦应围绕法律争点来进行。其他类型的裁判文书,可以以此为基本范式进行分析。

请求权
请求权基础
请求权基础构成要件
当事人诉辩主张
诉讼争点
事实争点——举证
　　　　——质证
　　　　——认证
事实认定——直接认定
真伪不明——举证责任分配认定事实
判决理由
　　　　解决法律争点
　　　　事实要件归入
适用法律
判决书主文

裁判文书是案件审理过程的全面体现,其应当针对争点进行说理裁判。既然案件审理围绕争点进行,法官在裁判时就不能回避争点,必须在裁判文书中逐一阐明对争点的处理意见。事实争点与举证、质证、认证是纲与目的关系,纲举才能目张;法律适用争点与论证说理是论题与论证的关系,前者统领后者。因此,裁判文书应当具备以下内容:(1)在当事人诉称、辩称之后,专段列明案件争点;(2)针对事实争点简述当事人举证、质证的情况,阐明法官采信或不采信证据的理由;(3)在"本院认为"部分,应针对法律适用争点进行充分的说理论证。

六、增强社会效果的价值

（一）九步法与我国当事人法律素质现状基本相符

目前,诉讼的专业化、精细化发展速度远远快于社会公众对诉讼法律及诉讼规律的认知发展速度,二者之间存在着巨大的鸿沟,这是一个世界性的普遍现象。在我国的司法实践中,确实有许多当事人不明确应该主张什么权利,更不用说明确该权利主张所依据的法律条文。但应当明确的是,审判方法是法官必须掌握和运用的基本职业技能。从制度层面而言,法官并不能因为当事人不懂,而放弃运用一定的方法来组织当事人进行诉讼活动。

从具体层面而言,九步法充分考虑了当事人的法律素质现状。第一,九步法充分尊重当事人的处分权和辩论权,充分保障当事人程序上的诉讼权利。九步法以当事人诉讼请求为基本出发点,体现了当事人的程序主体性。这与我国法治化发展,当事人权利意识觉醒的趋势是相吻合的。第二,九步法与大多数当事人的诉讼能力和专业知识存在不足的情况相适应,通过法官的能动司法,以法官释明、心证公开等方式,避免诉讼沦为当事人的竞技场,更充分地保障了实质公正。

（二）要件分析方法有利于厘清法官释明思路

基于诉讼专业化程度已经远远快于社会公众对诉讼知识的认知水平,法院与社会之间的鸿沟在不断加大,这必然要求加强法官在诉讼过程中的释明。但是,法官应当如何进行释明,则存在各种不同的观点。

法官释明制度,必须解决释明制度的客体范围、释明方式、释明时间等基本问题,其中最具挑战性的问题就是释明客体问题。所谓释明客体,是指释明的内容及范围。无论是在理论上还是在实务上,释明内容与范围均存在争议。争议主要缘于法官职能与律师职能之区分。释明内容不当,即会抹杀法官职能与律师职能之界限,从而直接侵蚀法官的中立性。"司法为民"观念的正确性是不容置疑的,但这一观念应当从司法终极追求目标的角度进行理解。如从具体实现路径出发,法官则不能以"司法为民"为由任意对当事人进行指导,以至于模糊与律师之间的角色区分,甚至取而代之。在具体的制度层面,符合"司法为民"理念的释明制度还需建立在更加准确、更加符合司法规律的基础上。

事实上,要件分析方法能够帮助设计法官释明制度。例如,在民事诉讼领域,如果以请求权基础理论构筑我们的基本民事审判思路,就可以以要件事实来构建释明权行使的基本思路。例如,释明的核心内容可以确定为,检索请求权是否明显荒谬、当事人提出的诉讼主张与其请求权基础是否明确相悖、当事人提出的事实争点是否与当事人提出的请求权基础相一致,等等。

(三)要件分析方法有利于当事人正确行使权利

当事人正确行使权利包括选择正确的诉讼路径、充分行使诉权、合理进行诉讼行为、用尽诉讼资源等方面。要件分析方法在上述四个方面有利于当事人正确行使权利。

1. 有利于当事人选择正确的诉讼路径

诉讼主张与其权利请求基础规范的要求发生明显背离或错误,会导致诉讼不能按照逻辑关系有序进行,不仅举证、质证以及审理等诉讼活动会陷入混乱,而且会直接导致当事人的诉讼请求无法得到满足。同样,在被告提出相应的抗辩权时,如果不就相关抗辩权基础规范的要件提出主张,亦会发生性质相同的问题。因此,法官的指导,有利于帮助当事人提出合理的权利请求和抗辩主张,避免一案多诉等情况的发生。

2. 有利于当事人充分行使诉权

在"九步法"运用过程中,法官诉讼指导和释明得到强化,法官对请求权基础和要件事实的审查更为明确。对当事人诉讼权利的核心和实质内容,如请求权是否恰当,当事人的诉讼主张是否与其请求权、抗辩权基础相悖,要件事实的证明责任是否已经完成,法官通过释明予以指导,帮助当事人更充分地行使诉权。

3. 有利于当事人合理选择诉讼行为

理解权利基础规范的构成要件,更加清晰地认识举证责任,更加清晰地认识自己权利构成要件证据的充分性,从而更加清晰地认识自己的诉讼优劣,根据整理出的事实争点,帮助当事人理清举证、质证的基本任务和要求。分配举证责任,使承担举证责任的当事人明确知晓真伪不明情形下的风险所在。在证明过程中,法官及时将心证结论告知当事人,也促使当事人围绕法官的心证结论展开合理诉讼行为。

4. 有利于当事人用尽诉讼资源

在证明过程中,法官及时将心证结论告知当事人,以促使其围绕法官的心证结论展开诉讼行为(包括申请调查收集证据及自行补充证据),避免在有证据的情况下因为不知如何举证而陷于不利;审查当事人是否已经用尽证明资源及证明方法,如存在明显缺陷,法官可通过指导要求其继续举证。同时,还要根据《证据规定》的有关规定,审查各方当事人是否已经就其主张的所有要件事实完成了证明。这种审查,实际上就是逐一检索当事人是否已经对所有要件事实完成了证明。

（四）要件分析方法有利于帮助当事人和社会公众正确解读判决结果

要件审判九步法的逻辑思路找准了审判工作规律,以符合法律内在逻辑的方式对案件进行裁断,能够避免因遗漏要件事实而使案件审理和裁判文书写作存在根本性缺陷;能够避免因错误识别、遗漏、生造当事人诉讼请求而使案件审理和裁判文书写作偏离方向;能够从根本上提高裁判文书的内在理性和说服力,更加便于当事人和社会公众从裁判文书中正确解读"胜诉之因何而胜,败诉之因何而败",从而有利于实现案结事了。

综上,"要件审判九步法"是推进法院管理工作的一个有效手段。它既考虑到国情民意,切合当前能动司法要求,又符合司法内在运行规律,紧扣当前司法制度改革的主题;既从法律规范本身出发,更规范地适用法律,体现了法律自身的价值,又促进当事人权利用尽、证明资源用尽,有助于纠纷的彻底化解;既遵守辩论原则、处分原则等民事诉讼基本原则,充分保障当事人的诉讼权利,又通过树立当事人的主张责任和证明责任,明确当事人的诉讼义务;既保持法官中立的立场,又通过释明引导当事人从事诉讼活动,避免使诉讼沦为当事人的竞技场。当然,"要件审判九步法"不能涵盖审判管理工作的全部内容,审判管理模式、制度、方法三位一体的体系建设尚有待更多研讨与探索。

第五章 要件审判九步法第一步

——固定权利请求

权利请求,具体表现为诉讼请求,亦即当事人为保护自己的权利而提出的诉讼请求。诉讼请求是诉权保护最原始的出发点。审理案件第一步就是要固定权利请求。

一、为什么要首先固定权利请求?

权利请求是诉讼的基本出发点或原始出发点,权利请求是确定当事人诉讼请求所依据的法律基础的出发点,所以也是诉的构成要件。《民事诉讼法》第108条规定,当事人起诉必须有具体的诉讼请求。无诉讼请求则无诉。

> 新注9:《民事诉讼法》第108条,被2017年修正的《民事诉讼法》第119条继受。①

审判活动的基本过程可以简化地表达如下:

只有明确了诉讼请求,法院方可据以寻找法律依据,进而展开审理活动。没有明确的诉讼请求,法院无法寻找法律依据,也就无法展开审理。

只有具备明确的诉讼请求,对方当事人方可明确地应诉。否则,对方无法判断诉讼的性质、内容及法律依据,自然也无法进行诉讼对抗了。

无论是哪种类型的诉讼,都必须首先固定权利请求。固定权利请求对于审理

---

① 《民事诉讼法》(2017年修正)第119条规定:起诉必须符合下列条件:(1)原告是与本案有直接利害关系的公民、法人和其他组织;(2)有明确的被告;(3)有具体的诉讼请求和事实、理由;(4)属于人民法院受理民事诉讼的范围和受诉人民法院管辖。

案件而言,就相当于在整理一堆乱麻时把线头找出来。

实践中,有不少人在审理案件时没有做到首先固定权利请求。其结果是越审越理不清楚,导致事倍功半。因为权利请求不固定说明诉的性质和内容未能得到明确。诉的性质决定着法律寻找或法律适用方法的不同。诉的性质决定着诉讼活动的内容,诉的性质也决定着需要处理的法律关系或权利性质。权利请求不固定,随后的诉讼活动没法展开。实践中,有不少案件之所以拖延时间过长,权利请求未及时固定是一个重要原因。有的案件中,当事人的请求始终未能固定好,一会儿这样,一会儿又那样,如果对此未予充分重视,就很容易陷入被"牵着鼻子走"的局面,费时费力效果还非常不好。我注意到,出现这类问题的法官,投诉率通常也比较高。

法官审理案件首先必须搞清当事人究竟想达到什么目的,实现什么样的权利。只有弄清其诉讼动机和目的,弄清其关于权利的动机和目的,才能把法律关系和请求权的性质和内容弄清楚。只有搞清楚法律关系和权利性质,才能据此寻找到诉讼的法律规范或基础规范,然后在此基础上开展审理活动。所有这一切活动,都必须以固定权利请求为基本出发点或前提。

二、固定权利请求需明确的基本前提

我国历经多年法制建设,已经初步建立了一套相对比较完备的民事法律体系,民事权利的保护已经呈现出立体交叉全方位的特征。当事人行使权利时,往往有多个权利供其选择,同时,法律还允许当事人层层递进式地行使自己的权利。当事人行使了一个权利之后,往往还有后续权利可以继续主张。权利保护的完备化、体系化,是法律文明高度发达的标志。但是,权利保护体系完备化的一个不利后果,就是当事人稍有不慎,就容易丧失权利或产生讼累。因此,在固定权利请求时,非常必要的前提就是必须首先搞清楚我们的权利保护体系以及各种权利相互之间的关系。

(一)权利保护体系

民法的权利保护体系结构对于固定权利请求具有非常重要的作用。现行的权利保护体系为当事人提供了多种可供选择的权利保护渠道。当事人起诉时可以在权利保护体系中选择不同的权利。这种选择会对当事人的诉讼结果产生较大影响,所以,必须把权利保护体系搞清楚。民法的权利分类方法有多种。我们仅选取本权利、请求权、形成权及抗辩权这几类民事诉讼中最为常见的权利来进行分析。

1. 本权利

权利包括人格权、财产权(物权、债权、知识产权)、身份权等权利。这些是民法上的基本权利。就这些权利本身的归属发生争执，可以通过确认之诉加以解决。

2. 请求权

请求权是请求他人作为或不作为的权利。[①] 它是为了维护权利而产生的权利，有利于维护权利利益或满足权利的圆满状态。

本权利受到侵害后，通常要通过行使请求权来进行救济。例如，债权人有权行使债权给付请求权，请求债务人履行债务；物权人对于其所有物的侵夺人，有权提出返还请求权；人格权受到侵害时，权利人可以请求停止侵害、损害赔偿或精神损害赔偿。

由于请求权对于权利保护具有至关重要的作用，故实践中，大多数当事人在提出的诉讼请求中都会自觉或不自觉地包含请求权。

为了更好地固定权利请求，明确请求权的性质，我们必须对请求权体系有一个比较全面的了解。请求权的类型较多，主要包括以下几类：

第一类　债权请求权

因合同关系产生的请求权

　　买卖合同标的物交付请求权

　　买卖合同价款交付请求权

　　买卖合同标的物受领请求权

　　承揽合同报酬给付请求权

　　违约金请求权

　　担保责任请求权

　　代偿请求权

　　代位权

因不当得利而发生的请求权

因无因管理而发生的请求权

因缔约过失而发生的请求权

第二类　返还请求权

物权上的返还请求权

　　所有物的返还请求权

　　盗赃物返还请求权

　　占有物返还请求权

债权上的返还请求权

---

① ［德］卡尔·拉伦茨：《德国民法通论》(上)，王晓晔等译，法律出版社 2003 年版，第 321 页。

借用物返还请求权

租赁物返还请求权

解约后标的物返还请求权

基于占有的不当得利返还请求权

基于物权的不当得利返还请求权

第三类 损害赔偿请求权

基于合同的损害赔偿请求权

基于无权代理的损害赔偿请求权

基于缔约过失的损害赔偿请求权

基于物权关系的损害赔偿请求权

基于无因管理的损害赔偿请求权

基于不当得利的损害赔偿请求权

基于侵权行为的损害赔偿请求权

基于身份关系的损害赔偿请求权

第四类 补偿及求偿请求权

代偿请求权

让与请求权

不当得利上之代偿请求权

连带债务人之求偿权

分担请求权

第五类 支出费用偿还请求权

代理事务费用之偿还请求权

寄托物保管费用之偿还请求权

债权人受领迟延致扩大费用的赔偿请求权

无因管理人支出费用请求权

第六类 不作为请求权

债权上的不作为请求权

物权上的不作为请求权

基于物权的排除妨碍请求权

基于占有的排除妨碍请求权

基于地役权的排除妨碍请求权

消除危险请求权

停止侵害请求权

第七类　人身权请求权

停止侵害

消除影响

赔偿损失

第八类　其他请求权

3. 形成权

形成权是设定、变更或消灭法律关系的权利。主要包括：

因重大误解、显失公平而请求变更的权利

因欺诈、胁迫行为而产生的变更权

合同法上的抵销权

合同法上的撤销权

　　债的保全制度里的撤销权

　　因为欺诈而产生的撤销权

　　因为重大误解而产生的撤销权

　　因为胁迫而产生的撤销权

公司决议撤销权

公司法上的优先购买权

合同法上的优先购买权

　　承租人优先购买权

物权法上的优先购买权

共有人优先购买权

合同解除权

　　约定解除权

　　法定解除权

　　分期付款合同的解除权

　　不安抗辩情形下的合同解除权

　　租赁合同中的合同解除权

终止权

4. 抗辩权

抗辩权是请求权的反对权。关于抗辩权的内容,详见本书第七讲。

(二)各种权利间的关系

1. 权利的对抗关系和补充关系

固定权利请求应当特别注意不同类型的诉及不同的请求之间既有可能形成对

抗关系,亦可能形成补充关系,法官应当特别注意避免当事人在主张权利的过程中发生严重错误。

确认之诉与给付之诉之间既可能形成对抗关系亦有可能形成补充关系。就对抗关系而言,指的是提出一种诉以后,另一种诉即当然不能成立。例如,原告如请求确认合同无效,则不能同时再请求合同继续履行。就补充关系而言,确认之诉有一个天然的缺陷,即不具有强制执行性,因为它只解决法律关系状态(如归属、效力、性质等)的认定问题。例如,股权确权判决作出后,当事人如欲到公司登记机关去办理股东名义变更登记手续,即不能直接凭该判决申请执行,而必须另行提起一个股东名义变更登记之诉。股权确权属确认之诉,而股东名义变更登记之诉属给付之诉,二种诉讼之间存在着非常紧密的关系,前者系后者的前提,后者系前者的延伸,是股权实现的具体方式。所以,遇有这种情况,一定要向当事人解释清楚,避免当事人重复诉讼。

上述对抗关系和互补关系,在形成之诉与给付之诉亦同样存在。

形成之诉与给付之诉之间可能形成对抗关系。例如,解除或撤销合同之诉与继续履行合同之诉就是一种对抗关系。

形成之诉与给付之诉之间亦可能形成补充关系。例如,当事人要求解除合同并要求对方返还标的物或承担损害赔偿责任,就必须在提出解除合同请求的同时提出返还之诉或损害赔偿之诉。对此,法院可合并审理。否则,当事人在合同解除后,欲让对方返还或赔偿,仍须另行提出相关诉讼,从而造成讼累。

在给付之诉内部,各种请求权相互之间亦可能形成对抗关系或补充关系。例如,前述股权确认之诉,如欲办理过户登记手续,仍须提出股东名义变更登记请求(系给付之诉)。但是,在实际执行中,我国公司登记机关有一些规定,即欲办理过户登记,仅凭法院判决不能办理,仍须当事人召开股东会议及公司法定代表人签名申请变更方可(此规定的合理性在此不予讨论,但世界上采此规定的国家较为罕见),一旦遇有公司僵局情形①,按照上述规定,法院有关股东过户登记的判决就会遭遇执行不能。当事人的权利必须依靠损害赔偿之诉等来实现。但当事人在前案中仅提出股权确认及办理股东名义变更登记的诉讼请求,在执行不能后如欲要求对方承担损害赔偿责任,则还得再提出一个损害赔偿之诉。又比如,退换请求权与修补请求权就存在着对抗关系,二者不可能同时得到满足。买卖合同纠纷中,继续履行的请求权与返还请求权之间亦存在着对抗关系,二者不可能同时得到满足。房屋买卖合同纠纷中,当事人请求办理产权过户登记的请求权得到支持的,一旦出

---

① 事实上,此类案件的发生,多是因为公司出现僵局。

现执行不能情形（比如房屋已经设定了抵押权且不能涤除），如果原告希望被告返还房款或要求损害赔偿，即须另行提起诉讼。

涉及股权的不同诉讼类型之关系：

当事人的起诉方式	可申请执行的内容
仅请求确认股权	无可执行内容
请求确认股权和股东名义变更	关于股东名义变更登记手续的内容可申请执行（但可能执行不能）
请求确认股权、股东名义变更并要求如果股东名义变更不能，请求赔偿×××元	可申请执行变更登记 在执行不能的情况下，可申请执行赔偿款

此外，应当充分注意，在一定场合中的对抗关系亦可转化为某种补充关系。在此问题上，客观的预备之诉制度可以为我们提供一种非常实用的框架，即允许当事人提出"如果××诉讼请求无法得到满足，则请求被告××"的请求。这样，在出现选择之诉或对抗关系的诉讼的情况下，我们可以通过先位之诉与备位之诉的方法来解决前述不同的诉的补充问题。

2. 权利竞合

实践中，经常出现同一事实同时符合不同法律规范要件的情形。此时，就会发生请求权竞合问题。请求权竞合问题，是诉讼法理论和实践中的一个重大疑难问题。这个问题如果不解决好，固定权利请求也会存在较大问题。请求权竞合主要包括四种情形：

法条竞合

虽然同一事件同时符合两个以上法律规范的构成要件，但按照法律适用规则只能适用其中一个法律规范。例如，两个法律条文构成一般法与特别法的关系时，即只能根据特别法优于一般法的规则适用特别法。这种情况并不是真正的竞合，德国法学家拉伦茨先生把这种竞合称为"规范排除的竞合"，即一种规范排除另一种规范，以致只适用前一规范。① 遇到这种情况只需根据法律适用规则选择一个法律规范即可。

例如，《合同法》第112条规定："当事人一方不履行合同义务或者履行合同义务不符合约定的，在履行义务或者采取补救措施后，对方还有其他损失的，应当赔偿损失。"同时，该法第113条规定："当事人一方不履行合同义务或者履行合同义

---

① ［德］卡尔·拉伦茨：《德国民法通论》（上），王晓晔等译，法律出版社2003年版，第348页。

务不符合约定,给对方造成损失的,损失赔偿额应当相当于因违约所造成的损失,包括合同履行后可以获得的利益,但不得超过违反合同一方订立合同时预见到或者应当预见到的因违反合同可能造成的损失。经营者对消费者提供商品或者服务有欺诈行为的,依照《中华人民共和国消费者权益保护法》的规定承担损害赔偿责任。"而《消费者权益保护法》第 49 条规定:"经营者提供商品或者服务有欺诈行为的,应当按照消费者的要求增加赔偿其受到的损失,增加赔偿的金额为消费者购买商品的价款或者接受服务的费用的一倍。"

《合同法》第 113 条最后一句话涉及的损害赔偿请求权与《合同法》第 112 条、第 113 条的损害赔偿请求权属法条竞合,依法条竞合规则,该句属特别规定,依特别规定优于一般规定的法条竞合处理规则,应当适用《消费者权益保护法》。

> 新注 10:《合同法》第 112 条,被《民法典》第 583 条继受。①
> 新注 11:《合同法》第 113 条,被《民法典》第 584 条继受,内容有变动。②
> 新注 12:《消费者权益保护法》(2009 年修正)第 49 条,2013 年修正的《消费者权益保护法》修改为第 55 条,内容有变动。③

选择性竞合(或称替代性竞合)

同一生活事实同时符合两个或多个权利基础规范时,也就是权利人可以享有两个或多个请求权,或者享有请求权和形成权。对此,权利人可以选择行使其中一个权利,如在多个请求权之间选择一个请求权,在请求权与形成权之间选择请求权或者形成权。但是,当事人只能选择其中一个权利。例如,我国《合同法》在不同的法律条文中规定,债权人在对方违约时,或者有权提出解除合同,或者有权请求损害赔偿。债权人起诉时可以在这几种权利之间选择一个行使,但他并不一定能同时主张这几种权利,因为这些权利之间可能呈现出对抗关系。

---

① 《民法典》第 583 条规定:当事人一方不履行合同义务或者履行合同义务不符合约定的,在履行义务或者采取补救措施后,对方还有其他损失的,应当赔偿损失。

② 《民法典》第 584 条规定:当事人一方不履行合同义务或者履行合同义务不符合约定,造成对方损失的,损失赔偿额应当相当于因违约所造成的损失,包括合同履行后可以获得的利益;但是,不得超过违约一方订立合同时预见到或者应当预见到的因违约可能造成的损失。

③ 《消费者权益保护法》(2013 年修正)第 55 条规定:经营者提供商品或者服务有欺诈行为的,应当按照消费者的要求增加赔偿其受到的损失,增加赔偿的金额为消费者购买商品的价款或者接受服务的费用的三倍;增加赔偿的金额不足五百元的,为五百元。法律另有规定的,依照其规定。经营者明知商品或者服务存在缺陷,仍然向消费者提供,造成消费者或者其他受害人死亡或者健康严重损害的,受害人有权要求经营者依照本法第四十九条、第五十一条等法律规定赔偿损失,并有权要求所受损失二倍以下的惩罚性赔偿。

请求权聚合

同一生活事件根据不同的法律规定而产生不同的请求权。这些请求权内容不同、性质各异，可以同时有效成立，权利人可以同时或分别主张。这种情形被称为请求权聚合或累积的规范竞合。① 每一种以诉提起的请求在诉讼程序中都构成一个单独的诉讼标的。当事人在一个诉中同时主张这些请求权的，构成"客观的诉的合并"或"请求的合并"。②

例如，我国《合同法》第 96 条规定，"当事人一方依照本法第九十三条第二款、第九十四条的规定主张解除合同的……可以请求人民法院或者仲裁机构确认解除合同的效力"。依据该条规定，当事人可以请求确认解除合同的效力。同时，第 97 条规定，"合同解除后……已经履行的，根据履行情况和合同性质，当事人可以要求恢复原状、采取其他补救措施，并有权要求赔偿损失"。根据该条规定，当事人还可以要求恢复原状、采取其他补救措施，并有权要求赔偿损失。这样，在涉及合同的诉讼中，当事人遇到上述两条规定情形的，有可能会同时提出三项诉讼请求：请求确认解除合同的效力；请求恢复原状；请求赔偿损失。这种情况，就属于请求权的聚合。类似情形，在民法上比较常见。

> 新注 13：《合同法》第 96 条，该条第 1 款、第 2 款分别被《民法典》第 565 条、第 502 条继受，内容有变动。③

---

① ［德］卡尔·拉伦茨：《德国民法通论》（上），王晓晔等译，法律出版社 2003 年版，第 350 页。
② ［德］卡尔·拉伦茨：《德国民法通论》（上），王晓晔等译，法律出版社 2003 年版，第 350 页。
③ 《合同法》第 96 条规定：当事人一方依照本法第九十三条第二款、第九十四条的规定主张解除合同的，应当通知对方。合同自通知到达对方时解除。对方有异议的，可以请求人民法院或者仲裁机构确认解除合同的效力。法律、行政法规规定解除合同应当办理批准、登记等手续的，依照其规定。

《民法典》第 565 条规定：当事人一方依法主张解除合同的，应当通知对方。合同自通知到达对方时解除；通知载明债务人在一定期限内不履行债务则合同自动解除，债务人在该期限内未履行债务的，合同自通知载明的期限届满时解除。对方对解除合同有异议的，任何一方当事人均可以请求人民法院或者仲裁机构确认解除行为的效力。当事人一方未通知对方，直接以提起诉讼或者申请仲裁的方式依法主张解除合同，人民法院或者仲裁机构确认该主张的，合同自起诉状副本或者仲裁申请书副本送达对方时解除。

《民法典》第 502 条规定：依法成立的合同，自成立时生效，但是法律另有规定或者当事人另有约定的除外。依照法律、行政法规的规定，合同应当办理批准等手续的，依照其规定。未办理批准等手续影响合同生效的，不影响合同中履行报批等义务条款以及相关条款的效力。应当办理申请批准等手续的当事人未履行义务的，对方可以请求其承担违反该义务的责任。依照法律、行政法规的规定，合同的变更、转让、解除等情形应当办理批准等手续的，适用前款规定。

新注14：《合同法》第97条，该条被《民法典》第566条继受，内容有变动。①

请求权竞合

同一生活事件可以被纳入不同的请求权基础规范，而这些根据不同的规范成立的请求权在内容上则是相同的。这种多个相互独立的请求权在内容上完全相同或者相互重叠的关系，被称为请求权竞合，亦被认为是真正的请求权竞合。② 例如，刘某将房屋出租给李某。合同期满后，李某仍占有并使用着房屋。在这种情况下，刘某如果想收回房屋，至少有两种起诉方法。第一种方法：基于所有权返还请求权提出起诉，因为刘某对自己的房屋拥有完全所有权，根据《物权法》规定，所有权人拥有返还请求权。第二种方法：刘某可以基于租赁关系终结提出返还请求，即基于租赁合同产生的返还请求权。又如，业主把车停在自己所住的小区里面丢失了，他想起诉物业公司，有几种起诉方法呢？第一种方法，基于侵权损害赔偿请求权；第二种方法，基于场地租赁合同的赔偿请求权；第三种方法，基于物业管理合同的损害赔偿请求权，等等。

请求权竞合与请求权聚合有着本质的区别。从理论上讲起来会比较复杂，但简单地理解，就是请求权竞合是虽然有多个路径，但只要走通了一条，其他路径就不能再走了，而请求权聚合，则是指多个路径都可能走通，走通其中一条并不影响当事人再走其他路径。

由于不同的请求权具有不同的权利内容、构成要件、举证责任、诉讼时效等，差异较大，因而，如何选择请求权将对当事人产生较大影响。选择得当，其权利将受到较好保护，选择不当，不仅可能发生讼累，甚至可能使自己的权利遭到毁灭性影响，如公司决议之诉中，当事人误把决议撤销之诉混为无效确认之诉，即有可能导致行使撤销权的除斥期间的经过而丧失撤销权。在合同法上亦可能发生同样的问题。所以，我们应当对此类问题特别重视。

---

① 《合同法》第97条规定：合同解除后，尚未履行的，终止履行；已经履行的，根据履行情况和合同性质，当事人可以要求恢复原状、采取其他补救措施，并有权要求赔偿损失。

《民法典》第566条规定：合同解除后，尚未履行的，终止履行；已经履行的，根据履行情况和合同性质，当事人可以请求恢复原状或者采取其他补救措施，并有权请求赔偿损失。合同因违约解除的，解除权人可以请求违约方承担违约责任，但是当事人另有约定的除外。主合同解除后，担保人对债务人应当承担的民事责任仍应当承担担保责任，但是担保合同另有约定的除外。

② ［德］卡尔·拉伦茨：《德国民法通论》（上），王晓晔等译，法律出版社2003年版，第350~351页。

请求权竞合的情况下,涉及基础规范选择问题。比如上面讲到的租赁期满后的返还房屋的案件中,刘某返还房屋的请求同时符合了基于所有权返还请求权的法律规范构成要件和基于租赁合同期满后的返还请求权的法律规范构成要件。在这种情况下,权利人既可依据前者提出起诉,亦可依据后者提出起诉。如何选择,会对当事人的利益构成决定性影响。这实际上需要当事人在分析案件事实和请求权基础的前提下权衡利弊。实际上,这也是当事人对自己的实体权利和诉讼权利进行处分的过程,体现了民事诉讼当事人主导的特点。

(三)诉讼标的理论

固定权利请求还涉及诉讼法上一个非常重要且复杂的理论,即诉讼标的理论。根据个人研习心得,我将诉讼标的理论分为两大阵营。一类是当事人诉什么,法官严格照办的阵营(我们姑且把这一阵营称为"当事人自主理论")。在这种情况下,法官只能按照当事人自己选择的请求权及其法律基础进行裁判。另一类是当事人只需把事实告诉法官,至于如何适用法律进行裁判,那就是法官的事情了。在这种情况下,法官可以根据案件的事实情况为当事人检索请求权并选择法律(我们姑且称之为"依职权检索理论")。前者存在的问题就是当事人选择不当引起的讼累问题。当事人选择了一个请求权,未获得支持,根据法律规定,他还拥有另外的请求权,于是,他仍然可以从另外的角度选择请求权进行诉讼。只有其中一个请求权得到满足,由于基础诉讼要件的满足,发生竞合的其余请求权方才归于消灭(注意,消灭的只是竞合的请求权,未发生竞合的请求权并不当然归于消灭)。这种情况下,就会发生讼累问题。后者,法官依职权检索请求权,其优点是可以解决讼累问题。但这样一来,又会发生新的问题,就是法官的素质可能无法适应,审判效率将受到严重影响,法官所担负的压力将急剧上升,等等。

所以,诉讼法学者们一直在寻找能够融合两大阵营的方案,但迄今为止,学者们尚未找到一个完美的方案。诉讼法仍在两大阵营之间徘徊。目前比较流行的做法是在对前一方案进行改良的基础上,融入法官释明权。有的国家甚至已经把释明作为法官的法定义务。德国诉讼法在这方面是最为强调法官释明权的,日本亦然。就连最为强调法官超然的美国也在20世纪90年代进行了一定的改革,加强了法官对诉讼进程的引导。

从上面两大阵营的比较我们可以发现,无论采用哪一种方案,都有其自身的不足。在当前的社会背景下,恐怕我们还是应当立足于前者,并对前者进行一定的改革,全面加强法官在诉讼过程中的释明和指导。在这方面,我们应当形成一定的规范,作出相应的探索。上海市高级人民法院曾经出台过《民事办案要件指南》《商事审判法官释明百问》《证据规则百问》,在这方面作出了非常有效的探索。

此外,我们在处理一些涉及诉讼标的问题的案件时,应当注意不同的审判环节应当立场一致,不能在审理时按照简单化的方式处理案件,但在判断是否构成一案两诉问题时却按照依职权检索过全部法律基础规范的方式来处理,那样将置当事人的诉权于不利的境地。

下面来看一个案例:

张某曾向李某汇款 30 000 元。后张某起诉李某,要求李某返还借款。但李某称双方并无借款法律关系,而是其他业务往来。经过审理,法院认为,张某能够证明李某曾经收到该 30 000 元,但不能证明双方之间存在借款法律关系。因此,对张某的诉讼请求未予支持。之后,张某不服,又以不当得利请求权起诉要求李某返还借款,但法院立案庭认为张某的诉系"一案两诉",作出了不予受理的裁定。

在这个案件中,判断是否"一案两诉",其中起决定性的因素,是法院采取什么样的诉讼标的理论。如果我们采取了依职权检索请求权的理论,对张某基于汇款事实可能产生的请求权进行全面检索,那么,其诉讼标的因为经过了法院的审理而不得再行起诉,应当受到"禁止一案二诉"规则的限制。如果我们采取了比较简单的当事人自主理论,只审理了当事人单独主张的那个请求权,那么,当事人未行使的请求权并未消灭。上述案件中存在的问题,就是法院在审理时采用了旧实体法学说,在立案时又采用了新诉讼标的理论。这样,就出现了前后立场不统一的结果。之所以出现上面讲到的问题,是因为到目前为止,我国并未明确到底应当采用什么样的诉讼标的理论。无论是理论上还是实务中,这方面的研究和探索还比较初步。但无论我们将来采取何种立场,我们都要采取前后一致的立场,不能在"一案两诉"的判断上采取一种标准,在审理时又采取另一种标准。

为了解决旧实体法学说易造成讼累的弊端,也为了解决新诉讼标的理论中法官负担过重的问题,旧实体法学说也开始检讨自身不足,并在此基础上积极改革,其中选择性合并理论就非常重要。所谓的选择性合并,是指在请求权竞合或者存在一定冲突的情况下,将两个诉求予以合并,但两个请求,法院只能择一而判,其中一个请求得到满足的时候,另一个请求自然被否定。例如,原告起诉要求履行合同,但合同是否有效争议较大。在这种情况下,如果他单独起诉履行合同,一旦合同被确认无效,他就必须从头来过,重新针对无效合同再兴诉讼。如果采用选择性预备之诉的做法,他就可以请求履行合同,同时提出一个备位之诉,即如果合同被确认无效,则请求返还原物或赔偿损失等。这样,就可以在一个案件中解决重复起诉引起的讼累问题。虽然理论界对此仍有一定争议,但总体上还是比较认同旧实体法学说的这一努力的。我想,这个方法在我们的实践中就可以考虑采纳。比如,要求被告履行合同,如果被告履行不能,则请求被告返还钱款或赔偿损失等。这样,既有利于避免当事人为同一事实而反复起诉,又可以让被告看到如果自己不履行合同还会面临什么后果,实际上有利于促使被告履行合同。此外,由于不具有可执行性的判决书主文和具有可执行性的判决书主文都在判决里面,执行难问题在一定程度上也可以得到兼顾。

三、我们应该怎样固定权利请求?

我曾经遇到过一个执行难案件。原告写了一封投诉信,说执行法官不给他执行。我于是对这个案件作了一些了解,发现这是一个房屋买卖合同案件,当事人的诉讼请求是要求被告办理交房手续,法院经过调查认为,被告依照合同规定,应当履行交房义务,于是便支持了原告的诉讼请求。

但是,执行中出现了意外情况,被告的房屋被银行申请查封了,因为被告以系争房屋向银行办理了抵押贷款手续,银行拥有优先权。于是,我们这个案件能否得到执行完全取决于被告是否向银行履行债务,从而消灭抵押权。如果被告这样做,则该案即可执行,如果被告拒绝消灭抵押权或无力履行贷款合同,则该案即执行不能。有的人可能就会疑惑,这种情况,法院是不是应该通过审判监督程序撤销原判? 其实,这个大可不必,因为原告主张的是请求权,是请求被告向自己履行的权利,这种情况,除非符合《合同法》第110条规定的几种情形,法院一般不会根据履行能力来进行裁判。因为一旦履行不能,原告仍然有后续的救济权利。比如,解除合同、损害赔偿等等。

> 新注15:《合同法》第110条,被《民法典》第580条继受,内容有变动。①

像上面讲的这个案件,实践中,很多当事人不知道如何设计自己的诉讼方案,不知道如何选择法律基础,而且即使是单一的法律规范,亦难以厘清,所以经常出现当事人不选择基础规范的现象。即使法官予以释明,要求其作出选择,其亦不愿意作出明确选择。之所以不愿意明确,关键原因还是在于不能有效理解法律规范,

---

① 《合同法》第110条规定:当事人一方不履行非金钱债务或者履行非金钱债务不符合约定的,对方可以要求履行,但有下列情形之一的除外:(1)法律上或者事实上不能履行;(2)债务的标的不适于强制履行或者履行费用过高;(3)债权人在合理期限内未要求履行。

《民法典》第580条规定:当事人一方不履行非金钱债务或者履行非金钱债务不符合约定的,对方可以请求履行,但是有下列情形之一的除外:(1)法律上或者事实上不能履行;(2)债务的标的不适于强制履行或者履行费用过高;(3)债权人在合理期限内未请求履行。有前款规定的除外情形之一,致使不能实现合同目的的,人民法院或者仲裁机构可以根据当事人的请求终止合同权利义务关系,但是不影响违约责任的承担。

不能有效判断诉讼前景,抱着"走几步再看看"的心态。

对此,我们应当怎么办?

首先,我们应当考虑的是,如果请求权基础不明确,我们还审得下去吗?我想,并不能说审不下去,如果法官把当事人可能涉及的每一种请求权均详加勘察,一一细细审来,当可把案件审理明白。但是,我们的法官及我国现行的制度尚不允许我们这样做(法官素质、非常高的诉讼效率要求、考评制度、配套资源等)。如此审案,将会大大降低效率、增加成本。最为关键的是,法律基础规范不明,法律的构成要件不明,归责原则不明,举证责任不明、赔偿范围不明,对方当事人没办法进行有效的答辩。这样看来,不明确请求权基础,案件审理将面临诸多困难,必须在诉讼起点上就对其请求权基础设法予以明确。

其次,我们需要解决的问题是,怎样明确请求权基础。我们能不能替当事人作出选择,替其做主呢?这是一个非常困扰法官的难题。我认为,全面检索所有的请求权并代替当事人作出选择,在当前中国的国情下,存在以下几个方面难以解决的问题:

其一,法官素质尚难以承受。我们现在的法官还有不少是"半路出家"的,经过多年的司法实践,虽积累了一定的审判经验,能够应付大多数日常案件,但在法律知识的体系性方面大多存在欠缺;而法学院出身的年轻法官,虽在理论功底方面略胜一筹,但他们同样欠缺严谨的司法方法的训练,如果将全面检索当事人的请求权的重任完全交给法官们,他们可能无法完全胜任。

其二,现行效率要求尚难以承受。我国《民事诉讼法》对民事案件的审理规定了严格的期限,通常而言,简易案件 3 个月内必须审结,而普通案件亦需在 6 个月内结案。而实际上,上海法院每件案件的平均审理天数只有 56 天。要在如此短暂的时间内,要求法官们对当事人的案件逐一检索其请求权并予以审理,显然过于苛刻。

其三,现行法官资源尚难以承受。随着中国社会结构的转型,各种矛盾日渐凸显,而传统的解纷机制又日渐萎缩,法院的收案量持续高位增长,而法官的数量却没有较大幅度的增长。以我所在的基层法院为例,民事法官每年人均办理案件 300 余件,平均每个工作日结案都在 1 件以上,一些办案能手年均结案都在 800 件左右,此外,他们还要承担信访投诉、社会稳定、错案追究等方面的责任,法官们常常感到身心疲惫,不堪重负。在这样的紧张状态下,要求法官们为当事人逐一检索请求权,采用"当事人仅提供事实,主要工作交给法官"的大包大揽的诉讼模式显然不够现实。

其四,不同的请求权会产生不同的利益、内容、风险,这些方面的因素犬牙交错,引起的利益差异极大,尤其是请求权的价值取向完全不同,只有当事人才是自己利益的最佳判断者,法官代其做主有可能会"好心办坏事",让当事人大为不满。我曾经担任过二审法官,在审理一起二审案件过程中,我注意到当事人提出的诉讼请求不合理,导致二审无法继续审下去,只能发回重审,于是我就问当事人为什么会这样提诉讼请求。谁知那个当事人竟大呼冤枉,说是一审法官让他这么提的。实务中,诸如此类的案件不在少数,确实应当引起我们的重视。

其五,法官代替当事人选择请求权,有越俎代庖之嫌,在一定程度上意味着对另一方当事人不公平。法官帮助一方当事人选择请求权,会把诉讼上的利益、风险进行最优化配置。此类最优化方案的形成过程,就是对对方当事人利益的最劣化过程。这一过程显然会产生相当大的职业角色冲突。实务中,当事人和律师大为不满的问题中,这类冲突是其中重要的因素。按照这样的做法,既然原告如何诉讼、如何选择请求权要由法官来进行最优化设计,那么从公平和平等原则出发,被告如何答辩、如何进行抗辩或如何选择抗辩权的最优化设计亦应由法官来帮助当事人完成。否则,即为不公。但是,禁止法官进行权利抗辩释明原则已为多国诉讼法所采纳。例如,在德国,诉讼时效即采抗辩权发生说,即只有当事人提出抗辩,法官方可审理时效问题。这一规定不允许法官主动审理时效问题,其原因在于如允许法官审理时效问题,会引起诉讼上的不公平。又如,日本的司法实务界对于权利抗辩的释明是持消极限制态度。① 所以,我国在这个问题上应持谨慎的释明立场。

其六,即使是法官做主选择的方案,亦未必是最优方案。尤其是诉讼上的利益判断和风险判断,往往瞬息万变。例如,契约之诉的选择和侵权之诉的选择,从可能获得的诉讼利益如赔偿数额来进行选择,侵权之诉当优于契约之诉,因为后者缺乏精神损害赔偿且受合理预见性原则的限制;但从举证责任上选择,则契约之诉当优于侵权之诉,因为侵权之诉对原告的举证责任要求较契约之诉要高很多。一旦法官为当事人选择了诉讼路径却使其走上了败诉之路,当事人情何以堪,法官又如何面对? 这样看来,过于扩张法官的释明范围,会让法官的释明负担过重,释明风险也较高。日本实务界对此采取比较保守的态度,与之不无关系。

那么,遇到当事人难以选择的情况时,法官应当如何处置呢?

第一,明确诉讼请求之含义。当事人提出的诉讼请求有时会出现意思含混不清或有歧义的情况,此时有经验的法官会及时通过发问等方式予澄清。例如,当事人陈述"请求被告赔偿损失××元",法官即应立即问明原告所称损失指的是什么

---

① [日]高桥宏志:《民事诉讼法:制度与理论的深层分析》,林剑锋译,法律出版社2003年版,第363~364页。

损失,包括哪些项目,等等。只有这些问题都问清楚,接下去的审判思路方才明晰。

第二,明显荒谬、不合理或错误的诉讼请求,可以要求当事人剔除或更正。根据诉讼法"让胜诉者当然胜诉"(高桥宏志语)的价值取向,法官有责任避免当事人明显不合理的重复诉讼行为。例如,在一起普通的交通事故引起的人身损害赔偿之诉中,原告请求被告赔偿480余万元。根据我国现行赔偿标准,只有其中一小部分能够得到支持,但其过高的标的额所引起的诉讼费用会非常高,甚至会高过其可能获得的赔偿额,如果法官不作适当指导,原告将陷于极为不利的境地。此时,法官就应针对其过高的诉讼请求予以适当指导,告知其法定的赔偿范围和赔偿标准,以及过高索赔数额可能给其带来的法律后果,引导其理性维权。

第三,明显遗漏的诉讼请求可以提示当事人加以补充。但是,这一做法有法官越权之嫌,理论与实务中不无争议。但在实践中,由于当事人诉讼能力较弱,不时出现遗漏诉讼请求后发生讼累的情形,极易引起当事人对司法的不满。例如,常有当事人拿着单纯的确权判决或形成判决到法院申请执行。但单纯的确权判决或形成判决在法律上不具有可执行性,这是诉讼法上的常识。然而,一俟法院拒绝受理,当事人就认为法院不公而不满甚至激化矛盾,社会舆论对法院亦大为不利。实际上,如果当事人提起的是确认股权之诉,如其胜诉,法院的判决只能是确认股权归其所有,但如其希望办理过户手续,则必须另外提起股东名义变更之诉。如其希望通过一个诉讼解决上述两个问题,就必须同时提起两个诉讼请求,然后由法院合并审理。又如,原告请求的是解除合同或撤销合同,如其希望同时处理合同解除或撤销后的返还或赔偿问题,就必须同时提出后面的诉讼请求,否则原告将不能向法院申请执行。

第四,对当事人在多种请求权之间捉摸不定的,可以通过行使释明权促使其作出恰当的选择。首先,法官应当适当地把必须在不同请求权之间作出选择的道理向当事人作出一定的解释,促使其尽早作出选择。其次,可以把不同的请求权的法律规定向当事人作出一定解释,让当事人理解自己可以选择的权利,更加理性地对待自己的权利。最后,经过释明后当事人仍然拒绝作出选择的应当如何处理?一般情况下,如果当事人拒绝选择,审理是无法继续下去的,因为不同的路径会给当事人带来不同的诉讼利弊。当事人不直接作出选择,可以认为当事人的诉讼请求不清楚,严格来说,对此可以直接驳回起诉,待其明确了权利请求基础之后再行起诉。但是,为了避免当事人讼累,可以考虑提出相关建议,然后再征求当事人意见,如当事人不表示反对,则可以按照相关建议进行审理;如果当事人明确表示反对,则要求当事人自行作出选择,否则可以裁定驳回当事人起诉,告知其明确权利请求基础后再行起诉。

综合上述,我们目前在解决固定权利请求的问题上,应当采取既保护当事人的请求权,又不至于使得审理负担和审理的负面影响过大的方法。因此,应采用当事人主义为主,同时融入职权主义的法官释明和指导来解决问题。不宜采用全方位的法官职权主义。

第六章　要件审判九步法第二步

——确定权利请求基础规范

一、什么是基础规范？

所谓基础规范，也称为权利请求基础，是指支持一方当事人向另一方当事人主张权利请求的实体法律规范。说得更为直接一些，就是指据以支持原告诉讼请求的法律规范。例如，请求确认合同无效，其基础规范就是《合同法》第 52 条①。合同被确认无效后，请求返还财产或赔偿损失的，其基础规范就是《合同法》第 58 条，该条规定："合同无效或者被撤销后，因该合同取得的财产，应当予以返还；不能返还或者没有必要返还的，应当折价补偿。有过错的一方应当赔偿对方因此所受到的损失，双方都有过错的，应当各自承担相应的责任。"

> 新注 16：《合同法》第 52 条，被《民法典》第 146 条、第 148 条、第 150 条、第 153 条、第 154 条继受，内容有变动。②

---

① 该条仅指一般情形下的无效，未包括特殊类型的合同无效(如格式条款中的免责条款)。

② 《合同法》第 52 条规定：有下列情形之一的，合同无效：(1)一方以欺诈、胁迫的手段订立合同，损害国家利益；(2)恶意串通，损害国家、集体或者第三人利益；(3)以合法形式掩盖非法目的；(4)损害社会公共利益；(5)违反法律、行政法规的强制性规定。

《民法典》第 146 条规定：行为人与相对人以虚假的意思表示实施的民事法律行为无效。以虚假的意思表示隐藏的民事法律行为的效力，依照有关法律规定处理。第 148 条规定：一方以欺诈手段，使对方在违背真实意思的情况下实施的民事法律行为，受欺诈方有权请求人民法院或者仲裁机构予以撤销。第 150 条规定：一方或者第三人以胁迫手段，使对方在违背真实意思的情况下实施的民事法律行为，受胁迫方有权请求人民法院或者仲裁机构予以撤销。第 153 条规定：违反法律、行政法规的强制性规定的民事法律行为无效。但是，该强制性规定不导致该民事法律行为无效的除外。违背公序良俗的民事法律行为无效。第 154 条规定：行为人与相对人恶意串通，损害他人合法权益的民事法律行为无效。

> 新注 17：《合同法》第 58 条，被《民法典》第 157 条继受，内容有变动。①

主要的确认之诉的基础规范：

请求确认物权（包括所有权、用益物权、担保物权等物权）	《物权法》第 33 条以及与具体物权种类相对应的条文，如请求确认抵押权，则还应当包括第 187 条或第 188 条等条文（新注 18：《物权法》第 33 条，被《民法典》第 234 条继受。②《物权法》第 187 条，被《民法典》第 402 条继受。③《物权法》第 188 条，被《民法典》第 403 条继受，内容有变动。④）

---

① 《合同法》第 58 条规定：合同无效或者被撤销后，因该合同取得的财产，应当予以返还；不能返还或者没有必要返还的，应当折价补偿。有过错的一方应当赔偿对方因此所受到的损失，双方都有过错的，应当各自承担相应的责任。

《民法典》第 157 条规定：民事法律行为无效、被撤销或者确定不发生效力后，行为人因该行为取得的财产，应当予以返还；不能返还或者没有必要返还的，应当折价补偿。有过错的一方应当赔偿对方由此所受到的损失；各方都有过错的，应当各自承担相应的责任。法律另有规定的，依照其规定。

② 《物权法》第 33 条规定：因物权的归属、内容发生争议的，利害关系人可以请求确认权利。

《民法典》第 234 条规定：因物权的归属、内容发生争议的，利害关系人可以请求确认权利。

③ 《物权法》第 187 条规定：以本法第一百八十条第一款第一项至第三项规定的财产或者第五项规定的正在建造的建筑物抵押的，应当办理抵押登记。抵押权自登记时设立。

《民法典》第 402 条规定：以本法第三百九十五条第一款第一项至第三项规定的财产或者第五项规定的正在建造的建筑物抵押的，应当办理抵押登记。抵押权自登记时设立。

④ 《物权法》第 188 条规定：以本法第一百八十条第一款第四项、第六项规定的财产或者第五项规定的正在建造的船舶、航空器抵押的，抵押权自抵押合同生效时设立；未经登记，不得对抗善意第三人。

《民法典》第 403 条规定：以动产抵押的，抵押权自抵押合同生效时设立；未经登记，不得对抗善意第三人。

续表

请求确认股权	《公司法》第33条①(新注19:2005年修订的《公司法》第33条,被2018年修正的《公司法》第32条继受,内容略有变动。②)
请求确认合同无效	《合同法》第52条(新注20:《合同法》第52条,被《民法典》第146条、第148条、第150条、第153条、第154条继受,内容有变动。③)
请求确认公司决议无效	《公司法》第22条第1款(新注21:2005年修订的《公司法》第22条第1款,2018年修正时被继受。④)

---

① 我国《公司法》未直接规定权利人请求确权的权利,故《公司法》第33条只是比较接近的条文。这与《物权法》第33条有较大差异。

② 《公司法》(2005年修订)第33条规定:有限责任公司应当置备股东名册,记载下列事项:(1)股东的姓名或者名称及住所;(2)股东的出资额;(3)出资证明书编号。记载于股东名册的股东,可以依股东名册主张行使股东权利。公司应当将股东的姓名或者名称及其出资额向公司登记机关登记;登记事项发生变更的,应当办理变更登记。未经登记或者变更登记的,不得对抗第三人。

《公司法》(2018年修正)第32条规定:有限责任公司应当置备股东名册,记载下列事项:(1)股东的姓名或者名称及住所;(2)股东的出资额;(3)出资证明书编号。记载于股东名册的股东,可以依股东名册主张行使股东权利。公司应当将股东的姓名或者名称向公司登记机关登记;登记事项发生变更的,应当办理变更登记。未经登记或者变更登记的,不得对抗第三人。

③ 《合同法》第52条规定:有下列情形之一的,合同无效:(1)一方以欺诈、胁迫的手段订立合同,损害国家利益;(2)恶意串通,损害国家、集体或者第三人利益;(3)以合法形式掩盖非法目的;(4)损害社会公共利益;(5)违反法律、行政法规的强制性规定。

《民法典》第146条规定:行为人与相对人以虚假的意思表示实施的民事法律行为无效。以虚假的意思表示隐藏的民事法律行为的效力,依照有关法律规定处理。第148条规定:一方以欺诈手段,使对方在违背真实意思的情况下实施的民事法律行为,受欺诈方有权请求人民法院或者仲裁机构予以撤销。第150条规定:一方或者第三人以胁迫手段,使对方在违背真实意思的情况下实施的民事法律行为,受胁迫方有权请求人民法院或者仲裁机构予以撤销。第153条规定:违反法律、行政法规的强制性规定的民事法律行为无效。但是,该强制性规定不导致该民事法律行为无效的除外。违背公序良俗的民事法律行为无效。第154条规定:行为人与相对人恶意串通,损害他人合法权益的民事法律行为无效。

④ 《公司法》(2018年修正)第22条第1款规定:公司股东会或者股东大会、董事会的决议内容违反法律、行政法规的无效。

请求确认各类知识产权	商标法、专利法或著作权法等相应法律中关于权利归属的条文
请求确认婚姻关系无效	《婚姻法》第 10 条(新注 22:《婚姻法》第 10 条,被《民法典》第 1051 条继受,内容有变动。①)
请求确认劳动关系无效	《劳动法》第 18 条(新注 23:2009 年修正的《劳动法》第 18 条,2018 年修正时被继受。②)
请求确认双方不存在法律关系(或不存在××法律关系)	依被告提出存在的法律关系的类型确定基础规范

主要的形成之诉的基础规范:

请求解除合同	约定解除	《合同法》第 93 条第 1 款(新注 24:《合同法》第 93 条第 1 款,被《民法典》第 562 条第 1 款继受。③)
	附条件解除	《合同法》第 93 条第 2 款(新注 25:《合同法》第 93 条第 2 款,被《民法典》第 562 条第 2 款继受,内容有变动。④)

---

① 《婚姻法》第 10 条规定:有下列情形之一的,婚姻无效:(1)重婚的;(2)有禁止结婚的亲属关系的;(3)婚前患有医学上认为不应当结婚的疾病,婚后尚未治愈的;(4)未到法定婚龄的。

《民法典》第 1051 条规定:有下列情形之一的,婚姻无效:(1)重婚;(2)有禁止结婚的亲属关系;(3)未到法定婚龄。

② 《劳动法》(2018 年修正)第 18 条规定:下列劳动合同无效:(1)违反法律、行政法规的劳动合同;(2)采取欺诈、威胁等手段订立的劳动合同。无效的劳动合同,从订立的时候起,就没有法律约束力。确认劳动合同部分无效的,如果不影响其余部分的效力,其余部分仍然有效。劳动合同的无效,由劳动争议仲裁委员会或者人民法院确认。

③ 《合同法》第 93 条第 1 款规定:当事人协商一致,可以解除合同。

《民法典》第 562 条第 1 款规定:当事人协商一致,可以解除合同。

④ 《合同法》第 93 条第 2 款规定:当事人可以约定一方解除合同的条件。解除合同的条件成就时,解除权人可以解除合同。

《民法典》第 562 条第 2 款规定:当事人可以约定一方解除合同的事由。解除合同的事由发生时,解除权人可以解除合同。

续表

请求解除合同	不可抗力	《合同法》第94条第1项(新注26:《合同法》第94条第1项,被《民法典》第563条第1款第1项继受。①)
	违约行为	《合同法》第94条第2项、第3项、第4项(新注27:《合同法》第94条第2项、第3项、第4项,被《民法典》第563条第1款第2项、第3项、第4项继受。②)
请求撤销合同	基于显失公平	《合同法》第54条(新注28:《合同法》第54条,被《民法典》第147~151条继受,内容有变动。③)
	基于重大误解	
	基于欺诈、胁迫、乘人之危	

---

① 《合同法》第94条第1项规定:有下列情形之一的,当事人可以解除合同:(1)因不可抗力致使不能实现合同目的;……

《民法典》第563条第1款第1项规定:有下列情形之一的,当事人可以解除合同:(1)因不可抗力致使不能实现合同目的;……

② 《合同法》第94条第2项、第3项、第4项规定:有下列情形之一的,当事人可以解除合同:……(2)在履行期限届满之前,当事人一方明确表示或者以自己的行为表明不履行主要债务;(3)当事人一方迟延履行主要债务,经催告后在合理期限内仍未履行;(4)当事人一方迟延履行债务或者有其他违约行为致使不能实现合同目的;……

《民法典》第563条第1款第2项、第3项、第4项规定:有下列情形之一的,当事人可以解除合同:……(2)在履行期限届满前,当事人一方明确表示或者以自己的行为表明不履行主要债务;(3)当事人一方迟延履行主要债务,经催告后在合理期限内仍未履行;(4)当事人一方迟延履行债务或者有其他违约行为致使不能实现合同目的;……

③ 《合同法》第54条规定:下列合同,当事人一方有权请求人民法院或者仲裁机构变更或者撤销:(1)因重大误解订立的;(2)在订立合同时显失公平。一方以欺诈、胁迫的手段或者乘人之危,使对方在违背真实意思的情况下订立的合同,受损害方有权请求人民法院或者仲裁机构变更或者撤销。当事人请求变更的,人民法院或者仲裁机构不得撤销。

《民法典》第147条规定:基于重大误解实施的民事法律行为,行为人有权请求人民法院或者仲裁机构予以撤销。第148条规定:一方以欺诈手段,使对方在违背真实意思的情况下实施的民事法律行为,受欺诈方有权请求人民法院或者仲裁机构予以撤销。第149条规定:第三人实施欺诈行为,使一方在违背真实意思的情况下实施的民事法律行为,对方知道或者应当知道该欺诈行为的,受欺诈方有权请求人民法院或者仲裁机构予以撤销。第150条规定:一方或者第三人以胁迫手段,使对方在违背真实意思的情况下实施的民事法律行为,受胁迫方有权请求人民法院或者仲裁机构予以撤销。第151条规定:一方利用对方处于危困状态、缺乏判断能力等情形,致使民事法律行为成立时显失公平的,受损害方有权请求人民法院或者仲裁机构予以撤销。

请求撤销合同	基于债的保全		《合同法》第 74 条(新注 29:《合同法》第 74 条,被《民法典》第 538 条、第 539 条、第 540 条继受,内容有变动。①)
	赠与人撤销权	侵权	《合同法》第 192 条(新注 30:《合同法》第 192 条,被《民法典》第 663 条继受。②)
		不履行抚养义务	
		违反赠与合同义务	
	赠与人继承人的撤销权		《合同法》第 193 条(新注 31:《合同法》第 193 条,被《民法典》第 664 条继受,内容有变动。③)

---

① 《合同法》第 74 条规定:因债务人放弃其到期债权或者无偿转让财产,对债权人造成损害的,债权人可以请求人民法院撤销债务人的行为。债务人以明显不合理的低价转让财产,对债权人造成损害,并且受让人知道该情形的,债权人也可以请求人民法院撤销债务人的行为。撤销权的行使范围以债权人的债权为限。债权人行使撤销权的必要费用,由债务人负担。

《民法典》第 538 条规定:债务人以放弃其债权、放弃债权担保、无偿转让财产等方式无偿处分财产权益,或者恶意延长其到期债权的履行期限,影响债权人的债权实现的,债权人可以请求人民法院撤销债务人的行为。第 539 条规定:债务人以明显不合理的低价转让财产、以明显不合理的高价受让他人财产或者为他人的债务提供担保,影响债权人的债权实现,债务人的相对人知道或者应当知道该情形的,债权人可以请求人民法院撤销债务人的行为。第 540 条规定:撤销权的行使范围以债权人的债权为限。债权人行使撤销权的必要费用,由债务人负担。

② 《合同法》第 192 条规定:受赠人有下列情形之一的,赠与人可以撤销赠与: (1)严重侵害赠与人或者赠与人的近亲属;(2)对赠与人有扶养义务而不履行;(3)不履行赠与合同约定的义务。赠与人的撤销权,自知道或者应当知道撤销原因之日起一年内行使。

《民法典》第 663 条规定:受赠人有下列情形之一的,赠与人可以撤销赠与:(1)严重侵害赠与人或者赠与人近亲属的合法权益;(2)对赠与人有扶养义务而不履行;(3)不履行赠与合同约定的义务。赠与人的撤销权,自知道或者应当知道撤销事由之日起一年内行使。

③ 《合同法》第 193 条规定:因受赠人的违法行为致使赠与人死亡或者丧失民事行为能力的,赠与人的继承人或者法定代理人可以撤销赠与。赠与人的继承人或者法定代理人的撤销权,自知道或者应当知道撤销原因之日起六个月内行使。

《民法典》第 664 条规定:因受赠人的违法行为致使赠与人死亡或者丧失民事行为能力的,赠与人的继承人或者法定代理人可以撤销赠与。赠与人的继承人或者法定代理人的撤销权,自知道或者应当知道撤销事由之日起六个月内行使。

续表

请求撤销公司决议	《公司法》第22条第2款(新注32:2005年修订的《公司法》第22条第2款,2018年修正时被继受,同时被《民法典》第85条继受,内容有变动。①)
请求解除劳动关系	《劳动法》第25条(新注33:2009年修正的《劳动法》第25条,2018年修正时被继受。②)
请求恢复劳动关系	《劳动法》第29条(新注34:2009年修正的《劳动法》第29条,2018年修正时被继受。③)

---

① 《公司法》(2018年修正)第22条第2款规定:股东会或者股东大会、董事会的会议召集程序、表决方式违反法律、行政法规或者公司章程,或者决议内容违反公司章程的,股东可以自决议作出之日起六十日内,请求人民法院撤销。

《民法典》第85条规定:营利法人的权力机构、执行机构作出决议的会议召集程序、表决方式违反法律、行政法规、法人章程,或者决议内容违反法人章程的,营利法人的出资人可以请求人民法院撤销该决议。

② 《劳动法》(2018年修正)第25条规定:劳动者有下列情形之一的,用人单位可以解除劳动合同:(1)在试用期间被证明不符合录用条件的;(2)严重违反劳动纪律或者用人单位规章制度的;(3)严重失职,营私舞弊,对用人单位利益造成重大损害的;(4)被依法追究刑事责任的。

③ 《劳动法》(2018年修正)第29条规定:劳动者有下列情形之一的,用人单位不得依据本法第二十六条、第二十七条的规定解除劳动合同:(1)患职业病或者因工负伤并被确认丧失或者部分丧失劳动能力的;(2)患病或者负伤,在规定的医疗期内的;(3)女职工在孕期、产期、哺乳期内的;(4)法律、行政法规规定的其他情形。

续表

请求解除婚姻关系		《婚姻法》第7条、第10条、第11条(新注35:《婚姻法》第7条,被《民法典》第1048条、第1053条继受,内容有变动。①《婚姻法》第10条,被《民法典》第1051条、第1053条继受,内容有变动。②《婚姻法》第11条,被《民法典》第1052条继受,内容有变动。③)
请求行使优先购买权	基于共有	《物权法》第101条(新注36:《物权法》第101条,被《民法典》第305条继受。④)

---

① 《婚姻法》第7条规定:有下列情形之一的,禁止结婚:(1)直系血亲和三代以内的旁系血亲;(2)患有医学上认为不应当结婚的疾病。

《民法典》第1048条规定:直系血亲或者三代以内的旁系血亲禁止结婚。第1053条规定:一方患有重大疾病的,应当在结婚登记前如实告知另一方;不如实告知的,另一方可以向人民法院请求撤销婚姻。请求撤销婚姻的,应当自知道或者应当知道撤销事由之日起一年内提出。

② 《婚姻法》第10条规定:有下列情形之一的,婚姻无效:(1)重婚的;(2)有禁止结婚的亲属关系的;(3)婚前患有医学上认为不应当结婚的疾病,婚后尚未治愈的;(4)未到法定婚龄的。

《民法典》第1051条规定:有下列情形之一的,婚姻无效:(1)重婚;(2)有禁止结婚的亲属关系;(3)未到法定婚龄。第1053条规定:一方患有重大疾病的,应当在结婚登记前如实告知另一方;不如实告知的,另一方可以向人民法院请求撤销婚姻。请求撤销婚姻的,应当自知道或者应当知道撤销事由之日起一年内提出。

③ 《婚姻法》第11条规定:因胁迫结婚的,受胁迫的一方可以向婚姻登记机关或人民法院请求撤销该婚姻。受胁迫的一方撤销婚姻的请求,应当自结婚登记之日起一年内提出。被非法限制人身自由的当事人请求撤销婚姻的,应当自恢复人身自由之日起一年内提出。

《民法典》第1052条规定:因胁迫结婚的,受胁迫的一方可以向人民法院请求撤销婚姻。请求撤销婚姻的,应当自胁迫行为终止之日起一年内提出。被非法限制人身自由的当事人请求撤销婚姻的,应当自恢复人身自由之日起一年内提出。

④ 《物权法》第101条规定:按份共有人可以转让其享有的共有的不动产或者动产份额。其他共有人在同等条件下享有优先购买的权利。

《民法典》第305条规定:按份共有人可以转让其享有的共有的不动产或者动产份额。其他共有人在同等条件下享有优先购买的权利。

续表

请求行使优先购买权	基于合伙	《合伙企业法》第23条、第42条、第74条(新注37:《合伙企业法》第23条,未变动。①《合伙企业法》第42条,未变动。②《合伙企业法》第74条,未变动。③)
	基于股权	《公司法》第72条、第73条(新注38:2005年修订的《公司法》第72条、第73条,被2018年修正的《公司法》第71条、第72条继受。④)
	基于租赁	《合同法》第230条(新注39:《合同法》第230条,被《民法典》第726条继受,内容有变动。⑤)

---

① 《合伙企业法》第23条规定:合伙人向合伙人以外的人转让其在合伙企业中的财产份额的,在同等条件下,其他合伙人有优先购买权;但是,合伙协议另有约定的除外。

② 《合伙企业法》第42条规定:合伙人的自有财产不足清偿其与合伙企业无关的债务的,该合伙人可以以其从合伙企业中分取的收益用于清偿;债权人也可以依法请求人民法院强制执行该合伙人在合伙企业中的财产份额用于清偿。人民法院强制执行合伙人的财产份额时,应当通知全体合伙人,其他合伙人有优先购买权;其他合伙人未购买,又不同意将该财产份额转让给他人的,依照本法第五十一条的规定为该合伙人办理退伙结算,或者办理削减该合伙人相应财产份额的结算。

③ 《合伙企业法》第74条规定:有限合伙人的自有财产不足清偿其与合伙企业无关的债务的,该合伙人可以以其从有限合伙企业中分取的收益用于清偿;债权人也可以依法请求人民法院强制执行该合伙人在有限合伙企业中的财产份额用于清偿。人民法院强制执行有限合伙人的财产份额时,应当通知全体合伙人。在同等条件下,其他合伙人有优先购买权。

④ 《公司法》(2018年修正)第71条规定:有限责任公司的股东之间可以相互转让其全部或者部分股权。股东向股东以外的人转让股权,应当经其他股东过半数同意。股东应就其股权转让事项书面通知其他股东征求同意,其他股东自接到书面通知之日起满三十日未答复的,视为同意转让。其他股东半数以上不同意转让的,不同意的股东应当购买该转让的股权;不购买的,视为同意转让。经股东同意转让的股权,在同等条件下,其他股东有优先购买权。两个以上股东主张行使优先购买权的,协商确定各自的购买比例;协商不成的,按照转让时各自的出资比例行使优先购买权。公司章程对股权转让另有规定的,从其规定。第72条规定:人民法院依照法律规定的强制执行程序转让股东的股权时,应当通知公司及全体股东,其他股东在同等条件下有优先购买权。其他股东自人民法院通知之日起满二十日不行使优先购买权的,视为放弃优先购买权。

⑤ 《合同法》第230条规定:出租人出卖租赁房屋的,应当在出卖之前的合理期限内通知承租人,承租人享有以同等条件优先购买的权利。

《民法典》第726条规定:出租人出卖租赁房屋的,应当在出卖之前的合理期限内通知承租人,承租人享有以同等条件优先购买的权利;但是,房屋按份共有人行使优先购买权或者出租人将房屋出卖给近亲属的除外。出租人履行通知义务后,承租人在十五日内未明确表示购买的,视为承租人放弃优先购买权。

续表

请求解散公司	《公司法》第181条、第183条(新注40:2005年修订的《公司法》第181条、第183条,被2018年修正的《公司法》第180条、第182条继受。①)
请求解散合伙	《合伙企业法》第85条(新注41:《合伙企业法》第85条,未变动。②)

　　所有诉讼请求,都有其权利请求的基础。当然,这里面可能有一个比较特殊的情形,即消极确认之诉。但事实上,消极确认之诉亦应有其基础规范,只不过这种基础规范是以一种逆向的方式表现出来,即不是由提起消极确认之诉一方,而是由主张双方存在某种法律关系的一方找出双方存在法律关系的法律基础规范并提出符合该等法律规范的构成要件的事实。此时,其基础规范存在于被诉一方。

　　在实务中,我们一些法官不太注意基础规范的确定。比如,在涉及保底条款的委托理财案件中,有的当事人会提出确认委托理财合同无效的诉讼请求。对于该项诉讼请求,有的法官经常会援引的基础性法律条文就是《证券法》第144条"证券公司不得以任何方式对客户证券买卖的收益或者赔偿证券买卖的损失作出承诺"。其实,在此类案件中确认合同无效或保底条款无效的基础性法律条文并非《证券法》第144条,而是《合同法》第52条。③ 因为《证券法》第144条只是对涉及证券保底承诺的行为作了禁止性规定,但是这个法律条文并未对违反该规定的法律后果作出规定。违反这个条文可能会产生行政责任,也可能会产生民事责任。因此,对于违反该条文签订的合同产生何种法律后果,应当在《合同法》第52条规

---

　　① 《公司法》(2018年修正)第180条规定:公司因下列原因解散:(1)公司章程规定的营业期限届满或者公司章程规定的其他解散事由出现;(2)股东会或者股东大会决议解散;(3)因公司合并或者分立需要解散;(4)依法被吊销营业执照、责令关闭或者被撤销;(5)人民法院依照本法第一百八十二条的规定予以解散。第182条规定:公司经营管理发生严重困难,继续存续会使股东利益受到重大损失,通过其他途径不能解决的,持有公司全部股东表决权百分之十以上的股东,可以请求人民法院解散公司。
　　② 《合伙企业法》第85条规定:合伙企业有下列情形之一的,应当解散:(1)合伙期限届满,合伙人决定不再经营;(2)合伙协议约定的解散事由出现;(3)全体合伙人决定解散;(4)合伙人已不具备法定人数满三十天;(5)合伙协议约定的合伙目的已经实现或者无法实现;(6)依法被吊销营业执照、责令关闭或者被撤销;(7)法律、行政法规规定的其他原因。
　　③ 《合同法》第52条规定:"有下列情形之一的,合同无效:(一)一方以欺诈、胁迫的手段订立合同,损害国家利益;(二)恶意串通,损害国家、集体或者第三人利益;(三)以合法形式掩盖非法目的;(四)损害社会公共利益;(五)违反法律、行政法规的强制性规定。"

定的五种情形中寻找依据。所以,根据上述分析,能够成为基础规范的应该是《合同法》第 52 条第 5 项之规定。根据该项规定,违反法律、行政法规强制性规定的合同无效。所以,《合同法》第 52 条才是本案合同无效确认之诉的基础规范。因此,如果我们没有找到该条规定,就没有找到效力判断的法律依据。

> 新注 42:2005 年修订的《证券法》第 144 条,被 2019 年修订的《证券法》第 135 条继受,内容有变动。①
>
> 新注 43:《合同法》第 52 条第 5 项,被《民法典》第 153 条继受,内容有变动。②

还有的法官,一引用法律条文,就引用《民法通则》第 4 条,即诚实信用原则。然而,诚实信用原则,只有在没有具体法律规定作为判决依据的情况下,才可以作为司法价值判断的依据。但根据笔者观察,大部分引用这个条文的案件都是有具体法律条文规定的。那为什么我们的法官习惯于引用这一法律条文呢?从实际情况看,主要还是两个原因:一是不理解基础规范对于我们司法裁判的重要意义,二是不掌握寻找基础规范的方法。相对而言,引用一个原则性法律条文比较方便,可适用案件范围较大。笔者把这个现象叫作“戴大帽子”。

> 新注 44:《民法通则》第 4 条,被《民法典》第 7 条继受,内容有变动。③

二、确定基础规范有什么作用?

确定权利请求基础规范,实质上有什么作用呢?弄清这个问题十分重要。总体而言,确定权利请求基础规范,具有以下几个方面的作用:

---

① 《证券法》(2005 年修订)第 144 条规定:证券公司不得以任何方式对客户证券买卖的收益或者赔偿证券买卖的损失作出承诺。

《证券法》(2019 年修订)第 135 条规定:证券公司不得对客户证券买卖的收益或者赔偿证券买卖的损失作出承诺。

② 《合同法》第 52 条第 5 项规定:有下列情形之一的,合同无效:……(5)违反法律、行政法规的强制性规定。

《民法典》第 153 条规定:违反法律、行政法规的强制性规定的民事法律行为无效。但是,该强制性规定不导致该民事法律行为无效的除外。违背公序良俗的民事法律行为无效。

③ 《民法通则》第 4 条规定:民事活动应当遵循自愿、公平、等价有偿、诚实信用的原则。

《民法典》第 7 条规定:民事主体从事民事活动,应当遵循诚信原则,秉持诚实,恪守承诺。

其一,明确判决的法律依据,为司法裁判奠定正当性基础。在司法的逻辑三段论中,法律规范是逻辑三段论的大前提。司法裁判必须依据法律规范作出。没有法律依据,就等于逻辑三段论没有了大前提,这样裁判活动是没有办法完成的。因此,法律依据是司法裁判正当性的根本基础。很难想象在没有法律依据的情况下我们能够作出司法裁判。但是,实践中,我们个别民事法官在这方面却存在一定的问题。据对部分判决书的调查,我们有些判决书在判决主文之前都没有引用恰当的法律条文,甚至错引条文、漏引条文、乱引条文的现象时有出现。当然,许多判决,并非法官没有依据法律裁判案件,而是法官没有把自己所依据的法律条文指出来并引用出来。此时,司法裁判的判决理由就显得不十分充足,进而影响了司法裁判的正当性基础。

其二,基础规范是当事人上诉的基本依据,是判断裁判是否存在漏洞的依据。构成判决法律依据的基础规范,是当事人提起上诉的基本依据。当事人根据法院引用的法律条文,可以据以对照检查各个要件的认定情况,可以据以判断法官的法律观点是否正确,判断法官的法律适用是否正确。如果基础规范不确定,当事人提起上诉时就可能是无的放矢,不知道法官是适用何种法律。总之,确定基础规范是当事人判断法院判决是否合法的基本依据。

其三,基础规范是二审法院审理原审法院判决正当性的依据。二审法院审理原审法院所作的判决是否正确,其基本依据也是基础规范。一审法院把自己适用的法律条文明确说清楚了,二审法院也就能够根据其适用的法律条文来判断原审是否适用了正确的法律,以及是否正确地适用了法律。值得注意的是,"适用正确的法律"与"正确地适用法律"是两回事。适用正确的法律,是指基础规范选择正确,也就是说,法律条文选对了。正确地适用法律,是指对适用法律的要件及适用的方法是否正确。即使适用的法律正确,也可能会发生适用错误的现象。比如,条文虽然选对了,但理解出偏差了,等等。

其四,基础规范是法院对社会进行行为示范和法治教育的基本途径。司法裁判本身也具有一种行为示范的社会教育功能。法院应当通过一个个具体的司法裁判,向社会昭示一种正确的法治理念,告诉社会,哪一种行为是合乎法律规范的,哪一种行为是不合乎法律规范的。要产生这种教育的效果,最重要的途径是在司法裁判中明确表明某一种行为违反了某一条法律规范,因此产生相应的法律后果。如果法院不向社会昭示某一行为具体违反了哪一条法律规范,那么司法的行为示范功能就会严重削弱。

其五,基础规范是法官审理案件的基本依据,为案件审理的法律分析过程界定基本框架。确定基础规范,是展开司法推理的基本前提。只有确定了基础规范,才能识别出该基础规范的构成要件,并以此为基础解决一系列审理中涉及的重要问题,并开始相应的法庭事实调查,最终作出裁判。关于要件事实的重要意义,后文详述。

三、基础规范的检索方法

检索基础规范,是一个技术性比较强的问题。简单地说,应当采用这样一种办法:

首先,确定基本权利类型,是物权、债权、知识产权,抑或是人身权或身份权这决定了寻找基础规范的大方向。在这一步,绝大多数法官是没有什么问题的。例如,法官一看到离婚的诉请,立即就会知道应当到婚姻法中去寻找法律依据;一看到要求确认股权的诉请,就知道应当到公司法中去寻找法律依据;一看到人身损害赔偿的诉请,就知道十有八九要到侵权责任法中去寻找法律依据。当然,还有少数权利类型,我们还有少数法官不能准确地定位,如股东名义变更登记、追缴出资,等等。

其次,确定当事人的诉讼类型。要搞清楚当事人提起的是确认之诉、形成之诉,还是给付之诉。一般情况下,确认之诉和形成之诉的基础规范相对较少,应当比较好找一些。为了能够更加清晰地审查当事人的诉讼请求,我们首先把三种诉的形态作个简单分析。

所谓确认之诉,是指确认实体权利或法律关系存在或者不存在的诉。确认之诉可分为积极确认之诉与消极确认之诉。积极的确认之诉指请求确认实体权利或法律关系存在的诉,如请求确认股权、房屋所有权,或者请求确认原、被告之间存在合同关系或其他关系,等等。消极确认之诉是请求确认实体权利或法律关系不存在的诉,如原告请求确认与被告之间不存在借贷关系或其他关系,被登记在公司股东名册上的人请求确认自己与公司之间没有股权关系,等等。值得特别指出的是,确认之诉通常不包括对纯粹事实关系的确认。

所谓形成之诉,是指设定、变更或撤销法律关系的诉讼。例如,请求解除或撤销合同、请求行使优先购买权、请求撤销公司决议,等等。形成之诉与确认之诉最大的区别是,确认之诉是对已经存在的法律关系的确认,而形成之诉则是通过诉讼产生一种诉前尚不存在的法律后果。形成判决的设权效力或者权利变更效力并非出于法官的创设,而是必须基于法律的明示规定。

所谓给付之诉,是指请求被告履行一定给付的诉。给付之诉可以基于多种请求权,包括债权请求权、物权请求权等。给付之诉的给付标的包括物的给付和行为的给付。物的给付可以是价款、违约金、损害赔偿金等的给付;行为的给付包括作为和不作为两种类型,如请求被告履行合同约定的表演行为、请求赔礼道歉,或者请求被告停止侵权、请求不参与拍卖物的竞拍等。[①]

再次,根据当事人的诉讼类型来确定可能的权利类型。这是因为当事人提出一个诉讼请求,完全有可能会出现多种权利类型或权利渠道都可以支持他。例如,当事人请求损害赔偿,民法上能够据以支持损害赔偿请求权的权利类型至少有八类:

损害赔偿请求权	第一类	基于合同的损害赔偿请求权
	第二类	基于无权代理的损害赔偿请求权
	第三类	基于缔约过失的损害赔偿请求权
	第四类	基于物权关系的损害赔偿请求权
	第五类	基于无因管理的损害赔偿请求权
	第六类	基于不当得利的损害赔偿请求权
	第七类	基于侵权行为的损害赔偿请求权
	第八类	基于身份关系的损害赔偿请求权

复次,根据当事人提出的权利类型的指引,寻找到可能支持的法律条文。确定了基本的权利类型后,就应当进一步解决究竟有哪些法律条文可以支持这种权利类型。比如,根据上述分析,当事人提出损害赔偿请求权,我们知道可能的有八类,而每一类权利类型在法律上都可能再进一步具体地细化为若干具体类型。例如,上面讲到的第一类,基于合同的损害赔偿请求权,在合同法上又会有更多的具体类型:

损害赔偿请求权	第一类	合同不履行的损害赔偿请求权(《合同法》第107条)(新注45:《合同法》第107条,被《民法典》第577条继受。[②])
	第二类	合同解除后的损害赔偿请求权(《合同法》第97条)(新注46:《合同法》第97条,被《民法典》566条继受,内容有变动。[③])

---

① 参见段厚省:《请求权竞合与诉讼标的研究》,吉林人民出版社2004年版,第288页。

② 《合同法》第107条规定:当事人一方不履行合同义务或者履行合同义务不符合约定的,应当承担继续履行、采取补救措施或者赔偿损失等违约责任。

《民法典》第577条规定:当事人一方不履行合同义务或者履行合同义务不符合约定的,应当承担继续履行、采取补救措施或者赔偿损失等违约责任。

③ 《合同法》第97条规定:合同解除后,尚未履行的,终止履行;已经履行的,根据履行情况和合同性质,当事人可以要求恢复原状、采取其他补救措施,并有权要求赔偿损失。

《民法典》第566条规定:合同解除后,尚未履行的,终止履行;已经履行的,根据履行情况和合同性质,当事人可以请求恢复原状或者采取其他补救措施,并有权请求赔偿损失。合同因违约解除的,解除权人可以请求违约方承担违约责任,但是当事人另有约定的除外。主合同解除后,担保人对债务人应当承担的民事责任仍应当承担担保责任,但是担保合同另有约定的除外。

续表

损害赔偿请求权	第三类	合同撤销后的损害赔偿请求权(《合同法》第58条)(新注47:《合同法》第58条,被《民法典》第157条继受,内容有变动。①)
	第四类	缔约过失引起的损害赔偿请求权(《合同法》第42条)(新注48:《合同法》第42条,被《民法典》第500条继受,内容有变动。②)
	第五类	合同无效后的损害赔偿请求权(《合同法》第58条)(新注49:《合同法》第58条,被《民法典》第157条继受,内容有变动。③)
	第六类	不当不安抗辩的损害赔偿请求权(《合同法》第68条)(新注50:《合同法》第68条,被《民法典》第527条继受。④)
	……	……

---

① 《合同法》第58条规定:合同无效或者被撤销后,因该合同取得的财产,应当予以返还;不能返还或者没有必要返还的,应当折价补偿。有过错的一方应当赔偿对方因此所受到的损失,双方都有过错的,应当各自承担相应的责任。

《民法典》第157条规定:民事法律行为无效、被撤销或者确定不发生效力后,行为人因该行为取得的财产,应当予以返还;不能返还或者没有必要返还的,应当折价补偿。有过错的一方应当赔偿对方由此所受到的损失;各方都有过错的,应当各自承担相应的责任。法律另有规定的,依照其规定。

② 《合同法》第42条规定:当事人在订立合同过程中有下列情形之一,给对方造成损失的,应当承担损害赔偿责任:(1)假借订立合同,恶意进行磋商;(2)故意隐瞒与订立合同有关的重要事实或者提供虚假情况;(3)有其他违背诚实信用原则的行为。

《民法典》第500条规定:当事人在订立合同过程中有下列情形之一,造成对方损失的,应当承担赔偿责任:(1)假借订立合同,恶意进行磋商;(2)故意隐瞒与订立合同有关的重要事实或者提供虚假情况;(3)有其他违背诚信原则的行为。

③ 《合同法》第58条规定:合同无效或者被撤销后,因该合同取得的财产,应当予以返还;不能返还或者没有必要返还的,应当折价补偿。有过错的一方应当赔偿对方因此所受到的损失,双方都有过错的,应当各自承担相应的责任。

《民法典》第157条规定:民事法律行为无效、被撤销或者确定不发生效力后,行为人因该行为取得的财产,应当予以返还;不能返还或者没有必要返还的,应当折价补偿。有过错的一方应当赔偿对方由此所受到的损失;各方都有过错的,应当各自承担相应的责任。法律另有规定的,依照其规定。

④ 《合同法》第68条规定:应当先履行债务的当事人,有确切证据证明对方有下列情形之一的,可以中止履行:(1)经营状况严重恶化;(2)转移财产、抽逃资金,以逃避债务;(3)丧失商业信誉;(4)有丧失或者可能丧失履行债务能力的其他情形。当事人没有确切证据中止履行的,应当承担违约责任。

《民法典》第527条规定:应当先履行债务的当事人,有确切证据证明对方有下列情形之一的,可以中止履行:(1)经营状况严重恶化;(2)转移财产、抽逃资金,以逃避债务;(3)丧失商业信誉;(4)有丧失或者可能丧失履行债务能力的其他情形。当事人没有确切证据中止履行的,应当承担违约责任。

最后,结合当事人起诉所依据的基本事实,确定具体的请求权。当事人主张的赔偿请求权究竟属于哪一种,亦应根据当事人起诉的基本事实加以厘定。

以合同法上的损害赔偿请求权为例,当事人起诉要求被告承担损害赔偿责任,他可能会明确提出根据《合同法》具体法律条文的规定要求被告承担损害赔偿责任。在这种情况下,法官就会很容易解决请求权的界定问题。

当事人在起诉时也可能不会明确提出依据某一具体法律条文,此时,我们需要根据原告所主张的基本事实来判断。比如,原告起诉时称,因被告未履行合同,造成自己损失若干,故要求被告承担损害赔偿责任。这时,我们就可以判断出,原告实际上主张的是《合同法》第 107 条规定的合同不履行的损害赔偿请求权。

> 新注 51:《合同法》第 107 条,被《民法典》第 577 条继受。[①]

当然,在有些案件中,当事人关于案件事实的描述也可能含混不清,让人无法判断他到底提出的是什么请求权。此时,法官释明权的合理运用就比较重要了。法官要特别留意当事人片言只语中所透露出来的与识别请求权有关的内容,尤其是在当事人陈述内容语焉不详时,法官要通过有意识地发问来探明当事人的请求权是什么。例如,当事人请求被告承担赔偿责任,同时又没有说明其权利类型时,法官可以向原告说明,"根据这个案件的具体情况,你可以从侵权的角度提出诉讼,也可以从违约的角度提出诉讼,根据法律规定,你必须在二者之间作出选择"。这样,通过法官释明,原告的请求权进一步得以明确。而请求权一旦明确,法律条文也就随之明确了。

像上文讲到的合同法上可能的损害赔偿请求权类型多达六七种时,当事人如果未直接明确,法官应该特别留意当事人陈述的事实中讲到的是合同解除、合同撤销、不安抗辩,还是一般违约。通过当事人的陈述,法官基本上能够对当事人的请求权进行准确定位。如当事人提出一个因为合同解除而提起的赔偿诉讼,法官基本上就能判断出原告的请求权是因合同解除而产生的损害赔偿请求权,从而相应找到《合同法》第 97 条或其他相关条文就可以了。

---

① 《合同法》第 107 条规定:当事人一方不履行合同义务或者履行合同义务不符合约定的,应当承担继续履行、采取补救措施或者赔偿损失等违约责任。
《民法典》第 577 条规定:当事人一方不履行合同义务或者履行合同义务不符合约定的,应当承担继续履行、采取补救措施或者赔偿损失等违约责任。

> 新注 52：《合同法》第 97 条，被《民法典》第 566 条继受，内容有变动。①

当事人请求解除合同，如何处理？

合同解除权至少可依以下几种情况发生：

(1)《合同法》第 69 条(不安抗辩解除权)；

> 新注 53：《合同法》第 69 条，被《民法典》第 528 条继受，内容有变动。②

(2)《合同法》第 93 条(约定解除权)；

> 新注 54：《合同法》第 93 条，被《民法典》第 562 条继受，内容有变动。③

---

① 《合同法》第 97 条规定：合同解除后，尚未履行的，终止履行；已经履行的，根据履行情况和合同性质，当事人可以要求恢复原状、采取其他补救措施，并有权要求赔偿损失。

《民法典》第 566 条规定：合同解除后，尚未履行的，终止履行；已经履行的，根据履行情况和合同性质，当事人可以请求恢复原状或者采取其他补救措施，并有权请求赔偿损失。合同因违约解除的，解除权人可以请求违约方承担违约责任，但是当事人另有约定的除外。主合同解除后，担保人对债务人应当承担的民事责任仍应当承担担保责任，但是担保合同另有约定的除外。

② 《合同法》第 69 条规定：当事人依照本法第六十八条的规定中止履行的，应当及时通知对方。对方提供适当担保时，应当恢复履行。中止履行后，对方在合理期限内未恢复履行能力并且未提供适当担保的，中止履行的一方可以解除合同。

《民法典》第 528 条规定：当事人依据前条规定中止履行的，应当及时通知对方。对方提供适当担保的，应当恢复履行。中止履行后，对方在合理期限内未恢复履行能力且未提供适当担保的，视为以自己的行为表明不履行主要债务，中止履行的一方可以解除合同并可以请求对方承担违约责任。

③ 《合同法》第 93 条规定：当事人协商一致，可以解除合同。当事人可以约定一方解除合同的条件。解除合同的条件成就时，解除权人可以解除合同。

《民法典》第 562 条规定：当事人协商一致，可以解除合同。当事人可以约定一方解除合同的事由。解除合同的事由发生时，解除权人可以解除合同。

(3)《合同法》第 94 条(法定解除权);

> 新注 55:《合同法》第 94 条,被《民法典》第 563 条继受,内容有变动。①

(4)《合同法》第 167 条(分期付款合同的提前解除权)。

> 新注 56:《合同法》第 167 条,被《民法典》第 634 条继受,内容有变动。②

其中,依据《合同法》第 94 条产生的请求权,至少又可以进一步细分为以下几种情形:③

一是基于不可抗力的解除;

二是基于预期违约的解除;

三是基于迟延履行的解除;

四是基于根本违约的解除。

从上面的分析可以看出,如果当事人诉请解除合同,我们首先可以知道这是一个合同案件,要到合同法中寻找法律依据。显然,第一步比较容易。

其次,我们知道,合同法上的合同解除权有多种类型,有基于不安抗辩的合同

---

① 《合同法》第 94 条规定:有下列情形之一的,当事人可以解除合同:(1)因不可抗力致使不能实现合同目的;(2)在履行期限届满之前,当事人一方明确表示或者以自己的行为表明不履行主要债务;(3)当事人一方迟延履行主要债务,经催告后在合理期限内仍未履行;(4)当事人一方迟延履行债务或者有其他违约行为致使不能实现合同目的;(5)法律规定的其他情形。

《民法典》第 563 条规定:有下列情形之一的,当事人可以解除合同:(1)因不可抗力致使不能实现合同目的;(2)在履行期限届满前,当事人一方明确表示或者以自己的行为表明不履行主要债务;(3)当事人一方迟延履行主要债务,经催告后在合理期限内仍未履行;(4)当事人一方迟延履行债务或者有其他违约行为致使不能实现合同目的;(5)法律规定的其他情形。以持续履行的债务为内容的不定期合同,当事人可以随时解除合同,但是应当在合理期限之前通知对方。

② 《合同法》第 167 条规定:分期付款的买受人未支付到期价款的金额达到全部价款的五分之一的,出卖人可以要求买受人支付全部价款或者解除合同。出卖人解除合同的,可以向买受人要求支付该标的物的使用费。

《民法典》第 634 条规定:分期付款的买受人未支付到期价款的数额达到全部价款的五分之一,经催告后在合理期限内仍未支付到期价款的,出卖人可以请求买受人支付全部价款或者解除合同。出卖人解除合同的,可以向买受人请求支付该标的物的使用费。

③ 《合同法》第 94 条规定:"有下列情形之一的,当事人可以解除合同:(一)因不可抗力致使不能实现合同目的;(二)在履行期限届满之前,当事人一方明确表示或者以自己的行为表明不履行主要债务;(三)当事人一方迟延履行主要债务,经催告后在合理期限内仍未履行;(四)当事人一方迟延履行债务或者有其他违约行为致使不能实现合同目的;(五)法律规定的其他情形。"

解除权、约定解除权、法定解除权、分期付款的提前解除权,等等。此时,我们必须在这些大的类型里面找到相应的细化类型,否则,我们的审理大方向是确定不下来的。这时,需要我们看看当事人主张的基础事实里面涉及哪个方向。比如,当事人一直在说不安抗辩的事情,我们就可以知道是不安抗辩的类型。又如,当事人一直在说与法定解除权有关的事实,那我们就可以知道,应该在《合同法》第94条的范畴内进行判断。

最后,我们还知道,《合同法》第94条规定的法定解除权多达五种类型。于是我们必须在这五种中再寻找到一种最适合于本案的请求权。这样,我们才能最后真正地将找法的活动具体化、特定化。走到这一步,我们的方法,仍然是听取当事人的陈述。例如,当事人提及对方违约,导致自己合同目的落空,此时,就比较容易在《合同法》第94条中进行特定化了。

> 新注57:《合同法》第94条,被《民法典》第563条继受,内容有变动。①

上述过程,就是我们找法活动的基本方法。

四、请求权竞合下的基础规范检索方法

所谓请求权竞合,是指一个生活事实符合多个法律构成要件,从而产生多个请求权,而这些请求权的目的只有一个。我国司法实践中允许请求权的有限竞合,主要是在《合同法》第122条承认了基于违约的请求权和基于侵权的请求权可以发生竞合,即"因当事人一方的违约行为,侵害对方人身、财产权益的,受损害方有权选择依照本法要求其承担违约责任或者依照其他法律要求其承担侵权责任"。请求权竞合下的基础规范检索,是以请求权竞合情况下的请求权选择为基础的。

---

① 《合同法》第94条规定:有下列情形之一的,当事人可以解除合同:(1)因不可抗力致使不能实现合同目的;(2)在履行期限届满之前,当事人一方明确表示或者以自己的行为表明不履行主要债务;(3)当事人一方迟延履行主要债务,经催告后在合理期限内仍未履行;(4)当事人一方迟延履行债务或者有其他违约行为致使不能实现合同目的;(5)法律规定的其他情形。

《民法典》第563条规定:有下列情形之一的,当事人可以解除合同:(1)因不可抗力致使不能实现合同目的;(2)在履行期限届满前,当事人一方明确表示或者以自己的行为表明不履行主要债务;(3)当事人一方迟延履行主要债务,经催告后在合理期限内仍未履行;(4)当事人一方迟延履行债务或者有其他违约行为致使不能实现合同目的;(5)法律规定的其他情形。以持续履行的债务为内容的不定期合同,当事人可以随时解除合同,但是应当在合理期限之前通知对方。

> 新注 58：《合同法》第 122 条，被《民法典》第 186 条继受，内容有变动。①

　　请求权竞合是司法实践中经常遇到的问题。如在一起热水器致人损害纠纷案件中，原告王某从某经销公司购买了燃气热水器一台，并由经销公司指定的安装队为其安装、调试后投入使用。某日，王某在洗浴时感觉胸闷、头晕，随后便倒地不省人事。经医院诊断证明：王某系吸入大量一氧化碳中毒导致昏迷。事后，王某就中毒造成的经济损失和精神损失向法院提起诉讼，要求经销公司赔偿损失。法院经审理查明，王某一氧化碳中毒是经销公司所销售的热水器上的减压阀不合格所致。在该案例中，原告王某既可以依据买卖合同选择违约赔偿请求权，也可依据侵权行为选择侵权赔偿请求权作为自己的诉讼请求权，这就产生了请求权的竞合。

　　在违约请求权与侵权损害赔偿请求权竞合的案件中，基础规范的检索可分为以下步骤：

　　第一，根据《合同法》第 122 条的规定，请求权竞合的选择是以当事人一方的行为构成违约并造成相对方人身或财产权益受到损害为前提的。因此，如果原告选择基于违约的请求权，他固然要对被告的行为是否构成违约、是否造成损害进行举证；如果选择基于侵权的请求权，他仍然要对被告的行为是否构成违约、是否造成损害先予举证。如果不能证明被告的行为构成了违约并造成损害，原告就没有满足选择请求权的前提条件。因此，无论是否对请求权进行选择，原告都必须承担对被告违约并造成原告损害承担举证责任。

> 新注 59：《合同法》第 122 条，被《民法典》第 186 条继受，内容有变动。②

　　第二，根据本条规定，受损害方只能在基于违约的请求权和基于侵权的请求权之中选择其一，他不能同时主张，亦不能先后主张，更不能以两诉分别主张，或者在前诉终了之后再行起诉主张。也就是说，原告只有一次选择的机会。

------

　　①　《合同法》第 122 条规定：因当事人一方的违约行为，侵害对方人身、财产权益的，受损害方有权选择依照本法要求其承担违约责任或者依照其他法律要求其承担侵权责任。

　　《民法典》第 186 条规定：因当事人一方的违约行为，损害对方人身权益、财产权益的，受损害方有权选择请求其承担违约责任或者侵权责任。

　　②　《合同法》第 122 条规定：因当事人一方的违约行为，侵害对方人身、财产权益的，受损害方有权选择依照本法要求其承担违约责任或者依照其他法律要求其承担侵权责任。

　　《民法典》第 186 条规定：因当事人一方的违约行为，损害对方人身权益、财产权益的，受损害方有权选择请求其承担违约责任或者侵权责任。

1. 受损害方选择违约赔偿请求权

在上述案件中,当事人基于合同法律关系选择违约赔偿请求权后,我们首先知道这是一个合同案件,应当在合同法中寻找法律基础规范。

《合同法》第107条:违约责任的一般规定

> 新注60:《合同法》第107条,被《民法典》第577条继受。①

《合同法》第108条:预期违约的履行

> 新注61:《合同法》第108条,被《民法典》第578条继受,内容有变动。②

《合同法》第109条:价款或者报酬支付请求权

> 新注62:《合同法》第109条,被《民法典》第579条继受,内容有变动。③

《合同法》第110条:非金钱债务的继续履行

> 新注63:《合同法》第110条,被《民法典》第580条继受,内容有变动。④

---

① 《合同法》第107条规定:当事人一方不履行合同义务或者履行合同义务不符合约定的,应当承担继续履行、采取补救措施或者赔偿损失等违约责任。

《民法典》第577条规定:当事人一方不履行合同义务或者履行合同义务不符合约定的,应当承担继续履行、采取补救措施或者赔偿损失等违约责任。

② 《合同法》第108条规定:当事人一方明确表示或者以自己的行为表明不履行合同义务的,对方可以在履行期限届满之前要求其承担违约责任。

《民法典》第578条规定:当事人一方明确表示或者以自己的行为表明不履行合同义务的,对方可以在履行期限届满前请求其承担违约责任。

③ 《合同法》第109条规定:当事人一方未支付价款或者报酬的,对方可以要求其支付价款或者报酬。

《民法典》第579条规定:当事人一方未支付价款、报酬、租金、利息,或者不履行其他金钱债务的,对方可以请求其支付。

④ 《合同法》第110条规定:当事人一方不履行非金钱债务或者履行非金钱债务不符合约定的,对方可以要求履行,但有下列情形之一的除外:(1)法律上或者事实上不能履行;(2)债务的标的不适于强制履行或者履行费用过高;(3)债权人在合理期限内未要求履行。

《民法典》第580条规定:当事人一方不履行非金钱债务或者履行非金钱债务不符合约定的,对方可以请求履行,但是有下列情形之一的除外:(1)法律上或者事实上不能履行;(2)债务的标的不适于强制履行或者履行费用过高;(3)债权人在合理期限内未请求履行。有前款规定的除外情形之一,致使不能实现合同目的的,人民法院或者仲裁机构可以根据当事人的请求终止合同权利义务关系,但是不影响违约责任的承担。

《合同法》第111条:特殊形态的履行请求权(修理、更换、重作、退货、减少价款或报酬等)

> 新注64:《合同法》第111条,被《民法典》第582条继受,内容有变动。①

　　如当事人起诉要求对方承担违约责任,法官即应当要求其明确:违约责任规定于《合同法》第107条,该条包括继续履行、采取补救措施或者赔偿损失等几种类型,原告应当在这几种情况中作出选择。如果当事人明确要求对方继续履行合同并赔偿损失,则可以看到,继续履行的具体条文为《合同法》第107条和第110条,履行义务后的损害赔偿请求权则规定于《合同法》第112条。其中《合同法》第107条是关于违约责任的概括性规定。如当事人请求买卖合同的继续履行(交货属于非金钱债务),则当事人请求继续履行的法律基础规范在于《合同法》第110条,当事人请求权的性质是非金钱债务的继续履行请求权。

> 新注65:《合同法》第107条,被《民法典》第577条继受。②
> 新注66:《合同法》第110条,被《民法典》第580条继受,内容有变动。③

---

　　① 《合同法》第111条规定:质量不符合约定的,应当按照当事人的约定承担违约责任。对违约责任没有约定或者约定不明确,依照本法第六十一条的规定仍不能确定的,受损害方根据标的的性质以及损失的大小,可以合理选择要求对方承担修理、更换、重作、退货、减少价款或者报酬等违约责任。

　　《民法典》第582条规定:履行不符合约定的,应当按照当事人的约定承担违约责任。对违约责任没有约定或者约定不明确,依据本法第五百一十条的规定仍不能确定的,受损害方根据标的的性质以及损失的大小,可以合理选择请求对方承担修理、重作、更换、退货、减少价款或者报酬等违约责任。

　　② 《合同法》第107条规定:当事人一方不履行合同义务或者履行合同义务不符合约定的,应当承担继续履行、采取补救措施或者赔偿损失等违约责任。

　　《民法典》第577条规定:当事人一方不履行合同义务或者履行合同义务不符合约定的,应当承担继续履行、采取补救措施或赔偿损失等违约责任。

　　③ 《合同法》第110条规定:当事人一方不履行非金钱债务或者履行非金钱债务不符合约定的,对方可以要求履行,但有下列情形之一的除外:(1)法律上或者事实上不能履行;(2)债务的标的不适于强制履行或者履行费用过高;(3)债权人在合理期限内未要求履行。

　　《民法典》第580条规定:当事人一方不履行非金钱债务或者履行非金钱债务不符合约定的,对方可以请求履行,但是有下列情形之一的除外:(1)法律上或者事实上不能履行;(2)债务的标的不适于强制履行或者履行费用过高;(3)债权人在合理期限内未请求履行。有前款规定的除外情形之一,致使不能实现合同目的的,人民法院或者仲裁机构可以根据当事人的请求终止合同权利义务关系,但是不影响违约责任的承担。

> 新注 67:《合同法》第 112 条,被《民法典》第 583 条继受。①

2. 受损害方选择侵权赔偿请求权

在上述案件中,当事人基于合同履行造成人身伤害选择侵权赔偿请求权,则该诉讼成为人身损害赔偿纠纷,应当在《侵权责任法》中寻找法律基础规范。

如当事人起诉要求对方承担产品侵权责任的,则法官可要求其明确起诉对象为生产者或销售者或生产者和销售者,分别适用《侵权责任法》第 41 条、第 42 条和第 43 条。在明确诉请对象后,法官可继续要求当事人明确请求对方承担责任的形式。根据《侵权责任法》第 15 条的规定,承担侵权责任的方式主要有:(1)停止侵害;(2)排除妨碍;(3)消除危险;(4)返还财产;(5)恢复原状;(6)赔偿损失;(7)赔礼道歉;(8)消除影响、恢复名誉。对于当事人提出精神损害赔偿要求的,可以适用《侵权责任法》第 22 条。

> 新注 68:《侵权责任法》第 41 条,被《民法典》第 1202 条继受。②
>
> 新注 69:《侵权责任法》第 42 条,《民法典》未保留该条规定。③
>
> 新注 70:《侵权责任法》第 43 条,被《民法典》第 1203 条继受,内容有变动。④

---

① 《合同法》第 112 条规定:当事人一方不履行合同义务或者履行合同义务不符合约定的,在履行义务或者采取补救措施后,对方还有其他损失的,应当赔偿损失。

《民法典》第 583 条规定:当事人一方不履行合同义务或者履行合同义务不符合约定的,在履行义务或者采取补救措施后,对方还有其他损失的,应当赔偿损失。

② 《侵权责任法》第 41 条规定:因产品存在缺陷造成他人损害的,生产者应当承担侵权责任。

《民法典》第 1202 条规定:因产品存在缺陷造成他人损害的,生产者应当承担侵权责任。

③ 《侵权责任法》第 42 条规定:因销售者的过错使产品存在缺陷,造成他人损害的,销售者应当承担侵权责任。销售者不能指明缺陷产品的生产者也不能指明缺陷产品的供货者的,销售者应当承担侵权责任。

④ 《侵权责任法》第 43 条规定:因产品存在缺陷造成损害的,被侵权人可以向产品的生产者请求赔偿,也可以向产品的销售者请求赔偿。产品缺陷由生产者造成的,销售者赔偿后,有权向生产者追偿。因销售者的过错使产品存在缺陷的,生产者赔偿后,有权向销售者追偿。

《民法典》第 1203 条规定:因产品存在缺陷造成他人损害的,被侵权人可以向产品的生产者请求赔偿,也可以向产品的销售者请求赔偿。产品缺陷由生产者造成的,销售者赔偿后,有权向生产者追偿。因销售者的过错使产品存在缺陷的,生产者赔偿后,有权向销售者追偿。

> 新注 71:《侵权责任法》第 15 条,被《民法典》第 179 条吸收,内容有变动。①
>
> 新注 72:《侵权责任法》第 22 条,被《民法典》第 1183 条继受,内容有变动。②

除违约与侵权竞合的情形外,实践中其他相关权利之间亦可能形成竞合关系。一旦发生竞合,仍应由当事人予以明确,当然,法官可以给予一定的法律释明。

---

① 《侵权责任法》第 15 条规定:承担侵权责任的方式主要有: (1)停止侵害; (2)排除妨碍; (3)消除危险; (4)返还财产; (5)恢复原状; (6)赔偿损失; (7)赔礼道歉; (8)消除影响、恢复名誉。以上承担侵权责任的方式,可以单独适用,也可以合并适用。

《民法典》第 179 条规定:承担民事责任的方式主要有:(1)停止侵害;(2)排除妨碍;(3)消除危险;(4)返还财产;(5)恢复原状;(6)修理、重作、更换;(7)继续履行;(8)赔偿损失;(9)支付违约金;(10)消除影响、恢复名誉;(11)赔礼道歉。法律规定惩罚性赔偿的,依照其规定。本条规定的承担民事责任的方式,可以单独适用,也可以合并适用。

② 《侵权责任法》第 22 条规定:侵害他人人身权益,造成他人严重精神损害的,被侵权人可以请求精神损害赔偿。

《民法典》第 1183 条规定:侵害自然人人身权益造成严重精神损害的,被侵权人有权请求精神损害赔偿。因故意或者重大过失侵害自然人具有人身意义的特定物造成严重精神损害的,被侵权人有权请求精神损害赔偿。

第七章　要件审判九步法第三步

——确定抗辩权基础规范

在识别出原告的权利请求基础后,法院应当对被告的答辩进行相应的审查,查明被告是否提出了抗辩或行使了抗辩权。如果被告提出了抗辩或行使了抗辩权,则应当找到抗辩或抗辩权所依据的基础规范。

一、什么是抗辩权?

在识别出原告的权利请求基础后,法院应当对被告的答辩进行相应的审查。其中,一个重要的内容就是看被告是不是提出了抗辩或行使了抗辩权,并在此基础上识别出被告的抗辩(权)基础。

在厘清何为抗辩和抗辩权之前,我们首先来看被告对于原告的起诉会有哪些反应。假设原告起诉要求被告返还借款5000元,被告对于原告的起诉会有以下几种反应:

对于何为抗辩和抗辩权的问题,无论是理论界还是实务界,至今也仍然未形成统一认识。杨立新先生认为,抗辩是针对请求权提出的一种防御方法,是指当事人通过主张与对方的主张事实所不同的事实或法律关系,以排斥对方所主张的事实的行为。[1] 据此,不难看出抗辩的主要目的是排斥、延缓或阻碍对方权利。例如,原告起诉称要求被告履行交货义务,被告抗辩称原告应当先履行付款义务(先履行抗辩),此抗辩的目的是阻碍原告权利的实现。又如,原告起诉被告应当返还欠款,被告抗辩称其已经归还(权利消灭抗辩),或者被告抗辩称借款时尚未成年(权利妨碍抗辩)。因此,通过上文对抗辩种类的举例可以得出,抗辩的对象应为对方的权利,而非事实。[2]

---

[1]　参见杨立新:《民事裁判方法》,法律出版社2008年版,第183页。
[2]　当然,证据抗辩是否为真正的抗辩存有较大争议,但一般认为这种情况属程序法上的抗辩,并非真正意义上的抗辩。

种类	方式		答辩内容例举
第一种	沉默		……
第二种	否认	单纯否认	"我从未向原告借过钱。"
		积极否认	"不是借款,而是原告归还的欠款。"
第三种	不知		"我不知道有这回事。"
第四种	抗辩	权利消灭抗辩	"钱是借了,但已经还了。"
		权利妨碍抗辩	"钱是借了,但已经过了时效。"
第五种	自认		"同意原告所说。"

　　前述抗辩是当事人主张与相对方的事实主张不同的事实,用以排斥相对方主张的法律效果,包括实体上的抗辩和程序上的抗辩(当然,学界对抗辩的内涵以及外延一直存有争论,由于抗辩和抗辩权的法律分析方法并无二致,所以我们在此不做深入探讨)。一般认为,抗辩的种类划分中,实体法上的抗辩是权利抗辩,而抗辩权仅指权利抗辩。抗辩权是与请求权相对立的反对权,一般是对债权人拒绝给付、拒绝履行债务或拒绝满足债权人的权利,其目的在于永久性或暂时性地阻止请求权的实施或者使请求权减弱。① 同请求权一样,抗辩权最终指向的必然是法律条文。从逻辑上而言,无请求权则无抗辩权。在实践中,抗辩权主要包括永久性抗辩权、暂时性抗辩权以及限制性抗辩权。在法官审理民事案件的诉讼领域,对抗辩的审查是广义上的,即审查当事人针对原告的诉讼请求提出的一切得以阻止、妨碍、消灭权利请求人诉讼主张的法律效果。

二、抗辩与否认有什么区别?

　　在民事诉讼中,抗辩是当事人针对相对方所主张的法律效果作出的否定性陈述,而否认则是针对对方当事人所主张的原因事实作出的否定性陈述。

　　抗辩与否认的目的,都是为了对抗对方的诉讼请求,但二者有着明显的区别。在法院审判实践中存在无法对二者进行有效区别的现象。我们可以从以下三个方面对二者进行有效区别:

　　第一,抗辩的基础事实与请求的基础事实可以并存,而否认则不具有这个特征。例如,在借款纠纷诉讼中,原告诉请被告归还欠款,被告则答辩称其从未收到过原告的款项,此种情况就属于否认,原告起诉的基础事实与被告答辩所称的事实

---

① 　[德]卡尔·拉伦茨:《德国民法通论》(上),王晓晔等译,法律出版社2003年版,第328～329页。

是不可能同时成立的。被告不可能既欠原告的钱又不欠原告的钱,即对于是否存在欠款的事实,被告答辩与原告的主张存在不能共生的矛盾之处。如果同为借款纠纷诉讼,被告答辩称其已经归还这笔款项,此时,该答辩中所提出来的就是抗辩(是一个权利消灭抗辩)。对被告两种不同的答辩内容进行比较可以看出,被告抗辩的基础事实与原告起诉的基础事实是可以同时并存的;二者可以同时成立。①

第二,抗辩会产生新的法律效果,与原告通过请求所希望产生的法律效果不可并存,而否认本身并不会产生法律效果,只是延缓或消灭对方所希望的法律效果。例如,在房屋租赁合同纠纷中,原告起诉要求被告给付房屋租金,被告抗辩称原告应当先尽修缮义务。此时,被告所提出的即是先履行抗辩。如果被告的抗辩成立,被告所希望的法律效果就能实现(可以拒付租金),而原告所希望的法律效果就不能发生。从这个例子我们可以看出,抗辩的法律效果与原告希望的法律效果是不能并存的。又如,原告起诉要求被告给付房屋租金,被告答辩称其从未向原告租过房屋。此时,被告的答辩是一种否认,其本身并不产生积极的法律效果,而只是使原告请求所依据的基础事实不能成立,从而不发生原告所希望的法律效果。在后面这个例子中,原告请求权要想成立,其基础事实之一便是被告租赁了他的房屋。被告辩称未租过该房屋,即是否认了租赁这一基础事实,该否认使原告的请求失去了事实基础,因而不能产生原告所希望的法律效果。

第三,抗辩通常具有积极性,而否认具有消极性。否认一般是针对对方请求权基础构成要件所依据的事实要件作出的,包括对事实要件的部分否认和全部否认,例如,一方当事人依《合同法》第 206 条的规定,向另一方当事人主张借款返还,其中有两个事实要件:一是双方有借款的约定,二是一方当事人已向另一方当事人提供借款。如果另一方当事人在答辩中主张双方之间并无约定,或者对方当事人并未向其提供借款,或者双方之间既无约定又无借款的实际交付,这就是否认。抗辩则具有积极性的特点,是依据法律规定所提出的抵销、阻止或延缓对方权利的对立性主张。抗辩必须指向对立性的法律规范。如上述案例中,被告称虽然借了款但已归还,即是提出了权利消灭抗辩,其所指向的当为债法上"债因履行而消灭"的法律规定[反映在我国《合同法》上即是第 91 条"有下列情形之一的,合同的权利义务终止:(一)债务已经按照约定履行……"之规定]。如果被告的答辩包含了实体法上的抗辩,法院应当找到各项抗辩所对应的具体法律条文[这一点我们在下文"如何寻找抗辩(权)及其基础规范"之"检索抗辩(权)所指向的具体法律规范"部分再加以分析]。

---

① 参见许可:《民事审判方法——要件事实引论》,法律出版社 2009 年版,第 140 页。

> 新注73:《合同法》第209条,被《民法典》第678条继受。[1]
>
> 新注74:《合同法》第91条,被《民法典》第557条继受,内容有变动。[2]

三、主要有哪些抗辩(权)?

前述抗辩是当事人针对原告的诉讼请求提出的一切得以阻止、妨碍、减弱、消灭权利请求人诉讼主张的法律效果,包括实体法上的抗辩以及诉讼程序法上的抗辩,其中,抗辩权是被告在原告请求行使权利时得以拒绝给付的对抗性权利。依照作用时间和范围,我们可以将抗辩(权)分为:永久性抗辩(权)、暂时性抗辩(权)以及限制性抗辩(权),下文分述之:

(一)永久性抗辩(权)

永久性抗辩(权)能够永久地阻止请求权发生效力,即请求权人提出的给付之诉会被认为无理由而被驳回。永久性抗辩(权)包括时效抗辩(权)、债权无效抗辩(权)、权利消灭抗辩(权)等等。例如,时效抗辩权主要的法律效果是主张诉讼时效已届满,在析别时效抗辩时,要结合当事人的请求权来看,同时要注意诉讼时效与除斥期间的区别,诉讼时效抗辩主要作用于请求权领域,除斥期间届满抗辩主要适用于形成权领域。债权无效抗辩,指针对当事人的请求权,以《合同法》第52条规定的合同无效情形以及第53条规定的免责条款无效的情形提出的抗辩,此为行使永久性抗辩权的体现。在存在合同请求权时,若在承认对方的请求权的基础上,提出合同已获履行、代物清偿、提存、抵销、免除、解除(主要规定在《合同法》第91条)等,则构成永久性抗辩(权)。

---

① 《合同法》第206条规定:借款人应当按照约定的期限返还借款。对借款期限没有约定或者约定不明确,依照本法第六十一条的规定仍不能确定的,借款人可以随时返还;贷款人可以催告借款人在合理期限内返还。

《民法典》第675条规定:借款人应当按照约定的期限返还借款。对借款期限没有约定或者约定不明确,依据本法第五百一十条的规定仍不能确定的,借款人可以随时返还;贷款人可以催告借款人在合理期限内返还。

② 《合同法》第91条规定:有下列情形之一的,合同的权利义务终止:(1)债务已经按照约定履行;(2)合同解除;(3)债务相互抵销;(4)债务人依法将标的物提存;(5)债权人免除债务;(6)债权债务同归于一人;(7)法律规定或者当事人约定终止的其他情形。

《民法典》第557条规定:有下列情形之一的,债权债务终止:(1)债务已经履行;(2)债务相互抵销;(3)债务人依法将标的物提存;(4)债权人免除债务;(5)债权债务同归于一人;(6)法律规定或者当事人约定终止的其他情形。合同解除的,该合同的权利义务关系终止。

新注75:《合同法》第52条,被《民法典》第146条、第148条、第150条、第153条、第154条继受,内容有变动。①

新注76:《合同法》第53条,被《民法典》第506条继受,内容有变动。②

新注77:《合同法》第91条,被《民法典》第557条继受,内容有变动。③

(二)暂时性抗辩权

暂时性抗辩权能暂时地阻止法院执行请求权,即请求权人提出的给付之诉会被认为暂时性无理而被驳回,又被称为延缓性抗辩权,此种抗辩权的行使不能完全排除对方请求权的效力,仅能在一定期间内暂时地排除对方请求权,使对方请求权在此期间内不能行使。暂时性抗辩权经常发生在债权请求权的行使领域,如先履行抗辩权、先诉抗辩权、不安抗辩权等,其中,就不安抗辩权来讲,应当先履行债务的当事人,有确切证据证明对方当事人存在经营状况严重恶化,转移财产、抽逃资金以逃避债务,丧失商业信誉,有丧失或者可能丧失履行能力的其他情形时,可以中止履行。"不安抗辩权"行使的法律效果是"可以中止履行",并非"终止履行"。当导致不安抗辩权的情形消失后,不安抗辩权也即失去了存续的法律基础,最终导

---

① 《合同法》第52条规定:有下列情形之一的,合同无效:(1)一方以欺诈、胁迫的手段订立合同,损害国家利益;(2)恶意串通,损害国家、集体或者第三人利益;(3)以合法形式掩盖非法目的;(4)损害社会公共利益;(5)违反法律、行政法规的强制性规定。

《民法典》第146条规定:行为人与相对人以虚假的意思表示实施的民事法律行为无效。以虚假的意思表示隐藏的民事法律行为的效力,依照有关法律规定处理。第148条规定:一方以欺诈手段,使对方在违背真实意思的情况下实施的民事法律行为,受欺诈方有权请求人民法院或者仲裁机构予以撤销。第150条规定:一方或者第三人以胁迫手段,使对方在违背真实意思的情况下实施的民事法律行为,受胁迫方有权请求人民法院或者仲裁机构予以撤销。第153条规定:违反法律、行政法规的强制性规定的民事法律行为无效。但是,该强制性规定不导致该民事法律行为无效的除外。违背公序良俗的民事法律行为无效。第154条规定:行为人与相对人恶意串通,损害他人合法权益的民事法律行为无效。

② 《合同法》第53条规定:合同中的下列免责条款无效:(1)造成对方人身伤害的;(2)因故意或者重大过失造成对方财产损失的。

《民法典》第506条规定:合同中的下列免责条款无效:(1)造成对方人身损害的;(2)因故意或者重大过失造成对方财产损失的。

③ 《合同法》第91条规定:有下列情形之一的,合同的权利义务终止:(1)债务已经按照约定履行;(2)合同解除;(3)债务相互抵销;(4)债务人依法将标的物提存;(5)债权人免除债务;(6)债权债务同归于一人;(7)法律规定或者当事人约定终止的其他情形。

《民法典》第557条规定:有下列情形之一的,债权债务终止:(1)债务已经履行;(2)债务相互抵销;(3)债务人依法将标的物提存;(4)债权人免除债务;(5)债权债务同归于一人;(6)法律规定或者当事人约定终止的其他情形。合同解除的,该合同的权利义务关系终止。

致两个结果,其一是对方当事人提供了适当担保,则需恢复履行;其二是对方当事人在合理期间内未恢复履行能力且未提供适当担保,不安抗辩权人即中止履行的一方可以解除合同(转化为永久性抗辩权)。从以上对不安抗辩权的分析中可以看出,法律不允许暂时性抗辩权的永久存在,待特定情形消失后,暂时性抗辩权势必发生转化,即此种抗辩权具有"暂时性"。

(三)限制性抗辩权

限制性抗辩权并不能阻止法院执行请求权,但能导致一个逐步接受抗辩权人应为给付的给付判决。限制性抗辩权的前提是承认对方的请求权,但是,行使限制性抗辩权既不能产生前述的永久性抗辩权的效果,也不能产生暂时性抗辩权的效果,其法律效果是导致法院的给付判决,只不过此种给付判决仅能够支持权利人有限地行使其请求权。限制性抗辩权与永久性抗辩权、暂时性抗辩权的最本质区别是前者有限地支持请求权人的请求权,而后二者则是永久或暂时地排除请求权人的请求权。实践中的留置抗辩权、双务合同不履行抗辩权等①均属此类。除上述限制性抗辩权外,我国《继承法》第 33 条规定的限定继承也属于典型的限制性抗辩权②。

> 新注 78:《继承法》第 33 条,被《民法典》第 1161 条继受,内容有变动。③

为了研究的方便,学者们更多地采用按照作用程度分类的方式,把抗辩(权)分为权利妨碍抗辩、权利消灭抗辩。其中,权利妨碍抗辩,是指妨碍或阻止原告请求权发生效力的抗辩;权利消灭抗辩,是指使请求权消灭的抗辩,这种抗辩,以请求权已经发生效力为前提,但该请求权因为抗辩事由的存在或发生而被消灭。二者的区别在于:前者是阻止权利发生效力,后者则是在承认权利已经发生效力的前提下,因为抗辩事由的存在而使权利归于消灭。例如,先履行抗辩,就是相对人的债权因为相对人没有履行义务而不能发生效力,而债务已经清偿抗辩,则是承认对方的债权已经成立并发生效力,但因为自己已经清偿而归于消灭。为了直观地明示

---

① [德]卡尔·拉伦茨:《德国民法通论》(上),王晓晔等译,法律出版社 2003 年版,第 330 页。
② 《继承法》第 33 条第 1 款规定:"继承遗产应当清偿被继承人依法应当缴纳的税款和债务,缴纳税款和清偿债务以他的遗产实际价值为限。超过遗产实际价值部分,继承人自愿偿还的不在此限。"
③ 《民法典》第 1161 条规定:继承人以所得遗产实际价值为限清偿被继承人依法应当缴纳的税款和债务。超过遗产实际价值部分,继承人自愿偿还的不在此限。继承人放弃继承的,对被继承人依法应当缴纳的税款和债务可以不负清偿责任。

二者的区别,请看下表:

权利妨碍抗辩	无行为能力抗辩	法律行为因系无行为能力人所为而不能发生效力
	限制行为能力未经追认抗辩	法律行为系限制民事行为能力人所为,因未经法定代理人追认而不能发生效力
	合同内容违法抗辩	合同内容因为违反法律规定而无效
	合同内容违反公序良俗抗辩	合同内容因为违反公序良俗而无效
	无权代理抗辩	合同系无权代理人所为,因未被被代理人追认而不能发生效力
	合同不成立抗辩	合同因为未成立而当然不发生效力
	自始客观给付不能抗辩	自始客观给付不能导致合同归于无效
	先诉抗辩	对方未完成先诉行为之前不能对自己提出起诉
	同时履行抗辩	以请求权人未同时履行义务为由拒绝履行自己的义务
	先履行抗辩	以请求权人未先履行义务为由拒绝履行自己的义务
	不安抗辩	以对方出现经济状况恶化丧失或可能丧失履行能力为由拒绝先履行债务
	遗产债务限额抗辩	继承遗产应当缴纳的税款和清偿的债务以遗产的实际价值为限
	时效抗辩	请求权因为时效经过而不能发生胜诉效力
权利消灭抗辩	债务清偿抗辩	债权因为债务人的清偿行为而消灭
	债务免除抗辩	债务因为债权人的免除行为而消灭
	债务混同抗辩	债务因为混同而消灭
	给付不能抗辩	债务因为给付不能而消灭
	提存抗辩	债务因为提存而消灭
	抵销抗辩	债务因为抵销而消灭

四、如何寻找抗辩（权）及其基础规范？

所谓抗辩（权）基础规范即为被告提出抗辩（权）所依据的法律规范。抗辩权尽管是与请求权相对的反对权，但与请求权一样，抗辩（权）最终指向的也是法律规范，此即抗辩（权）的基础规范。法官在审理案件过程中，必须在对抗辩（权）予以识别的前提下，进一步寻找和识别抗辩（权）的基础规范。依照九步法的审判思路，寻找抗辩（权）的基础规范包含以下过程：

（一）审查被告的答辩主张或理由是否明确

抗辩（权）主要是以被告的答辩为载体的，寻找抗辩（权）的基础规范应以审查被告的答辩主张和理由是否明确为切入点。被告答辩主张或理由不明确、不完整的，法官可以进行必要的释明，引导和促使被告对原告提出的诉讼请求、法律关系性质、事实等重要主张，作出针对性的答辩。明确被告的答辩主张和理由，能够促使被告的答辩与原告的诉讼主张形成交锋，有利于法院归纳整理争议焦点，明确案件审理的方向。因此，被告答辩意见含糊不清的，法院应当予以释明，引导被告进行答辩。答辩的种类分为两种，一为含抗辩的答辩，一为不含抗辩的答辩（如仅仅针对原告请求权所依据的事实要件作出的否认）。由于当事人法律知识的多寡以及法律意识的差异，被告在答辩过程中常常无法表明是否认还是抗辩，或者二者兼而有之。例如，原告诉请被告返还欠款，被告在否认欠款事实的同时，称自己无经济能力，无法还款。对此法院应当进行释明，要求被告确认究竟是否认欠款事实，还是承认欠款事实只是暂时无力还款。又如，被告只针对原告的诉讼主体资格进行抗辩，对于原告提出的欠款事实，答辩未明确提及，此时，不能简单认定被告对欠款事实无答辩，应询问并要求被告作出明确答辩意见。

（二）识别被告在答辩中是否提出抗辩（权）或是否有抗辩之意

正如本讲前面的图表表明，并非所有的被告都会答辩，并非所有答辩中都包括抗辩或抗辩权。有许多案件都是不包含抗辩的。在被告未提出抗辩的情况下（如被告只是单纯否认），就不存在寻找抗辩（权）规范的问题。如果被告的答辩包含抗辩（包括在否认的答辩中，经法官释明后被告提出的抗辩），则需进行抗辩以及抗辩（权）的审查与基础规范检索。

比如，原告起诉要求被告给付拖欠的租金，被告说根本没有租过原告的房屋。此时，应注意被告所提出的仅仅是一个否认，不存在寻找抗辩（权）基础规范的问题。又如，原告起诉要求被告给付拖欠的租金，被告说其不付租金是因为原告未尽房屋的修缮义务，致使被告无法正常使用房屋。此时，被告所提出的实际上是原告违约在先的抗辩。再如，原告起诉要求被告返还借款，被告答辩称自己已经归还。

此时,法官应当意识到被告所提出的实际上是一个权利消灭抗辩。

（三）抗辩（权）特定化

被告在提出抗辩（权）时,可以从多个角度进行抗辩。这是因为抗辩（权）具有多重性。例如,原告请求返还借款,被告可以抗辩称原告的借款系无效借款,这时,他提出的是无效抗辩;可以抗辩称已经归还了,这时,他提出的是权利消灭抗辩;可以辩称原告尚未满足所附还款条件,这时,他提出的是附条件抗辩;还可以抗辩称原告债权已经超过诉讼时效,这时,他提出的是时效抗辩。并且,值得注意的是,被告也可能同时提出这些抗辩。

法官在审理案件的时候,一要特别注意识别被告提出的抗辩（权）到底是什么,这些抗辩（权）的性质和内容是什么,其目的是使抗辩（权）特定化;二要特别注意识别被告提出了哪些抗辩（权）,具体有几个。被告提出的抗辩（权）,如果模棱两可,法官应当要求被告予以明确,如果被告无法明确,法官还要辅之以必要的法律释明。

（四）检索抗辩（权）所指向的具体法律规范

被告提出实体法上抗辩（权）的,法院应当确定该抗辩（权）所指向的法律规范。如若被告的答辩包含了实体法上的抗辩,法院应当找到各项抗辩所对应的具体法律条文。例如,被告在抗辩中提出,债务因抵销而消灭,那我们就应当找到《合同法》关于债务抵销的那个法律条文作为抗辩（权）基础规范,以审查抗辩理由是否成立。再如,被告提出同时履行抗辩（权）的,应当检索《合同法》相应的法律条文作为同时履行抗辩（权）的基础规范。在审查被告提出的抗辩（权）时,应以抗辩（权）的分类为基础,分别找到抗辩所从属的抗辩（权）类别,再依据此抗辩（权）种类找到抗辩（权）所指向的法律条文,审查此种法律条文是否与对方的请求权基础规范相对立,是否能够永久或者暂时地排除对方的请求权,或者能够有效地限制对方请求权的行使,以确定被告的抗辩是否成立,是否形成针对原告请求的有效对抗。

（五）注意抗辩（权）基础规范的基本形态

第一种形态——独立形态,即表现为独立的法律条文。有些抗辩（权）基础规范以完整的假定条件、行为模式和法律后果的完整形态表现出来。例如,关于合同解除权的行使,《合同法》第95条规定:法律规定或者当事人约定解除权行使期限,期限届满当事人不行使的,该权利消灭。这个条文就是以完整的法律规范构成要件的形式成为当事人一方对抗合同解除之诉求的抗辩（权）基础规范。此种抗辩（权）基础规范在债权请求权、物权请求权的抗辩领域以及时效抗辩等领域大量存在,不胜枚举。

> 新注 79：《合同法》第 95 条，被《民法典》第 564 条继受，内容有变化。①

第二种形态——分散形态，即抗辩（权）基础规范以多个规范性条文存在，且不局限于同一部法律文件中。例如，原告开发商起诉被告购房人要求给付房屋买卖价款，被告抗辩称房屋买卖合同系无效合同。在商品房买卖领域，涉及商品房买卖合同无效抗辩的法律基础，除了要检索商品房买卖合同效力的特殊基础规范，如《最高人民法院关于审理商品房买卖合同纠纷案件适用法律若干问题的解释》外，还要检索《合同法》中关于合同效力认定的一般性规范（如《合同法》第 52 条）。以上依据共同成为被告方得以对抗原告方商品房买卖合同无效的抗辩（权）基础规范。

> 新注 80：《合同法》第 52 条，被《民法典》第 146 条、第 148 条、第 150 条、第 153 条、第 154 条继受，内容有变动。②

第三种形态——混合形态，即抗辩（权）基础规范与请求权基础规范混合在同一个法律条文中。此时，抗辩（权）基础规范与请求权基础规范以直接的对抗性同时出现在同一法律条文中，并多以"但书""除……之外"等条款形式体现。例如，《合同法》第 110 条规定："当事人一方不履行非金钱债务或者履行非金钱债务不符合约定的，对方可以要求履行……"此即构成一方当事人请求另一方当事人实际

---

①　《合同法》第 95 条规定：法律规定或者当事人约定解除权行使期限，期限届满当事人不行使的，该权利消灭。法律没有规定或者当事人没有约定解除权行使期限，经对方催告后在合理期限内不行使的，该权利消灭。

《民法典》第 564 条规定：法律规定或者当事人约定解除权行使期限，期限届满当事人不行使的，该权利消灭。法律没有规定或者当事人没有约定解除权行使期限，自解除权人知道或者应当知道解除事由之日起一年内不行使，或者经对方催告后在合理期限内不行使的，该权利消灭。

②　《合同法》第 52 条规定：有下列情形之一的，合同无效：(1) 一方以欺诈、胁迫的手段订立合同，损害国家利益；(2) 恶意串通，损害国家、集体或者第三人利益；(3) 以合法形式掩盖非法目的；(4) 损害社会公共利益；(5) 违反法律、行政法规的强制性规定。

《民法典》第 146 条规定：行为人与相对人以虚假的意思表示实施的民事法律行为无效。以虚假的意思表示隐藏的民事法律行为的效力，依照有关法律规定处理。第 148 条规定：一方以欺诈手段，使对方在违背真实意思的情况下实施的民事法律行为，受欺诈方有权请求人民法院或者仲裁机构予以撤销。第 150 条规定：一方或者第三人以胁迫手段，使对方在违背真实意思的情况下实施的民事法律行为，受胁迫方有权请求人民法院或者仲裁机构予以撤销。第 153 条规定：违反法律、行政法规的强制性规定的民事法律行为无效。但是，该强制性规定不导致该民事法律行为无效的除外。违背公序良俗的民事法律行为无效。第 154 条规定：行为人与相对人恶意串通，损害他人合法权益的民事法律行为无效。

履行的权利基础规范,而其最直接的对抗则是依据此条后半段但书条款的抗辩,即出现"法律上或者事实上不能履行、债务的标的不适于强制履行或者履行费用过高、债权人在合理期限内未要求履行"情形之一的,则可以对抗对方的实际履行诉请。此种抗辩(权)基础规范多存在于民商事债权领域、物权领域以及继承领域,在此,不进行逐一列举。

> 新注81:《合同法》第110条,被《民法典》第580条继受,内容有变动。①

在寻找到被告的抗辩(权)基础规范后,接下来的工作是要对抗辩(权)基础规范进行分析。抗辩(权)的构成有其相应的要件,对抗辩(权)基础规范的分析也需以构成要件的分析为基础。详见下一章"基础规范构成要件分析"。

---

① 《合同法》第110条规定:当事人一方不履行非金钱债务或者履行非金钱债务不符合约定的,对方可以要求履行,但有下列情形之一的除外:(1)法律上或者事实上不能履行;(2)债务的标的不适于强制履行或者履行费用过高;(3)债权人在合理期限内未要求履行。

《民法典》第580条规定:当事人一方不履行非金钱债务或者履行非金钱债务不符合约定的,对方可以请求履行,但是有下列情形之一的除外:(1)法律上或者事实上不能履行;(2)债务的标的不适于强制履行或者履行费用过高;(3)债权人在合理期限内未请求履行。有前款规定的除外情形之一,致使不能实现合同目的的,人民法院或者仲裁机构可以根据当事人的请求终止合同权利义务关系,但是不影响违约责任的承担。

第八章　要件审判九步法第四步

——基础规范构成要件分析

法院找到权利请求基础规范及对立规范后,应当按照法律规范的逻辑对基础规范的构成要件进行分析。

一、分析基础规范构成要件有什么作用?

所谓基础规范构成要件分析,是指对支持原告诉讼请求及被告提出的抗辩(权)理由的基础规范进行分析,从中梳理出法律条文构成要件的过程。分析基础规范构成要件,具有以下作用:

(一)法律规范构成要件能够帮助确立当事人的主张责任

什么是主张责任? 所谓主张责任是指当事人为获得有利裁判,而向法院提出于己有利的事实和利益的根据的责任。按照大陆法系通说,当事人必须就对自己有利的要件事实加以主张,否则,法院就不能适用基础规范支持他的诉讼请求。这种责任就被称为主张责任。与其说主张责任是一种"责任",不如说是一种风险或不利益。当事人未完成主张责任,会导致败诉的后果。也就是说,当事人未主张的要件事实,法院就不得以之作为判决的基础。或者说,能够作为法院判决基础的要件事实,必须在当事人的辩论中出现。① (当然,各国基本上都要求法官加以适当的引导和释明,避免不具有法律常识的当事人稀里糊涂地败诉。)

主张责任在法律上具有非常重要的作用。只有确立起主张责任才有可能促使当事人及时提出自己的主张。而当事人及时提出主张,有利于对方当事人及时作出回应,从而促进争点尽早形成,一则有利于提高诉讼效率,二则有利于争点清晰。

当事人在民事诉讼中对负有证明责任的要件事实若不加以主张,便有受到法院不利裁判的危险。和证明责任一样,主张责任也可分为主观的主张责任和客观的主张责任,前者是指当事人在诉讼发生的初始阶段为法院确定审

---

① 参见许可:《民事审判方法——要件事实引论》,法律出版社 2009 年版,第 115 页。

理对象以及形成明确的争点有提出具体事实主张的必要性,或者因未能提出或者未能适当提出事实主张造成不利益的风险负担。后者是指在诉讼终结时,法院发现因某种事实主张的欠缺或遗漏而将此所产生的不利益判归其中一方当事人承受的风险负担。

从主张责任与证明责任两者的关系来看,两者存在形式上的对应性与本质上的关联性。按照时间发展的顺序以及先后的逻辑关系,主张责任均在证明责任发生之前提出。只有当一方当事人提出有利于自己的事实主张,并且为对方争执时才产生证明责任的问题。因此,只是一方当事人提出对其有利的事实主张,并不必然会产生证明责任的问题,它还取决于对方当事人是否对该事实主张予以争执;相对一方当事人一旦予以争执,就表明该相对一方当事人有不同或者相反的事实主张,从而导致提出主张的一方当事人承担证明责任。

当事人的主张具有如下作用:

首先,当事人的主张是诉讼成立之要件。根据《民事诉讼法》第 108 条的规定,起诉必须有具体的诉讼请求和事实、理由。这里所说的"事实、理由",实际上就是当事人的诉讼主张。各国法律都要求当事人在提起诉讼时,必须具有相应的诉讼主张,也就是必须把自己的诉讼建立在相应的事实和理由基础上。没有主张的诉讼,是无法成为诉讼的。当事人只有提出了主张才使诉讼成为可能。

> 新注82:《民事诉讼法》第 108 条,被 2017 年修正的《民事诉讼法》第 119 条继受。①

其次,当事人的主张是法院审理和裁判的基础。根据辩论主义的基本原则要求,法官裁判应当以当事人主张的要件事实为基础。当事人未主张的事实,不得作为裁判基础(当然,这并不排除法官为必要之法律释明)。那些构成诉讼所必需的全部事实,必须被主张。对当事人之间无争议的事实,法官在判决中一般应当予以认定(除非有损国家、集体或第三方利益)。在这个问题上,实践中比较常见的是当事人对自己应当主张哪些事实不清楚,在诉讼中就可能出现两种倾向,一是法官

---

① 《民事诉讼法》(2007 年修正)第 108 条规定:起诉必须符合下列条件:(1)原告是与本案有直接利害关系的公民、法人和其他组织;(2)有明确的被告;(3)有具体的诉讼请求和事实、理由;(4)属于人民法院受理民事诉讼的范围和受诉人民法院管辖。

《民事诉讼法》(2017 年修正)第 119 条规定:起诉必须符合下列条件:(1)原告是与本案有直接利害关系的公民、法人和其他组织;(2)有明确的被告;(3)有具体的诉讼请求和事实、理由;(4)属于人民法院受理民事诉讼的范围和受诉人民法院管辖。

听之任之,你没主张我就不审查,也不主动调查或加以适当引导,结果一些该赢的当事人稀里糊涂输了官司;二是法官包办代替,把当事人如何主张弃于一旁,本应由当事人自己主张、举证的事实,统统由法官自己来完成,甚至出现法官认定事实与当事人主张的事实不一致,法官根据当事人未主张的事实作出裁判的现象。两种做法都有其弊端。

最后,当事人的主张直接决定其提供证据的范围。《民事诉讼法》第 64 条第 1 款规定,当事人对自己提出的主张,有责任提供证据。《证据规定》第 2 条规定,当事人对自己提出的诉讼请求所依据的事实或者反驳对方诉讼请求所依据的事实有责任提供证据加以证明。因此,每个当事人对于自己提出的诉讼请求或提出的抗辩的基础规范的构成要件事实,应当加以主张,并在真伪不明的情况下承担证明责任。证明责任的分配是与主张这一概念密切相关的。

新注 83:《民事诉讼法》第 64 条,被 2017 年修正的《民事诉讼法》第 64 条继受。①

新注 84:《证据规定》第 2 条,2019 年修正的《证据规定》没有保留该规定,该条被《最高人民法院关于适用〈中华人民共和国民事诉讼法〉的解释》第 90 条继受,内容有变动。②

(二)分析出法律规范构成要件有利于解决证明责任的分配问题

我们现在一些法官不会分配举证责任。有的法官一直到今天还在告诉当事人"谁主张,谁举证",要求提出主张的当事人举证。其实这里面隐藏了我们对举证

---

① 《民事诉讼法》(2007 年修正)第 64 条规定:当事人对自己提出的主张,有责任提供证据。当事人及其诉讼代理人因客观原因不能自行收集的证据,或者人民法院认为审理案件需要的证据,人民法院应当调查收集。人民法院应当按照法定程序,全面地、客观地审查核实证据。

《民事诉讼法》(2017 年修正)第 64 条规定:当事人对自己提出的主张,有责任提供证据。当事人及其诉讼代理人因客观原因不能自行收集的证据,或者人民法院认为审理案件需要的证据,人民法院应当调查收集。人民法院应当按照法定程序,全面地、客观地审查核实证据。

② 《证据规定》(2001 年)第 2 条规定:当事人对自己提出的诉讼请求所依据的事实或者反驳对方诉讼请求所依据的事实有责任提供证据加以证明。没有证据或者证据不足以证明当事人的事实主张的,由负有举证责任的当事人承担不利后果。

《最高人民法院关于适用〈中华人民共和国民事诉讼法〉的解释》第 90 条规定:当事人对自己提出的诉讼请求所依据的事实或者反驳对方诉讼请求所依据的事实,应当提供证据加以证明,但法律另有规定的除外。在作出判决前,当事人未能提供证据或者证据不足以证明其事实主张的,由负有举证证明责任的当事人承担不利的后果。

责任分配规则理解上的重大误区。为什么这么说呢？"谁主张，谁举证"这一说法来源于《民事诉讼法》第64条。我们的法官是如何理解这一说法的呢？其一，把举证责任分配给提出主张的一方当事人；其二，要求提出主张的当事人承担证据提出责任。这两个方面的理解都不全面。"谁主张，谁举证"这一表述方式不太科学，主要源于两个概念的不清晰——"主张"和"举证"的含义不明。何谓"主张"？至今法学界尚无清晰的界定，其内涵和外延均不十分明确，许多人对此也迷惑不解。曾经有一次我在法学院讲课，有一位同学问道，如果原告起诉被告，要求被告返还借款，被告称未借款。那么原告提出了被告借了钱的主张，这是一个主张，按照"谁主张，谁举证"的说法，原告应当承担举证责任，但是，被告称自己未曾借款，这是不是也是个主张？是不是也要承担举证责任？当时同学们哄堂大笑。但是我认为，这位同学这个问题问得非常好。他直接问出了"谁主张，谁举证"这一说法中"主张"到底应当作何理解的问题。在民事诉讼法上，主张可以分为积极主张和消极主张，如罗马法上流传千年之久的"肯定者承担举证责任，否定者不承担举证责任"的著名法谚，就是将主张作了肯定与否定之划分。而"谁主张，谁举证"这一说法中的"主张"并未言明到底是指何种含义。实践中，案情稍一复杂以后，就出现了不区分肯定主张与否定主张来分配举证责任的情形。① 何谓"举证"？举证责任包括两层含义：一为结果意义上的举证责任，即案件事实真伪不明时的风险分配；二为行为意义上的举证责任，亦即证据提出责任或提交证据责任。这两层含义是在不同的条件下适用的。其内容完全不一致，要求也完全不一致。这种含义不界定清楚，就会给案件处理带来严重后果。例如，原告主张被告违约，则按照"谁主张，谁举证"这一说法，原告必须为其提出的"被告违约"这一主张举证。实践中，我们多数人把"举证"理解为证据提出责任（或示证责任），也就是要求原告举出能够证明其主张的证据，比如前述"被告违约"的主张，假如被告的违约行为是未交货，则原告须举证证明被告未交货，但稍有法律常识的人都知道要求一个人去证明他人未干过什么事情是非常困难的。实践中，我们许多人正是在这层意义上理解"谁主张，谁举证"这一含义的。由此可以看出，"谁主张，谁举证"这一说法从一开始就隐含了两个误区。第一个误区是没有对主张作肯定和否定之分。同一事实可能同时分配给双方当事人承担举证责任，而结果意义上的举证责任显然是不能同时由双方承担的。行为意义上的举证责任亦只能由证据的占有情况或根据证据存在的实际状况来分配，不能根据主张主体来进行分配。第二个误区则是不区分结果意

---

① 指我国尚未采纳罗森贝克法律规范要件分类说之前以及《证据规定》出台后保留的待证事实说的情况。

义上的举证责任和行为意义上的举证责任,于是便会出现混淆事实真伪不明的风险与证据提交责任之间界限的情况。这两个误区直接导致许多人简单化地理解举证责任分配规则,在适用上发生不少错误。

新注85:《民事诉讼法》第64条,被2017年修正的《民事诉讼法》第64条继受。①

关于举证责任分配的理论,学说众多,令人眼花缭乱。我们可以进行分类简化,把所有的举证责任分配规则分为两大阵营,一是以待证事实作为举证责任分配依据的阵营,二是以法律规范作为举证责任分配依据的阵营。形形色色的举证责任分配理论,最后都会在两大阵营里面找到自己的位置。

所谓待证事实,就是等待要证明的事实。以待证事实作为举证责任分配的依据,主要是根据待证事实的性质来分配举证责任。待证事实的性质可以分为很多种,比如,积极事实和消极事实(或称肯定事实和否定事实)、主观事实和客观事实(或称内界事实和外界事实)等等。罗马法法谚"肯定者承担举证责任,否定者不承担举证责任",就是待证事实说的经典理论。这一理论沿袭超过千年,具有强大的生命力,至今仍在发挥作用。这条法谚的意思是,主张肯定事实(积极事实)的当事人承担举证责任,主张否定性事实(消极事实)的当事人不承担举证责任。比如,原告起诉被告要求被告返还借款。被告称从未向原告借过款。在这个典型范式中,原告主张被告向其借过款,是一个肯定性事实主张,所以,原告要承担举证责任,而被告主张自己从未向原告借过款,是一个否定性事实主张,所以,被告无须承担举证责任。

待证事实说有它的优势和生命力。其凸显的价值是根据证明的难易程度,着重解决举证上的实质公平问题。但待证事实说也存在明显的缺陷,生活中的待证事实纷繁复杂,以一种单一的理论来划分那么多性质不同的待证事实,实际上是非常困难的,以肯定事实说为例,就有两个明显缺陷:第一,抽象概念、主观性事实不能简单地划分为肯定事实与否定事实。比如说善意和恶意,不能简单地分配,不能

---

① 《民事诉讼法》(2007年修正)第64条规定:当事人对自己提出的主张,有责任提供证据。当事人及其诉讼代理人因客观原因不能自行收集的证据,或者人民法院认为审理案件需要的证据,人民法院应当调查收集。人民法院应当按照法定程序,全面地、客观地审查核实证据。

《民事诉讼法》(2017年修正)第64条规定:当事人对自己提出的主张,有责任提供证据。当事人及其诉讼代理人因客观原因不能自行收集的证据,或者人民法院认为审理案件需要的证据,人民法院应当调查收集。人民法院应当按照法定程序,全面地、客观地审查核实证据。

说善意就是肯定的,恶意就是否定的。第二,有些概念可以同时以肯定和否定的方式来表达,肯定和否定的表达会发生混淆。"违约"是肯定性表达,"不履行"就是否定性表达,而这实际是指同一种情况。对同一种情况怎么可能既是肯定又是否定的呢?

遇到这种情况,肯定事实说就露出了相应的破绽。于是学者们开始提出主观事实(或内界事实)说或客观事实(或外界事实)说等。这些学说亦不可避免地会有不同的缺陷。其根源在于现实世界千变万化,事物的形态和属性丰富多层,很难用一种方法去概括所有事物的性质。这样,为了实现理论突破,从一种新视角把举证责任分配理论从上述困境中解救出来,学者开始把眼光投向法律规范,到法律规范中去寻找举证责任分配规则,即法律规范要件分类说。

根据法律规范要件分类说,凡主张权利或法律关系存在的当事人,只需对产生权利或法律关系的特别要件事实(如订立合同、立有遗嘱、存在构成侵权责任的事实等)负举证责任,阻碍权利或法律关系发生的事实(如行为人无相应民事行为能力、欺诈、胁迫等)则作为一般要件事实,由否认权利或法律关系存在的对方当事人负举证责任;凡主张已发生的权利或法律关系变更或消灭的当事人,只需就存在变更或消灭的特别要件事实(如变更合同的补充协议、修改遗嘱、债务的免除等)负举证责任,一般要件事实的存在由否认变更或消灭的对方当事人负举证责任。凡主张权利受限制的当事人应对排除权利行使的事实负举证责任。因此,法律规范要件分类说将当事人主张的权利事实分为权利成立、变更、限制或消灭四类,其实质都属于有利于自己的积极主张事实,而对简单的否认不要求承担证明责任。法律规范要件分类说从法律规范中寻找举证责任分配规则的优点在于把举证责任形式化了。从理论上讲,凡起诉必有权利请求,有权利请求则必有法律条文,有法律条文则必有构成要件,有构成要件,举证责任就可以分配了。因而,该理论从其产生开始,就立即获得了普遍认可。

但是这种分配方法同样存在着缺陷,容易导致实质上的不公平。例如,原告起诉被告违约,我们可以很清楚地发现关于违约的法律条文是原告的请求权基础,故原告必须对该法律条文的构成要件承担举证责任。其中"被告违约"这一要件亦须由原告承担举证责任,显然,让原告承担未履行合同的证明责任是不公平、不合理的。类似的问题还可能发生在不当得利的证明领域,其中,"无法律上的原因"这一要件须由原告承担证明责任,显然也并不合理。正是由于其存在这些缺陷,我国的《证据规定》并未完全照抄法律规范要件分类说的观点,而是进行了一定程度的改造。可以说,法律规范要件分类说过于注重形式,并可能导致在一些个案中出现不公正现象,如果将其适用于一些特殊情况的案件,将不利于当事人权利的救济。因此,在我国民事诉讼中,可将利益衡量说作为证明责任分配原则的补充,对法律规范要件分类说进行修正。作为利益衡量的参考要素主要有:公平、证据距离、经验规则、诚信原则等。利益衡量说在一定程度上能够克服法律规范要件分类说固有的机械性所带来的不适应法律发展和社会发展需要的缺点。

从上述分析中我们可以看出,要件分析方法是我们现行举证责任分配的基础性方法,不进行要件分析,就不可能正确适用举证责任分配规则。

（三）分析法律规范构成要件有利于解决举证时限制度的客体问题

要件事实有利于我们确定举证时限制度的客体。为什么这么讲? 笔者在上海某基层法院旁听一件民事案件,原告起诉被告要求被告承担合同责任。在证据交换的时候,原告提出了十一套单据作为证据,被告看了原告这些证据,诡秘地笑了笑,回去了。到开庭的时候,举证时限超过了。开庭的时候,被告开始答辩了,"前十套单据我都认可,法官,第十一套单据我不认可;为什么不认可,因为第十一套单据上的图章是伪造的;为什么是伪造的,因为前十套单据上的图章和我答辩状上的图章是一致的,最后一套单据图章比我们公司的真实的图章要小一圈"。当时从证据上来看图章确实小一圈,不用鉴定就知道了。然而,话音未落,原告马上从自己的公文包里拿出一张函来,是被告的法定代表人的手写签名章,然后加盖了第十一套单证上面的图章的这么一个函。被告自己忘记了,他写过这么一个东西,用了这枚图章寄过来。结果原告当庭从公文包里拿出来,认为这枚图章证明力很高,被告的法定代表人在上面加写了签名。接下来被告在法庭上就做了这样一个抗辩:"根据证据规定,你现在举证时限超过了,所以我拒绝质证。"法官看了看,这个图章太真实了,告诉被告"你必须质证"。被告就说:"你违反《证据规定》的规定,超过举证时限还让我质证,我有权拒绝质证。"法官与被告就在法庭上发生了争执。问题出在哪? 就在于举证时限制度的客体。我国《证据规定》的举证时限制度没有明确客体。在客体上,根据任何一个国家证据规则的规定,举证时限制度只能适用于既有的事实主张,换句话说,在起诉和答辩的时候,只能是针对要件事实的主张。没有必要也不可能将举证要求延伸到所有的事实。比如说要证明意思表示存在,当事人必须把合同拿出来进行举证,只拿到这个地方就可以了。然后如需要证明合同是真实的,当事人还有函、有传真,甚至可能有鉴定依据、有鉴定部门的证据,还有证人证言,等等,从而源源不断地有证据延伸下去。但不可能也没必要在一次诉讼的时候把所有证明链条的所有事实的证据都拿出来,这样做是低效率的,也是不公平的,尤其会过多地加大当事人的证明负担,是不可取的。所以全世界的诉讼法证据规则都只要求按照主张责任来确立证明的责任。而且,从理论上讲,被告没有提出异议的证据,严格来说原告不需要提供证据。当然我们国家没有采用默示推定。我们国家采用的是明示自认规则,没有采用默示自认规则。拟制自认我们国家不认可,目前还没有采用默示自认的规则。因此,在确定举证时限客体时,确定要件事实起到非常关键的作用,必须析解出来。所以从上述案件来看,原告在庭审时提出的那份函件,属于新的要件事实证据,应当要采纳的。法官可以理直气壮地告诉被告,在证据交换时你没有提出这份协议是假的,所以你当庭提出属于是一个新的事实主张,针对你新的事实主张,对方当然有举证的权利,获得新的举证时限。谁让你早不提的?理直气壮,而不是我就违法了你怎么着。法官不能靠这种朴素的正义观来判案子,还得靠我们的水平。当法官把道理说清楚以后,当事人没话可说了。所以,我们要把要件事实主张弄清楚。由此可见分析要件事实在审判实践中的作用是非常强大的。

（四）分析法律规范构成要件有利于解决既判力客观范围的判断问题

既判力问题也是我们民事诉讼法上一个非常棘手的问题。民事判决的既判力,是指确定判决之判断被赋予的一种拘束力,具有既判力的判断成为规制双方当事人今后法律关系的规范,不允许对该判断再起争执。当双方当事人对同一事项再度发生争执时,不允许当事人提出与此相矛盾的主张,当事人也不能对该判断进行争议,法院也不能作出与之相矛盾或抵触的判断。简言之,不允许对该判断再起争执的效力就是既判力。而对既判力所涵盖范围进行的限定,就是既判力的范围。既判力的作用主要涉及两方面:一是前诉确定判决能够在多大范围遮断后诉的请求和主张,此即既判力的客观范围（又称物的界限或物的范围）,二是何种范围内的主体要受到判决既判力的拘束,此即既判力的主观范围（又称主体范围或人的范围）。

什么叫既判力的主观范围?既判力的主观范围是指前后两个案件当事人主体相同的情况下,才发生既判力。主体不同的情况下,原则上不发生既判力问题。比如说,唐某和张某发生诉讼纠纷,他们俩跑到法院去,张某起诉要求法院确认这个电脑归张某所有。在诉讼过程中,两个人一唱一和。张某说电脑是他的,唐某说对,是他的。实际上电脑是第三人所有的,但是第三人没有参加这个诉讼。随之而产生的问题是那个判决对第三人发生效力吗?按照既判力主观范围的基本原理,判决对第三人不发生法律效力,判决只对唐某和张某发生法律效力。当然,确权之诉因为有其特殊性,某种意义上讲,它会产生一定的对抗性。所以可能会损害到第三人的利益。因此,国外衍生发展出来另外一个诉讼形式,叫第三人异议之诉。我国则有第三人参加之诉解决这个问题,如上述案件,第三人发现唐某、张某在法院诉讼争夺第三人的电脑,为维护自己的利益,第三人可以以自己的名义请求加入该诉讼。第三人参加诉讼如果不成立,唐某、张某再争;如果成立了,他们俩就不用诉了。但是这个方法亦存在一定问题。如在上述这类案件中,原被告诉讼往往是串通好的,而且是秘密、迅速地进行诉讼并很有可能很快发生法律效力。出现这种情况该如何解决? 我们国家没有第三人异议之诉,该如何解决上述情况? 一般来说,要通过申诉来解决。当然,通过申诉解决,程序仍然比较烦琐,需要第三人提出申诉,最后由法院院长主动发现问题来解决。但是如果按照主观既判力,原被告的诉讼原则上不延伸到第三人,不适用于第三人,这个问题就很容易解决。原被告间的诉讼对第三人不发生约束力,而且我国对前后一致的判决要求特别高。《证据规则》第 9 条第 1 款第 4 项规定已经为人民法院生效判决裁定所确认的事实,如果当事人有相反证据足以推翻的,人民法院可以推翻。但根据上述规定,前述案件中第三人如要起诉唐某、张某,唐某、张某不需要承担举证责任,而是由第三人承担举证责任。所以我们的法律制度中有缺陷,我们既判力的主观范围没有给它理清楚。包括前面我们讲的前案判决对后案判决,或者反过来也是一样,涉及第三人利益的诉讼,总而言之容易出现这个问题。

什么叫既判力的客观范围? 既判力的客观范围指的是前案判决中对后案判决具有拘束力的事项。[①] 从既判力的客观范围看,一个判决中的事实,可以分为三个层面,一是判决书主文包含的事实;二是要件事实;三是延伸性事实或辅助性事实。各国立法目前普遍承认有既判力的只有判决书主文中所包含的事实。对于要件事实和延伸性事实,各国立法为了确保诉讼效率,都在诉讼法领域确立了促进自认原则,以避免当事人在细枝末节的事实上纠缠,所以原则上不赋予要件事实和延伸性事实以预决既判力(注意是在主观范围相同的情况下,即前后两个案件当事人相同的情况下)。因此,前案判决认定的事实中,不是所有事实都能适用于后案判决。当然各国在法理学层面对这个问题进行了更加深入的研究与分析,如日本的争点效理论。这些理论都是以要件事实为核心展开的。所以,要件事实的概念及区分对于既判力的判断与研究具有重要价值。

根据《证据规定》第 9 条第 1 款第 4 项的规定,已为人民法院生效判决裁定所认定的事实,当事人有相反证据足以推翻的,可以推翻。这条规定未区分既判力的主观范围,同时亦未明确既判力的客观范围。这样就容易出现一些存疑案件。

[案例一]甲股东起诉乙公司要求确认出资关系已经成立,由于当事人只有甲股东与乙公司,二者达成了某种默契,乙公司对甲股东出资这节事实作了自认,法院因此在判决书中对该节事实作出了认定。

[案例二]案例一判决后,乙公司和股东甲在与乙公司的债权人丙的出资不到

---

① 刘青峰:《司法判决效力研究》,法律出版社 2006 年版,第 139 页。

位而引起的人格否认之诉中,丙认为甲出资不到位,要求甲承担责任。由于案例一中判决书的存在,甲出资到位的事实已经成为已决事实,故欲推翻该节事实,前提是"有充分证据足以推翻"。但丙却很难收集到足够的证据去推翻这一事实。

案例二为什么会发生呢? 问题出在两个层面:一是没有确立既判力的主观范围。在既判力的主观范围问题上,世界各国采取的立场基本上是一致的,即原则上不赋予其既判力,只有少数几种例外情况才赋予其既判力。这样做的目的是保护当事人的权利,防止当事人恶意串通诉讼,利用自认规则确立对第三人不利的事实。由于第三人未参加诉讼,不能对当事人的诉讼进行对抗,所以,如果赋予在先判决裁定以过强的拘束力就有可能会损害案外人的权利。例如,经常有当事人到仲裁机构或法院进行房屋或股权确权,然后以确权判决或裁决来对抗申请执行人。二是没有确立既判力的客观范围。由于《证据规定》第9条第1款第4项的这条规定,即允许任何在先判决发生预决事实的既判力,从而可能给后案当事人造成严重损害。

> 新注86:《证据规定》第 9 条第 1 款第 4 项,被 2019 年修正的《证据规定》第 10 条第 1 款第 6 项继受,内容有变化。①

(五)分析法律规范构成要件有利于法官进行争点整理

实践中,我们有的法官不知道如何进行争点整理,有的不作争点整理,有的争点整理不当,有的归纳争点过大,如"双方争点在于哪一方当事人应当胜诉",有的归纳争点过细,如在一起逾期违约责任的诉讼中,法官归纳出"系争传真件是否真实""证人××的证言是否真实"等八个争点,即属争点过于琐碎,不能起到争点整理的聚焦作用。之所以会出现这种情况,主要原因在于争点整理的基本单位不清楚。其实,争点整理应当以要件事实为单位。如果系要件事实的构成要件(次级要件)有争议,亦可将次级要件作为争点整理的基本单位。关于这个问题,我们在争点整理一章中再作详细分析。

---

① 《证据规定》(2001 年)第 9 条规定:下列事实,当事人无需举证证明:……(4)已为人民法院发生法律效力的裁判所确认的事实;……
《证据规定》(2019 年修正)第 10 条规定:下列事实,当事人无须举证证明:……(6)已为人民法院发生法律效力的裁判所确认的基本事实;……

二、与主张责任有关的几个问题

（一）主张的形式——积极主张和消极主张

主张可以以肯定的形式提出，这就是所谓的积极主张或肯定性主张；也可以以否认的形式出现，这就是所谓的消极主张或否定性主张。积极主张可以成为主张，我们通常都不会有太多疑问，但消极主张或否定性主张亦可成为主张，就可能会产生一些疑问。比如，我国《民事诉讼法》第64条第1款规定："当事人对自己提出的主张，有责任提供证据。"但这里并未区分积极主张和消极主张，从而造成了实践中适用上的混乱。罗马法上的法谚，"肯定者承担举证责任，否定者不承担举证责任"，实际上就是把主张分成了肯定主张和否定主张。

> 新注87：《民事诉讼法》第64条第1款，被2017年修正的《民事诉讼法》第64条第1款继受。①

事实上，诉讼法上还有一种特殊形式的诉讼，叫作消极确认之诉，也就是当事人请求确认自己与对方当事人之间不存在法律关系或者不存在某种具体的法律关系。例如，当事人请求确认自己并非某公司股东，即是比较典型的消极确认之诉。这种诉讼形式，就是以一个比较典型的消极主张为基本出发点的。

（二）主张共通原则在实践中的运用

在法庭上，我们经常会遇到这种情况，应当由一方当事人提出来的主张，可是因为这一方当事人不懂法律，并未提出相应的主张，但对方当事人在辩论中却提出来了。这种情况应该怎么办？许可先生曾经举过一个非常好的例子：原告要求被告履行合同债务，原告主张该合同不存在欺诈，而被告则主张该合同存在重大误解，但并未主张合同存在欺诈。法院经过审理以后发现该合同不构成重大误解但构成欺诈。这个时候，法官能不能把欺诈作为判决的基础呢？② 关于这个问题，我们决不能机械地理解主张责任。从大陆法系的理论和实践的情况来看，各国为了避免因为某些程序上的欠缺而导致判决背离实体公正，逐渐发展出来了主张共通原则，即只要有一方当事人提出了相关要件事实主张，法院就可以把这一主张视为本案中的相关事实主张。也就是说，一方当事人承担主张责任的主张，即使未提出

---

① 《民事诉讼法》（2007年修正）第64条规定：当事人对自己提出的主张，有责任提供证据。……

《民事诉讼法》（2017年修正）第64条规定：当事人对自己提出的主张，有责任提供证据。……

② 许可：《民事审判方法——要件事实引论》，法律出版社2009年版，第115页。

相关要件事实主张,但只要对方当事人提出了,也可以视为一方当事人提出来了。

三、怎样进行基础法律规范构成要件的分析?

(一)法律规范的逻辑结构

之所以要进行要件分析,是因为要件分析是法律条文进入逻辑推理的基础行为。正如前文所述,理解要件分析的重要性,必须首先从法律条文的逻辑结构开始。

法条以其可否作为请求权的独立依据为标准,划分为完全性法条和不完全性法条两种。完全性法条是指能够作为请求权的独立依据的法条,该种法条的特征是兼具假设(构成要件)和法律效果两个要素。与此相反,不完全性法条是指不能够直接作为请求权依据的法条,换言之,不具备法律效果规定的法条,它只是被用来说明、限制或引用另外一个法条或章节的规定,这种法条如果不与其他法条相互联系,就不能单独发挥规范性的功能。不完全性法条之所以存在,主要是基于立法技术上的考虑。因为在立法上,如果将所有的法条都规定为完全性法条,那么各个规范势必或者一再重复彼此共同的部分,或者必须将很多事项规定在一个条文中,其结果就会使法条不仅结构复杂,而且显得臃肿不堪。

每个完全性法条都由构成要件和法律效果两个部分组成。"假设 + 法律效果"是典型的完全性法条结构。例如,《合同法》第 107 条规定,"当事人一方不履行合同义务或者履行合同义务不符合约定的,应当承担继续履行、采取补救措施或者赔偿损失等违约责任"。该条文的结构如下:

> 新注 88:《合同法》第 107 条,被《民法典》第 577 条继受。[①]

假设:当事人一方不履行合同义务或者履行合同义务不符合约定的。

法律效果:应当承担继续履行、采取补救措施或者赔偿损失等违约责任。

又如,《合同法》第 55 条规定,"有下列情形之一的,撤销权消灭:(一)具有撤销权的当事人自知道或者应当知道撤销事由之日起一年内没有行使撤销权;(二)具有撤销权的当事人知道撤销事由后明确表示或者以自己的行为放弃撤销权"。这个条

---

① 《合同法》第 107 条规定:当事人一方不履行合同义务或者履行合同义务不符合约定的,应当承担继续履行、采取补救措施或者赔偿损失等违约责任。

《民法典》第 577 条规定:当事人一方不履行合同义务或者履行合同义务不符合约定的,应当承担继续履行、采取补救措施或者赔偿损失等违约责任。

文也是一个典型的完全性法条,"撤销权消灭"是法律效果,后面的两项是假设。

> 新注89:《合同法》第55条,被《民法典》第152条继受,内容有变动。[①]

法律条文中的假设,通常有其基本构成要素,其构成要素即为构成要件。[②] 构成要件有两种基本结构形式:

结构一:M1 + M2 + M3…… = R

上述公式中,M1、M2、M3……分别代表着不同的构成要件。R代表法律效果。

例如,《物权法》第34条即是如此:"无权占有不动产或者动产的,权利人可以请求返还原物。"

> 新注90:《物权法》第34条,该条被《民法典》第235条继受。[③]

M1:占有人没有权利;

M2:占有人对不动产或动产实施了占有行为。

法律效果(R):权利人可以请求返还原物。

结构二:M1,M2 或 M3…… = R

《合同法》第107条中,要件一是:"当事人一方不履行合同义务";要件二则是:"或者履行合同义务不符合约定的"。这两个要件属选择性条件。

> 新注91:《合同法》第107条,被《民法典》第577条继受。[④]

---

① 《合同法》第55条规定:有下列情形之一的,撤销权消灭:(1)具有撤销权的当事人自知道或者应当知道撤销事由之日起一年内没有行使撤销权;(2)具有撤销权的当事人知道撤销事由后明确表示或者以自己的行为放弃撤销权。

《民法典》第152条规定:有下列情形之一的,撤销权消灭:(1)当事人自知道或者应当知道撤销事由之日起一年内、重大误解的当事人自知道或者应当知道撤销事由之日起九十日内没有行使撤销权;(2)当事人受胁迫,自胁迫行为终止之日起一年内没有行使撤销权;(3)当事人知道撤销事由后明确表示或者以自己的行为表明放弃撤销权。当事人自民事法律行为发生之日起五年内没有行使撤销权的,撤销权消灭。

② 许可:《民事审判方法——要件事实引论》,法律出版社2009年版,第40页。

③ 《物权法》第34条规定:无权占有不动产或者动产的,权利人可以请求返还原物。

《民法典》第235条规定:无权占有不动产或者动产的,权利人可以请求返还原物。

④ 《合同法》第107条规定:当事人一方不履行合同义务或者履行合同义务不符合约定的,应当承担继续履行、采取补救措施或者赔偿损失等违约责任。

《民法典》第577条规定:当事人一方不履行合同义务或者履行合同义务不符合约定的,应当承担继续履行、采取补救措施或者赔偿损失等违约责任。

基础规范构成要件分析,就是把上述要件分析出来的过程。法官只有把所有要件都审理清楚,方可准确适用法律条文作出公正裁判。

(二)基础法律规范构成要件分析方法的案例解析

[案例]某甲与某乙签订买卖合同一份,约定某乙向某甲销售货物一批,价值若干。合同签订后,某乙未按约供货。某甲遂向法院提出诉讼。

[第一种情况]某甲请求某乙继续履行合同,即按照合同约定交货。

该案中,某甲提出的是非金钱债务的继续履行请求权。法官审查继续履行合同请求权,会很容易找到《合同法》第110条,这是九步法第二步的要求。确定了基础规范之后,接下来就应该对法律规范进行分析了。

在本案中,法官要分析的是《合同法》第110条。我们先来看看这一条文的内容:"当事人一方不履行非金钱债务或者履行非金钱债务不符合约定的,对方可以要求履行……"

> 新注92:《合同法》第110条,被《民法典》第580条继受,内容有变动。①

从条文结构来看,该条可分为假设和法律效果两个部分:

假设:当事人一方不履行非金钱债务或者履行非金钱债务不符合约定的。

法律效果:对方可以要求履行。

换言之,当事人如果想要达到要求对方继续履行的诉讼目标,必须满足条件的要求,即"当事人一方不履行非金钱债务或者履行非金钱债务不符合约定的"。

从"当事人一方不履行非金钱债务或者履行非金钱债务不符合约定的"就可以分析出这一条文的构成要件:

要件一:当事人之间的合同成立并生效(隐含的要件)。

要件二:当事人一方不履行非金钱债务或者履行非金钱债务不符合约定。

(当然,如果进一步细化,还可分解出"该债务属于非金钱债务")

[第二种情况]某甲认为某乙延误交货,给自己造成了损失,故又提出了要求

---

① 《合同法》第110条规定:当事人一方不履行非金钱债务或者履行非金钱债务不符合约定的,对方可以要求履行,但有下列情形之一的除外:(1)法律上或者事实上不能履行;(2)债务的标的不适于强制履行或者履行费用过高;(3)债权人在合理期限内未要求履行。

《民法典》第580条规定:当事人一方不履行非金钱债务或者履行非金钱债务不符合约定的,对方可以请求履行,但是有下列情形之一的除外:(1)法律上或者事实上不能履行;(2)债务的标的不适于强制履行或者履行费用过高;(3)债权人在合理期限内未请求履行。有前款规定的除外情形之一,致使不能实现合同目的的,人民法院或者仲裁机构可以根据当事人的请求终止合同权利义务关系,但是不影响违约责任的承担。

某乙承担损害赔偿责任的诉讼请求。

　　这时,某甲进一步提出的是(继续履行后的)损害赔偿请求权。这种情况下,首先需要解决的问题仍然是查明基础法律规范。经过简单的检索,法官也会很容易地找到《合同法》第112条:"当事人一方不履行合同义务或者履行合同义务不符合约定的,在履行义务或者采取补救措施后,对方还有其他损失的,应当赔偿损失。"

┌───┐
　　　　新注93:《合同法》第112条,被《民法典》第583条继受。①
└───┘

　　应当注意的是,分析这个请求权,必须建立在前一个请求权成立的基础之上。也就是说(继续履行后的)损害赔偿请求权的基础规范的构成要件,必须首先包括继续履行的构成要件,然后才是后续损害赔偿请求权的构成要件,即:

　　假设:在履行义务或者采取补救措施后,对方还有其他损失的。

　　法律效果:应当赔偿损失。

　　这个请求权涉及"损失"概念的确定:到底何谓损失? 或者如何确定损失范围? 这时还需要我们寻找一个关于损失的补充性法条。经过检索,我们可以找到《合同法》第113条第1款:"……损失赔偿额应当相当于因违约所造成的损失,包括合同履行后可以获得的利益……"这一条实际上补充了两个要件:

┌───┐
　　　新注94:《合同法》第113条,被《民法典》第584条继受,内容有变动。②
└───┘

　　要件一:债权人有损失发生。(补充性说明:包括合同履行后可以获得的利益。)

　　要件二:损失与违约之间有因果关系。

　　补充性要件:如果履行可以获得利益,该利益视为损失。

　　[第三种情况]某乙认为,某甲提出的赔偿额太高了,已经超出了合理预见的

───────────────

　　① 《合同法》第112条规定:当事人一方不履行合同义务或者履行合同义务不符合约定的,在履行义务或者采取补救措施后,对方还有其他损失的,应当赔偿损失。

　　《民法典》第583条规定:当事人一方不履行合同义务或者履行合同义务不符合约定的,在履行义务或者采取补救措施后,对方还有其他损失的,应当赔偿损失。

　　② 《合同法》第113条第1款规定:当事人一方不履行合同义务或者履行合同义务不符合约定,给对方造成损失的,损失赔偿额应当相当于因违约所造成的损失,包括合同履行后可以获得的利益,但不得超过违反合同一方订立合同时预见到或者应当预见到的因违反合同可能造成的损失。

　　《民法典》第584条规定:当事人一方不履行合同义务或者履行合同义务不符合约定,造成对方损失的,损失赔偿额应当相当于因违约所造成的损失,包括合同履行后可以获得的利益;但是,不得超过违约一方订立合同时预见到或者应当预见到的因违约可能造成的损失。

范畴,故要求法院降低赔偿额。

这种情况下,某乙提出的实际上是合同法上的合理预见抗辩。检索法律条文,我们可以很容易找到《合同法》第113条的"但书"条款:"但不得超过违反合同一方订立合同时预见到或者应当预见到的因违反合同可能造成的损失。"在找到了抗辩基础规范的情况下,就需要对该规范进行要件分析。

> 新注95:《合同法》第113条,被《民法典》第584条继受,内容有变动,同新注94。

要件一:相对方受到了损失。
要件二:违反合同一方订立合同时预见或应当预见到相对方的损失。
要件三:违约行为与相对方的损失之间存在因果关系。
法律效果:违约方赔偿数额不得超过可预见的范围。

[第四种情况]假设某甲系消费者,某乙系经营者,某乙所交货物存在欺诈情形,此时,某甲请求某乙赔偿损失。

这种情况下,某甲提出的仍然是损害赔偿请求权。

经过检索,我们很容易检索到《合同法》第113条第2款:"经营者对消费者提供商品或者服务有欺诈行为的,依照《中华人民共和国消费者权益保护法》的规定承担损害赔偿责任"。应当注意的是,该条与《合同法》第112条和第113条第1款所规定的损害赔偿请求权发生法条竞合。依法条竞合规则,《消费者权益保护法》属特别规定,依特别规定优于一般规定的法条竞合处理规则,应当适用《消费者权益保护法》。这种情况下,我们还需要对《消费者权益保护法》进行法条检索,然后对法律条文进行要件分析。

> 新注96:《合同法》第113条,该条被《民法典》第584条继受,但第2款被删除。①

---

① 《合同法》第113条第2款规定:……经营者对消费者提供商品或者服务有欺诈行为的,依照《中华人民共和国消费者权益保护法》的规定承担损害赔偿责任。

《民法典》第584条规定:当事人一方不履行合同义务或者履行合同义务不符合约定,造成对方损失的,损失赔偿额应当相当于因违约所造成的损失,包括合同履行后可以获得的利益;但是,不得超过违约一方订立合同时预见到或者应当预见到的因违约可能造成的损失。

> 新注 97：《合同法》第 112 条，被《民法典》第 583 条继受。①
>
> 新注 98：《合同法》第 113 条第 1 款，被《民法典》第 584 条继受，内容有变动。②

这里有一个问题值得特别指出，该构成要件仅指权利发生规范的构成要件，权利发生规范构成要件与对立规范构成要件应作严格区分，不能把对立规范（或抗辩基础规范）当成权利发生规范的要件③，对立规范应为抗辩权基础规范的构成要件。把二者放在一起思考是合理的，但作法律适用的思考时仍应将其分开处理，因为这是要件分析式审判思维方式的基本要求。如果把权利发生规范的构成要件与对立规范的构成要件混淆起来，则势必引起主张责任、举证责任等的分配混淆和不公等问题。主张责任、举证责任的分配等问题，均建立在对法律规范要件进行正确分解的基础上（详见要件的功能部分）。如《合同法》第 110 条中的"但书"部分："但有下列情形之一的除外：（一）法律上或者事实上不能履行；（二）债务的标的不适于强制履行或者履行费用过高；（三）债权人在合理期限内未要求履行。"这三项分别为不能履行抗辩、不适于履行抗辩及合理期限抗辩，这些抗辩应由债务人一方主动提出。如将其纳入权利发生要求，则主张责任、举证责任等均将转入权利发生范畴，其结果势将不公。

---

① 《合同法》第 112 条规定：当事人一方不履行合同义务或者履行合同义务不符合约定的，在履行义务或者采取补救措施后，对方还有其他损失的，应当赔偿损失。

《民法典》第 583 条规定：当事人一方不履行合同义务或者履行合同义务不符合约定的，在履行义务或者采取补救措施后，对方还有其他损失的，应当赔偿损失。

② 《合同法》第 113 条第 1 款规定：当事人一方不履行合同义务或者履行合同义务不符合约定，给对方造成损失的，损失赔偿额应当相当于因违约所造成的损失，包括合同履行后可以获得的利益，但不得超过违反合同一方订立合同时预见到或者应当预见到的因违反合同可能造成的损失。

《民法典》第 584 条规定：当事人一方不履行合同义务或者履行合同义务不符合约定，造成对方损失的，损失赔偿额应当相当于因违约所造成的损失，包括合同履行后可以获得的利益；但是，不得超过违约一方订立合同时预见到或者应当预见到的因违约可能造成的损失。

③ 王泽鉴：《法律思维与民法实例》，中国政法大学出版社 2001 年版，第 78 页。

> 新注99：《合同法》第110条，被《民法典》第580条继受，内容有变动。①

（三）隐含要件的补充问题

不完全性法条中，存在一些隐含性要件需要通过法律补充方法加以补充。完全性法条虽然属于完整性法律条文，但法律条文的这种"完整性"却是相对的。通常情况下，法律条文中都会遇到一些隐含的前提性条件。例如，违约请求权的法律条文是《合同法》第107条："当事人一方不履行合同义务或者履行合同义务不符合约定的，应当承担继续履行、采取补救措施或者赔偿损失等违约责任。"

> 新注100：《合同法》第107条，被《民法典》第577条继受。②

这一条文载明的要件是"当事人一方不履行合同义务或者履行合同义务不符合约定的"。但我们都知道，其实这个要件中隐含着一个未表达出来的要件，即"合同已经成立并生效"。在进行要件分析时，我们应当把这种隐含性要件给补充出来。当事人可能忽略这种隐含性要件，也可能会把诉讼争点引向隐含性要件。隐含性要件同样可能成为案件的争点。

［案例］某甲在一起买卖合同纠纷中，以某乙违约未交货为由请求某乙履行交货义务。

此时，某甲提出的违约请求权构成要件是"当事人一方不履行合同义务或者履行合同义务不符合约定的"，但被告的答辩是"合同尚未成立"。此时，案件的审理重点将转到合同是否成立这一隐含性要件。

（四）基础规范构成要件的多层次分析

完全性法条虽然属于完整性法律条文，但是该种法条实际上建立在一系列法

---

① 《合同法》第110条规定：当事人一方不履行非金钱债务或者履行非金钱债务不符合约定的，对方可以要求履行，但有下列情形之一的除外：（1）法律上或者事实上不能履行；（2）债务的标的不适于强制履行或者履行费用过高；（3）债权人在合理期限内未要求履行。

《民法典》第580条规定：当事人一方不履行非金钱债务或者履行非金钱债务不符合约定的，对方可以请求履行，但是有下列情形之一的除外：（1）法律上或者事实上不能履行；（2）债务的标的不适于强制履行或者履行费用过高；（3）债权人在合理期限内未请求履行。有前款规定的除外情形之一，致使不能实现合同目的的，人民法院或者仲裁机构可以根据当事人的请求终止合同权利义务关系，但是不影响违约责任的承担。

② 《合同法》第107条规定：当事人一方不履行合同义务或者履行合同义务不符合约定的，应当承担继续履行、采取补救措施或者赔偿损失等违约责任。

《民法典》第577条规定：当事人一方不履行合同义务或者履行合同义务不符合约定的，应当承担继续履行、采取补救措施或者赔偿损失等违约责任。

律概念的基础上。当事人的讼争重点可能并非在该法条本身,而可能存在于构成要件所包含的法律概念层面。为了厘清这些法律概念的含义,法律体系会有其他法律条文来进行补充。此时,非完全性条文的价值即得到突显。这样也形成了法律要件分析的多层次性。下面我们以违约请求权为例分析一下法律要件分析的多层次性。

违约请求权的法律基础规范是《合同法》第 107 条:"当事人一方不履行合同义务或者履行合同义务不符合约定的,应当承担继续履行、采取补救措施或者赔偿损失等违约责任。"

> 新注 101:《合同法》第 107 条,被《民法典》第 577 条继受。①

第一层次的法律要件分析:

要件:当事人一方不履行合同义务或者履行合同义务不符合约定的。

隐含要件:合同已经成立并生效。

法律效果:(违约方)应当承担继续履行、采取补救措施或者赔偿损失等违约责任。

第二层次的法律要件分析:被告提出合同尚未成立。

合同成立的判断规则是《合同法》第 9 条关于"主体适格"的规定、第 25 条关于"承诺生效、合同成立规则"及其他一些关于合同成立的特殊规则。

> 新注 102:《合同法》第 9 条,《民法典》未保留该条规定。②
>
> 新注 103:《合同法》第 25 条,被《民法典》第 483 条继受,内容有变动。③

归纳这些规则的相关法律条文,合同成立主要包含以下几个要件:

要件一:主体适格。

---

① 《合同法》第 107 条规定:当事人一方不履行合同义务或者履行合同义务不符合约定的,应当承担继续履行、采取补救措施或者赔偿损失等违约责任。

《民法典》第 577 条规定:当事人一方不履行合同义务或者履行合同义务不符合约定的,应当承担继续履行、采取补救措施或者赔偿损失等违约责任。

② 《合同法》第 9 条规定:当事人订立合同,应当具有相应的民事权利能力和民事行为能力。当事人依法可以委托代理人订立合同。

③ 《合同法》第 25 条规定:承诺生效时合同成立。

《民法典》第 483 条规定:承诺生效时合同成立,但是法律另有规定或者当事人另有约定的除外。

要件二:意思表示达成一致。

第三层次的法律要件分析:被告提出承诺尚未生效。

承诺生效的判断规则是《合同法》有关要约承诺规则的一系列规定。此时,承诺生效的判断规则包括如下内容:

要件一:承诺不得作出实质性修改规则。

要件二:承诺必须在承诺期内作出规则。

……

法官应当根据双方争议的具体情况(尤其是争点变化情况)决定哪些法律规范应当被纳入补充法律规范,从而将相应的要件作为补充性要件。例如,双方争议的焦点在于承诺的修改是否构成实质性修改,则通常只需找到承诺实质性变更的相关法条,即《合同法》第 30 条:"承诺的内容应当与要约的内容一致。受要约人对要约的内容作出实质性变更的,为新要约。有关合同标的、数量、质量、价款或者报酬、履行期限、履行地点和方式、违约责任和解决争议方法等的变更,是对要约内容的实质性变更。"其他法律要件通常无须审理(因为双方事实上无争议)。如果双方争议的主要焦点在于承诺是否在承诺期内到达,则补充性法律规范在于《合同法》第 23 条第 1 款:"承诺应当在要约确定的期限内到达要约人。"第 2 款:"要约没有确定承诺期限的,承诺应当依照下列规定到达:(一)要约以对话方式作出的,应当即时作出承诺,但当事人另有约定的除外;(二)要约以非对话方式作出的,承诺应当在合理期限内到达。"第 24 条:"要约以信件或者电报作出的,承诺期限自信件载明的日期或者电报交发之日开始计算。信件未载明日期的,自投寄该信件的邮戳日期开始计算。要约以电话、传真等快速通讯方式作出的,承诺期限自要约到达受要约人时开始计算。"

> 新注 104:《合同法》第 30 条,被《民法典》第 488 条继受。[1]

---

[1] 《合同法》第 30 条规定:承诺的内容应当与要约的内容一致。受要约人对要约的内容作出实质性变更的,为新要约。有关合同标的、数量、质量、价款或者报酬、履行期限、履行地点和方式、违约责任和解决争议方法等的变更,是对要约内容的实质性变更。

《民法典》第 488 条规定:承诺的内容应当与要约的内容一致。受要约人对要约的内容作出实质性变更的,为新要约。有关合同标的、数量、质量、价款或者报酬、履行期限、履行地点和方式、违约责任和解决争议方法等的变更,是对要约内容的实质性变更。

新注105:《合同法》第23条,被《民法典》第481条继受,内容有变化。①

新注106:《合同法》第24条,被《民法典》第482条继受,内容有变化。②

---

① 《合同法》第23条规定:承诺应当在要约确定的期限内到达要约人。要约没有确定承诺期限的,承诺应当依照下列规定到达:(1)要约以对话方式作出的,应当即时作出承诺,但当事人另有约定的除外;(2)要约以非对话方式作出的,承诺应当在合理期限内到达。

《民法典》第481条规定:承诺应当在要约确定的期限内到达要约人。要约没有确定承诺期限的,承诺应当依照下列规定到达:(1)要约以对话方式作出的,应当即时作出承诺;(2)要约以非对话方式作出的,承诺应当在合理期限内到达。

② 《合同法》第24条规定:要约以信件或者电报作出的,承诺期限自信件载明的日期或者电报交发之日开始计算。信件未载明日期的,自投寄该信件的邮戳日期开始计算。要约以电话、传真等快速通讯方式作出的,承诺期限自要约到达受要约人时开始计算。

《民法典》第482条规定:要约以信件或者电报作出的,承诺期限自信件载明的日期或者电报交发之日开始计算。信件未载明日期的,自投寄该信件的邮戳日期开始计算。要约以电话、传真、电子邮件等快速通讯方式作出的,承诺期限自要约到达受要约人时开始计算。

第九章　要件审判九步法第五步

——诉讼主张的检索

在析别双方当事人的权利请求基础规范或抗辩（权）基础规范之后，法官应审查双方诉讼主张的完备性及合理性，或根据被告提出的抗辩（权）及其基础规范的要求，审查被告是否提出了相应的诉讼主张，同时，还要对双方提出的主张是否存在明显的矛盾或荒谬进行审查，促使双方补正，此即为诉讼主张的检索。

一、何为诉讼主张的检索?

当事人提出一个请求权或者一个抗辩，他就必须对这个请求权或抗辩的所有构成要件提出主张。没有主张或有缺失的，应让他补充起来，错误的让他更正，并依据构成要件提出请求权或抗辩。其重要性表现在能够避免遗漏诉讼要点。在一些经年老案中，甚至于当事人的诉讼主张还没有全部提出来，而承办法官并未提示他补齐，从而导致一个案子久拖未决。在依据法律条文审理案件的过程中会出现遗漏要点的现象，原因之一即在于当事人的思路混乱，此种混乱主要表现在当事人提的理由以及主张多而乱。但是，当事人的思路混乱不应导致承办法官的思路混乱。承办法官如何保持清晰的审理思路? 这就需要把请求权法律规范的构成要件跟他提出的主张进行对照，一一对照，并检索出主张。这个对照并检索的过程并不需要花费一小时甚至更长时间，实际上，依据法官的法律素养，此过程可能仅需要数秒钟的时间就可以完成。当然，在当事人提的请求特别多，案情特别复杂的情况下，需要法官对当事人的请求以及该请求的要件进行分解、分类和梳理。梳理的基本方法就是以当事人的诉讼请求为出发点。根据诉讼请求，找到法律条文，然后找到法律条文的构成要件，如当事人提出几个请求，每个请求具体内容是什么，每个请求有几个要件构成。通常，一个请求会对应一个条文，也有可能是两个或多个请求对应到同一个条文，或者一个请求需要对应两个或更多法律条文。根据案件的不同，需要我们具体案件具体分析。但不管何种情况，都必须依据法律条文进行构成要件的分析，然后根据要件检索当事人提的诉讼主张是否完备。

在此，我们要弄清楚要件事实与原因事实的区别。根据前面的分析，所谓要件事实,是指法律构成要件的事实。所谓原因事实,是当事人提出的生活事实。在许多情况下,原因事实与要件事实并不会完全相同。这与同一个原因事实可能产生多个权利的情况有关。例如,在物业小区车辆丢失,当事人可以从物权、侵权、合同(物业管理合同的附随义务、场地租赁合同等)等多个角度主张自己的权利。而这些不同的权利会有不同的法律基础规范,不同的基础规范又会有不同的构成要件。所以,原因事实与要件事实可能完全不同。这也就决定着我们必须识别出法律规范构成要件,同时,也必须根据当事人主张的权利审查他们是不是提出了必需的要件事实。

二、诉讼主张与主张责任

当事人在诉讼中要通过提出主张来参与诉讼,并使自己的主张成为判决的基础。主张责任(亦称提出责任)的概念就是建立在这一基础之上的。

关于主张责任,德国法学家的研究比较经典,如德国法学家罗森贝克的《德国民事诉讼法》和《证明责任论》。罗森贝克是这样描述主张责任的:

"当事人有责任主张那些法院在裁判时需要考虑的事实。当事人就事实作出的陈述,法院受之拘束。法院调查取得的事实材料,只能在告知当事人后方可采纳。当事人没有提出的事实不能作为判决基础。在紧急情况下,法院可以通过发问,排除不明之处并促成当事人自己提出相应的主张。"①

从这段论述中,我们可以看出主张责任的几个特点:

第一,主张责任是当事人在诉讼中必须提出事实主张的责任;

第二,法官审理案件以当事人提出的事实为基础并受之拘束(涉及第三人利益时除外);

第三,当事人未主张的事实,法官不得据以作为判决基础;

第四,法官自己取得(调查或感知)的事实,必须告知当事人后方可采纳;

第五,法院可以通过发问促使当事人自己提出相应的主张;

第六,当事人负担主张责任的诉讼主张,不提出相应的诉讼主张,有可能直接导致其败诉。

也有学者将上述内容归纳为辩论主义三原则②:

第一,诉讼材料制约法官;

---

① ［德］罗森贝克、施瓦布、戈特瓦尔德:《德国民事诉讼法》,李大雪译,中国法制出版社 2007 年版,第 524 页。

② 参见许可:《民事审判方法——要件事实引论》,法律出版社 2009 年版,第 123~124 页。

第二,自认产生拘束力;

第三,证据由当事人提出,法院调查收集证据由当事人申请。

三、审查诉讼主张有什么作用?

审查诉讼主张有什么用呢? 从主张责任的理论和实践看,审查诉讼主张可以解决以下几个问题:

第一,避免当事人遗漏诉讼主张。诉讼实践中,大多数当事人诉讼知识非常缺乏,甚至连自己的请求权是什么都不知道,更不用说根据法律基础规范提出自己的诉讼主张并以此为基础提出自己的证据材料了。根据主张责任的特点,如果法官不审查诉讼主张,而当事人又未主张相应的法律基础规范构成要件的话,有可能会直接导致败诉的后果。

第二,帮助当事人穷尽证明资源。当事人不能穷尽证明资源,一方面与其不知道自己在诉讼中到底应该提出哪些事实主张有关,另一方面与其诉讼主张混杂或模糊有关。从前一个方面看,一个连诉讼主张都没有意识到的人,怎么可能会围绕诉讼主张提出自己一方的证据呢? 实践中,有不少当事人证据资源不能用尽,与对自己的诉讼主张不明晰有相当大的关系。法官审查当事人是否提出了应当提出的诉讼主张,就会让当事人更加清晰地展开诉讼证明活动。从后一个方面看,在诉讼主张模糊不清、混同在一起的情况下,法官帮助当事人明确诉讼主张,还可以迅速地让当事人明白自己一方的举证重点。实践中,有的当事人会出现举证时"眉毛胡子一把抓"的情况,举出一大堆证据,但这一大堆证据中,大部分都是证明其中一两个要件事实的,而关于其中某一个要件事实,却鲜有证据。而更应让我们担忧的是,当事人自己还沾沾自喜,认为自己一方比对方的证据在数量上有压倒性优势。为什么会发生这种情况呢? 其中一个非常重要的因素,是当事人对自己的诉讼主张不明晰,因为我们不少当事人提出的诉讼主张都是混杂在一起提出来的,有的事实主张甚至可能是隐隐约约地隐含在某一句话里。这种情况并不能表明他没有提出主张,只是由于法律知识的匮乏,当事人并不能清晰地知道自己这一大段话里面,到底包括了哪几项事实主张。所以,在这种情况下,当事人当然不可能按照诉讼主张条分缕析地提出自己的证据。

第三,促进争点形成。当事人提出诉讼主张,对于争点形成具有非常重要的意义。只有有明确的诉讼主张时,当事人才有可能围绕该项主张展开辩论和诉讼活动。如果当事人应当提出而未提出诉讼主张,那就意味着诉讼争点不能形成。实践中,确实存在着当事人因诉讼主张不明确而不能形成诉讼争点的情形。关于这个问题,详见第十章。

第四,提高诉讼效率。讲到诉讼主张的审查,有审判经验的法官可能会思索,其审理的案件中,大部分当事人都会提出自己的诉讼主张呀,还需要审查吗? 确实如此,实践中大部分当事人都具备基本的逻辑,基于诉讼利益的本能,多数都能自觉或不自觉地提出自己一方应当提出的诉讼主张。但我们需要强调三点:其一,前面讲到的,不少当事人虽然会提出自己的诉讼主张,但其提出的诉讼主张是模糊、混杂在一起的,有的主张甚至是隐含在某些语言当中,当事人大脑中并不明确自己到底提出了哪些主张,这势必影响其诉讼思路尤其是举证重点,其结果势必影响诉讼效率。其二,当事人虽然提出诉讼主张,但其提出的过程并不是积极主动的,并不是在一个清晰思路的基础上提出的,而是伴随着诉讼过程的不断推进,在争执过程中慢慢提出来的。这种情况,虽然当事人会提出来,但是其提出的过程是缓慢的,这势必会影响诉讼效率的提高。在我所在法院一些老案的发生,诉讼主张不及时固定是三大原因之一。比如,有一起案件,审理了八九个月以后,当事人忽然发现,其中某一项事实主张比较重要,于是提出要将其中涉及的质量问题送去鉴定,由于出具鉴定结论时间的不确定性,势必造成审期的延长和案件的积压。但如果在诉讼开始之初就帮助当事人固定诉讼主张,在诉讼初期送去鉴定就可以节约审期,提高效率,减少案件的积压。其三,仍然会有少部分当事人遗漏诉讼主张。虽然大部分当事人或早或晚、或自觉或不自觉、或清晰或模糊地提出自己的诉讼主张,但仍然会有少数当事人会遗漏提出自己的诉讼主张。显然,这样会影响诉讼效率和案件的社会效果。

四、如何审查诉讼主张?

审查诉讼主张,其实并不复杂,只要根据以下几个原则进行:

第一,依要件审查原则。审查诉讼主张,首先一个最重要的方法就是依法律规范构成要件来进行审查。我们在第八章中已经讲过了如何进行法律规范构成要件分析,依法律规范构成要件审查诉讼主张,就是将当事人已经提出的诉讼主张与法律规范构成要件逐一对照。所以,诉讼主张的审查也叫诉讼主张的检索。所谓检索,其实也就是按照要件清单逐一进行对照或核对。

比如,当事人提出不安抗辩,我们根据不安抗辩的基础规范[《合同法》第68条:"应当先履行债务的当事人,有确切证据证明对方有下列情形之一的,可以中止履行:(一)经营状况严重恶化;(二)转移财产、抽逃资金,以逃避债务;(三)丧失商业信誉;(四)有丧失或者可能丧失履行债务能力的其他情形。……"]进行要件分析时分析出了不安抗辩的法律规范构成要件:

第一种情况的要件:"相对方经营状况严重恶化。"

第二种情况的要件："相对方转移财产、抽逃资金,以逃避债务。"

第三种情况的要件："丧失商业信誉。"

第四种情况的要件："有丧失或者可能丧失履行债务能力的其他情形。"

当然,根据九步法第二步的要求,为了使法官的审判活动聚焦,使案件审理得以顺利进行,在当事人提出不安抗辩的情况下,我们还必须进一步让当事人明确,他所提出的不安抗辩是上述四种情况中的哪一种。

对于上述要件,法官在审查的时候,简单地按照要件逐一进行检索即可。

第二,及时审查原则。及时审查,其目的就是要促进当事人尽早固定好诉讼主张,尽早形成诉讼争点,尽早展开举证活动,尽早展开有效的诉讼活动。通常法官在拿到案子的时候,这项工作就可以开始了。甚至在当事人提出起诉的时候,法官就可以开始告诉当事人诉讼主张责任的基本要求。对于被告一方,法官亦应当根据其所提出的抗辩情况对之作出相应审查。

及时把主张责任告知当事人,当事人就会及时提出自己应当提出的诉讼主张。否则,当事人有可能就会因为自己法律知识的欠缺而忽略提出必要的诉讼主张,从而拖延诉讼进程。有些案件中,当事人甚至会出于故意拖延诉讼的目的而有意不提出自己本该提出的诉讼主张。实践中,有的案件之所以审理时间过长,就是因为案件的诉讼主张未得到固定。由于当事人的诉讼主张未固定,当事人就不会有针对性地提出相关证据,即使事后提出了相关主张,有些审理活动必须相应地顺延时间来进行,如鉴定。

[案例]某甲与某乙发生买卖合同纠纷,某甲认为某乙未及时付款,违反了合同约定。某乙则认为某甲违约在先,但某乙对于违约的具体情形始终未固定下来。在案件审理逾半年之后,某乙提出某甲所交货物不合格的诉讼主张,并进而申请进行质量鉴定。该案因此被拖延了较长时间。

所以,法官如果希望加快诉讼进程,提高诉讼效率,应当尽快固定好当事人的诉讼主张,应当坚持及时审查原则。

第三,特定化原则。要审查好诉讼主张,必须坚持特定化原则。所谓特定化原则,是指法官一定要明确告诉当事人应当提出的诉讼主张到底是什么,不能笼统地告诉当事人:"××,请你方根据法律要求提出自己的诉讼主张,否则,后果自负。"这样就不符合特定化原则。特定化的要求就是法官应当将检索结论告诉当事人,告诉当事人有哪一项具体的诉讼主张还没有提出来。

这里有一个问题,那就是当事人在自己的陈述中已经模模糊糊地包含了自己应当提出的诉讼主张,此时,是否仍需进行审查呢?显然,诉讼主张特定化,就是要让当事人清楚地明白自己的诉讼主张到底是指具体的哪几项。因为我们告诉他的目的，是让他有针对性、有效率地展开自己的诉讼活动。如果他对诉讼主张始终处于似是而非的状态，他的诉讼活动显然会是低效的。

在告诉当事人诉讼主张的时候，我们应当旗帜鲜明地指出到底是哪一项诉讼主张没有提出。比如，原告起诉被告要求提前解除合同，那么法官在看了起诉状及原告的开庭陈词后，应当询问原告是根据不安抗辩、预期违约还是别的什么条款要求提前解约。如原告提出不安抗辩，则还需要询问原告提出的是哪一种情况的不安抗辩。

第四，释明原则。法官释明，存有许多争议。但是，在诉讼主张的问题上，法官应当进行审查并通过适当的方式告知当事人，这是世界各国达成的共识。即便是在奉行当事人主义的美国，从 20 世纪 90 年代起也开始进行这方面的活动。美国国会 1995 年通过的《降低诉讼成本提高诉讼效率法》规定，法院在诉讼过程中，应当采取相关措施提高诉讼效率、降低诉讼成本。因此，美国法院近年来也开始召开审前会议。审前会议中一项非常重要的内容，就是帮助当事人整理争点。整理争点的工作内容中，就包括了一项帮助检索并固定诉讼主张的内容。在诉讼主张的释明问题上，德国、日本法院亦有相应的规定。

这些国家有一个共同的特点，那就是在权利或抗辩提出的问题上，法官不能任意释明，应当遵循一些限制性规则（如权利抗辩释明禁止规则）。

因此，我们应当遵循要件审查、及时审查、特定化以及释明的原则，对当事人的诉讼主张进行检索，以此避免当事人遗漏诉讼主张，帮助当事人穷尽诉讼资源，并促进争点的形成，从而提高审判效率。

第十章　要件审判九步法第六步

——争点整理

法院应当根据原、被告双方的诉辩主张及其基础规范,及时归纳案件的争点,并围绕争点展开审理。

一、什么是争点整理?

争点整理是一项极端重要的诉讼方法。所谓争点(亦称争议点、争执点或争议焦点),是指当事人存在争议的具体事项。在某种意义上,争点亦可被称为争议内容的要点,通常包括法律和事实两个方面的事项。在一起民事诉讼中,涉及的事项可能会非常广泛,当事人不可能就所有的事项都展开对抗,法院也不可能审理与案件有关的所有事实。因此,案件的审理范围不可能没有任何限制,必须按照重点来进行。审理重点的确定依赖诉讼争点的形成,只有形成诉讼争点,才有可能使案件的审理重点得到明确。争点既是当事人攻击和防御的重点,也是案件审理成功与否的重要前提,故争点整理是民事审判中的一项基本技能,也被认为是民事案件审理的"主线"或"脊梁"。

我们可以通过一个心理学病例来看争点整理所蕴含的诉讼逻辑。美国有一个记忆力超强的人,看文章过目不忘,但奇怪的是他无法理解文章的意义。经过研究,心理学家们发现这个人只能把事物没有联系、没有归纳地记录下来,却无法形成对事物的全面理解,因此,也就不能理解文章的内在含义。这个病例充分说明了归纳能力和抽象能力对我们理解事物的重要意义。事物自然的存在状态,往往表现为分散、随机、缺少联系,我们只有运用归纳和抽象思维能力,把事物之间的内在联系寻找出来,才有可能深入地认识事物。

这个道理,同样适用于对案件事实的认知过程。我们在审理案件时,要善于把各种事实要素之间的联系找出来,应当把握主要矛盾和矛盾的主要方面。争点就像一条红线,发端于原告的起诉,终结于裁判文书,贯穿于审判的整个过程。法官对争点进行整理,并围绕争点展开庭审调查,针对争点进行说理论证,是要件分析审判思路的重要内容。

二、争点整理有什么作用？

为什么需要争点整理？根据审判实践中的观察，争点整理主要有四个方面的作用：

第一，争点整理具有聚焦作用，可以有效限缩审理范围。这样就可以大大提高审理效率，降低举证成本。

我们先举一个来自我国台湾地区的简单案例。

甲向乙购买花瓶，约定价款十万元，同时，甲以十二万元的价格转卖给丙。乙在送货时不慎摔碎。甲能否向乙请求转卖所得利益二万元？根据哪一条法律规定主张权利？

通过法律检索，当事人在债法上找到这样一条规定："因为可以归责于债务人的事由，致给付不能者，债权人得请求损害赔偿。"

甲依据这个法律条文可以提出的权利是契约上的损害赔偿请求权。

第一层次：这个请求权包括三个构成要件：

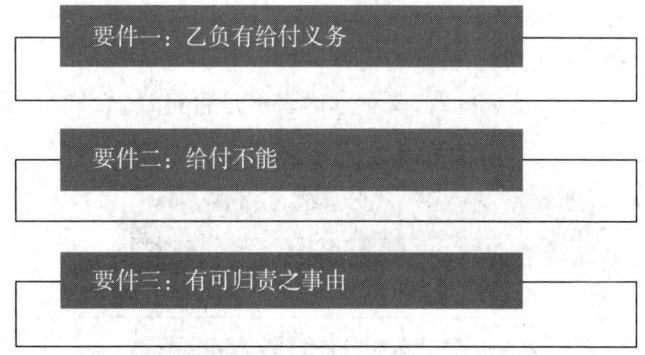

要件一：乙负有给付义务

要件二：给付不能

要件三：有可归责之事由

必须把这三个要件审理清楚。

接下来，分析第二层次的要件：

首先看第一个要件——乙负有给付义务。

要查清乙是否负有给付义务，必须对照《合同法》第107条的规定。根据该条规定，乙负给付义务，必须具备两个要件：

要件一：甲乙之间买卖合同已经成立并生效

要件二：依据合同乙负有给付义务

新注107：《合同法》第107条，被《民法典》第577条继受。①

接下来，要判断甲乙之间的买卖合同是否生效，主要有三个要件：

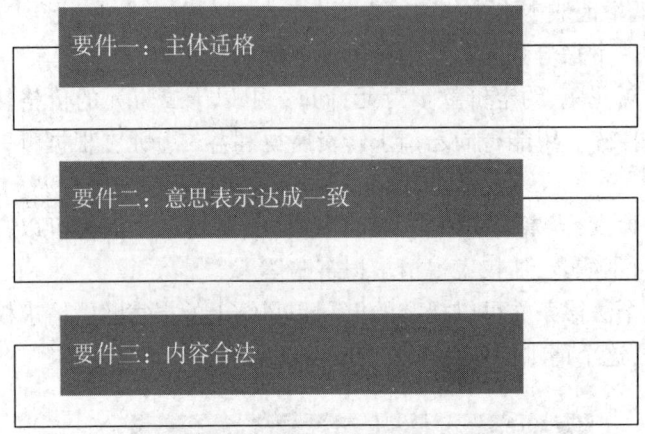

要件一：主体适格

要件二：意思表示达成一致

要件三：内容合法

再接下来，我们进行第三层次的要件分析：

判断意思表示是否达成一致，要看意思表示是否符合《合同法》关于要约承诺规则的规定。

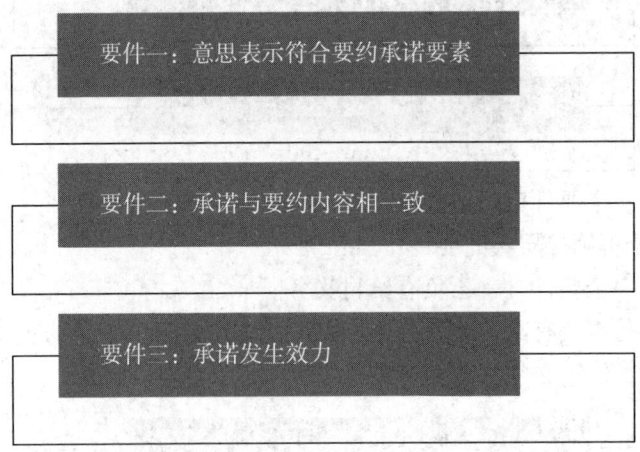

要件一：意思表示符合要约承诺要素

要件二：承诺与要约内容相一致

要件三：承诺发生效力

---

① 《合同法》第107条规定：当事人一方不履行合同义务或者履行合同义务不符合约定的，应当承担继续履行、采取补救措施或者赔偿损失等违约责任。

《民法典》第577条规定：当事人一方不履行合同义务或者履行合同义务不符合约定的，应当承担继续履行、采取补救措施或者赔偿损失等违约责任。

从以上的分析过程我们可以看出,要审清楚"乙负有给付义务"这一要件,就必须清楚第二、三、四层次的法律要件。但是,我们在审理这个案件的时候,未必需要审理后面几个层次构成要件。因为当事人完全有可能对自己负有给付义务这一点没有争议,不提出争辩。第二个要件是给付不能,这一条乙实际上也没有什么可争执的,因为他认为自己摔碎花瓶是明摆着的事。所以,乙极有可能只提出一条抗辩,"我没有可以归责的事由",对于要件一和要件二根本不作抗辩。这样,后几个层次的法律要件,就不需要审理了。此时,审理范围就缩小到"是否有可归责的事由"这一要件了。

但是,实践中,乙也有可能认为,自己不小心摔坏花瓶,"没有可归责事由"这一条抗辩不能成立,再转念一想,好像合同尚未成立,于是便提出要件一的抗辩,即主张自己并不负有给付义务,理由是买卖合同并未成立。在这种情况下,买卖合同是否成立就成为案件审理的核心,《合同法》关于合同成立判断规则的规定就成为主要审理依据。案件审理的范围就缩小至"甲乙之间的合同是否成立"这一点上了。

由此,争点整理可以有效限定案件审理范围。正如上述案例中,把审理范围缩小至**"乙负给付义务"或者"是否具有可归责的事由"**这个争议焦点,案子的审理范围就大大缩小了。

第二,争点整理具有引导诉辩争锋作用,避免当事人无的放矢以及遗漏争点。同时,还可以促进当事人的诉辩过程层层递进,不断深入。

诉辩争锋在诉讼中的作用特别重要。兼听则明,只有在双方当事人对抗的过程中,充分听取双方的不同观点,案件的问题才容易审得清楚。因此,在审理案件时应当避免出现下面这种情况。原告提出 A、B 和 C 三个主张,被告却提出 B、C 和 D 三个主张,双方在 B 主张和 C 主张两点上有交锋,但对于 A 主张和 D 主张,是各自不交锋的。这导致法庭上经常出现一个特别不好的现象,那就是当事人的主张不能一一对应,不能形成有效交锋,造成抗辩的低效甚至失效。这就是我们说的,一个巴掌拍不响,许多时候两个巴掌照样拍不响。两巴掌拍不响,是因为两个巴掌根本没有碰到一起,没有碰到一起,当然拍不响了。

争点整理,就是要形成一一对抗的诉辩争锋。原告作出 A、B、C 三个主张,被告同意不同意、认可不认可,等明确表态以后,再作出他的 C、D、E 主张。对于被告提出来的 D 和 E 主张,原告同不同意? 这样就能让他们全面对抗,不会让他们无意中遗漏对方主张,或者有意回避对方的观点,造成彼此诉讼发力的错开。当事人能不能全面针对对方的诉讼主张发表自己的意见,取决于法官如何引导。

如何进行引导? 这对于法官的要求特别高。法官心中一定要有案件的全貌,要对当事人提出了什么请求权、什么抗辩权,基础规范是什么,基础规范构成要件是什么做到了然于胸。原告要达成他的诉讼结果,他必须提出哪几项主张,然后被告已经否定了其中的哪一条,肯定了哪一条,我们法官必须给他梳理出来。被告的抗辩(权)要成立,他必须提出哪几项主张,然后原告认可的是哪几条,原告不认可的是哪几条。对于这些关键点,法官必须梳理出来。

法官在引导其中一方当事人梳理诉讼主张时,另外一方当事人也可以很方便地把要点记下来。实践中,经常会出现一方当事人说理不清晰的情形,一旦对方当事人归纳能力不强,就会抓不住要点。抓不住要点,答辩的时候就不会有针对性。法官归纳争议点,到对方答辩或反驳的时候,就会有针对性。这样,庭审的逻辑演绎过程就变得清晰了。我们经常会在法庭上看到这种情况,当事人说着说着,不知怎么就吵起来了,或者,辩着辩着就急了,双方当事人就会围绕着某一个争点吵得面红耳赤。双方当事人在这个争点上耗费了大量精力,各自拿出大量证据,都认为自己会赢得诉讼。其实并不一定,当事人虽然拿出了多个证据,但这些证据可能只能解决其中某一个要件事实的证明问题。案件可能还有另外的要件事实需要证明,往往在这个另外需要证明的要件事实上,当事人却没有提供任何证据。这种情况下,法官应该通过释明、心证公开等方式提醒他们,告知他们除了这一个争点之外,还有另外的争点,不能遗漏。

在司法实践中,法庭审理过程中遗漏争点的情况是比较常见的。**为什么在审理案件时容易遗漏争点呢?** 大家要注意,请求权的分析方法,看上去比较简单,比如,原告要求被告偿还欠款,借款法律关系仅仅包含借款的意思表示和金钱交付这两个要件。但是,部分案件可能存在三四个诉讼请求,甚至更多个诉讼请求,当多个诉讼请求汇集在一起的时候,案件的要件就会很容易混杂在一起,发生遗漏的概率就会大大上升。当事人遗漏了重要争点,法官没有及时发现,也没有及时指出,这个争点就被遗漏了。发生这种情况,法官有两种习惯性弥补做法,效果都不好。一种做法是写判决书的时候予以回避,含混遮盖,而这节事实恰恰是当事人上诉的重点,结果可能因为事实不清而被改判或发回重审;另一种做法是为了保险起见,再开一庭,这样既耗费了司法资源,也增加了当事人的讼累。其实,当初在审理案件的时候,只要掌握争点整理的基本方法,在当事人发生遗漏的时候,法官帮助他梳理出来,在关键的时候追问一下,就可以避免了。所以说,争点整理在案件审理过程中,是非常重要的,有利于我们把案件审得更清楚。

对于作为职业法律人的法官而言,在当事人遗漏要件的时候,法官不能放任争点的遗漏。法官应当掌握争点整理的方法,理清案件审理中的千头万绪,牢牢把握案件审理的主线。这里推荐一个争点整理的好办法,就是针对一个存在多个争点的案件,开庭时把要审理的争点在电脑、笔记本或者纸张上一一记录下来,制作一份清晰而详细的争点清单,然后按照一定的诉讼逻辑次序,一个一个争点审理下来。这样,争点就不太容易被遗漏了,审理思路也就不会乱了。

第三,争点整理的方法可以减少重复性的陈述,加快法庭审理效率。争点整理中的归纳方法运用得好,还可以起到平复情绪的作用,有助于避免当事人重复陈述频繁被打断,平息当事人的激动情绪。法官及时进行争点整理有助于传递重要的尊重信息,有助于表明法庭听取诉辩意见的理解程度。

这也是一种诉讼技巧。笔者曾经旁听过一起案件,旁听时人很多,在这种场景下,律师有一种表现欲望,比较兴奋,但情绪一激动话反而说不清楚,颠来倒去反复说。法官沉不住气了,多次打断该律师的发言,"请你简明扼要,挑重点的说""请你不要重复"。律师觉得有点没面子了,法官说我老是重复,那不就等于批评我,认为我说不清楚话嘛。于是有点对立情绪了,反而越说越多。结果,两个人在法庭上的对立就有点升级了。律师说:"你让我把话说完行不行? 这是我的权利啊,你怎么能剥夺我这个权利?"法官说:"我怎么剥夺你权利了?"双方的对话开始有火药味了。这就是很失败的庭审驾驭。

出现这种情况怎么处理。遇到当事人或者诉讼代理人归纳能力比较差的,法官帮他归纳一下,把他说的内容归纳出个一、二、三点,然后再发问,"除了这三点以外,你还有什么要说的?"这样的**归纳**可以让**当事人知道他所说的话法官全听明白了**,他不需要再陈述了,实质上等于告诉他不要再重复了,从而避免说"你不要再重复了"。这句话**很容易伤害他的自尊心**,因为这句话的潜台词是他话说不清楚。所以在用归纳手段的时候,用归纳方法的时候你等于暗示他,你不要重复了。同时,准确地归纳,也可以向当事人传达一个很强烈的信息,那就是法官认真听取了当事人的诉辩主张,可以让当事人感受到法官对他的一种倾听,一种尊重。这个方法很巧妙,可以让法庭上的气氛更加和谐。

第四,争点整理可以让书记员记录得特别清晰,提高庭审记录的效率。其实,这也是审书配合的一个重要内容。当事人说的内容比较多或者比较乱的时候,法官适时归纳一下,书记员就会比较容易记录,不太会遗漏要点,这个效果非常明显。当前,法官使用这种方法还不是很普遍。

归纳一下,也可以让双方当事人避免在法庭上发生直接对抗。法官在归纳争点的时候,还可以提醒当事人,"请你们拿支笔记一下,以免等一会儿你们会遗忘、遗漏要点"。**我们法官要善于运用争点整理,要善于运用争点清单。**"好记性不如烂笔头",开庭也是一样。法官要审许多请求、许多抗辩、许多事实,那么多东西放在一起,怎么样让它们不乱套呢? 法官做一个审理清单,上面记清楚请求权一、请求权二、请求权三,然后是抗辩权一、抗辩权二、抗辩权三……然后一个要件,二个要件,三个要件,一个个地审过来,肯定不会乱,条理肯定特别清晰,书记员肯定不会记录混乱。所以,争点整理非常重要,是让法官、当事人、书记员等在诉讼过程中井井有条的非常有效的手段。我们一定要善于运用。实际上有很多争点,当你梳理到一定程度的时候,有一方当事人会自动地觉得自己这边有一个要件我证明不了,为了避免更为不利的诉讼后果,还是调解吧。真的会非常有用。

第五,争点整理有利于厘清裁判文书的制作思路(详见后文)。

三、争点整理的方法

案件审理遵循着"一方主张—对方是否承认(自认)—不承认时举证、质证—法官能否认定事实—真伪不明时由法官根据举证责任分配规则认定"的基本次序进行。争点整理也应当遵循这个次序。一般而言,争点整理可按以下几个步骤展开:

(一)应当正确发现、固定争点

法官应当基于当事人争议的法律关系,从当事人诉辩主张所依据的法律规范出发,发现、固定直接影响法律规范各项要件成立或满足的事实争点,以及争议法律规范能否适用的法律争点,并及时组织当事人确认,记录在案。

[案例]在一起代位权诉讼案件中,原告债权人诉称:主债务人欠原告1200余万元到期未还,而被告次债务人对主债务人负债500万元,故要求行使代位权,由被告向原告偿还500万元。被告辩称:其与主债务人确有500万元借款关系,但并未约定还款期限,因此原告代位权行使条件不成立;另外,原告提起代位权诉讼后,被告已向主债务人偿还了500万元欠款,故请求驳回原告诉请。审理中,原告认为被告擅自偿债的行为明显是与主债务人恶意串通,请求确认无效。根据原、被告的诉辩主张,双方的争执在于:(1)原告行使代位权的条件是否成立;(2)被告的清偿行为是否影响原告行使代位权。

关于第一个争议问题,原告诉请依据的法律规范是《合同法》第73条,即"因债务人怠于行使到期债权,对债权人造成损害的,债权人可以向人民法院请求以自己的名义代位行使债务人的债权。"被告的抗辩主张并非认为原告选择的法律规范错误,而是认为其对(主)债务人的债务尚未到期,原告无权行使代位权。据此,双方的争议问题实质在于《合同法》规定的代位权行使要件之———"债务人的债权已到期"是否已经得到满足。第一个问题的争点就应当归纳为:(主)债务人的债权是否到期,这是一个关于法律规范规定的要件事实是否成立的争议,是一个事实争点。如果法官将原告代位权是否成立确定为本案的事实争点,就犯了争点整理过于笼统的错误。

> 新注 108：《合同法》第 73 条，被《民法典》第 535 条继受，内容有变动。①

关于第二个争议问题，涉及次债务人在债权人提起代位权诉讼后，向主债务人清偿债务的行为是否有效的问题。由于当事人对清偿的事实并没有争议，因此，第二个争议问题的争点可以归纳为，被告的清偿行为对原告是否发生法律效力，这是一个法律适用方面的争点。

（二）应当围绕争点进行审理

庭审开始阶段，法官应在原、被告陈述之后，简述当事人无争议的事实和证据，宣布案件的争点并听取当事人的意见，以便为后续审理打下基础；在事实调查阶段，法官应要求当事人按事实争点逐一举证、质证；在法庭辩论阶段，法官也应引导当事人围绕事实争点和法律争点展开辩论。实践证明，围绕争点审理是提高庭审效率的根本途径。当然，如果案情比较简单，当事人对争点把握较为准确，庭审开始阶段的争点整理步骤可以省略。在此需要说明的是，围绕争点审理与法官按法律规范要件全面审查案件并不矛盾，并不是说法官只能围绕争点进行审理，而对法律规范规定的其他要件事实一概不予审查，这样做既不符合法律规定也与当前的司法实践格格不入。

法庭辩论也是争点整理发挥作用的重要领域。法庭辩论往往涉及事实认定是否充分、法律要件是否完备、法律观点是否正确等，其内容较为庞杂。在思路上有所欠缺的当事人，往往会在这方面存在较大问题，经常不能辩到点子上或者遗漏重要辩论要点。因此，法庭组织及引导当事人发问，也是争点整理的一项重要内容。

（三）争点整理要以要件为基本元素

争点整理应当首先明确基本元素。基本元素是事物的核心要素。各种要素、现象的表象最终均能归结、还原为基本元素。争点整理是把案件中的纷繁复杂之内容归化为基本元素的过程。基本元素的明确，有利于解决争点整理的笼统、琐碎或不准确的问题。归纳不到基本元素，则失之笼统；归纳小于基本元素，则失之琐

---

① 《合同法》第 73 条规定：因债务人怠于行使其到期债权，对债权人造成损害的，债权人可以向人民法院请求以自己的名义代位行使债务人的债权，但该债权专属于债务人自身的除外。代位权的行使范围以债权人的债权为限。债权人行使代位权的必要费用，由债务人负担。

《民法典》第 535 条规定：因债务人怠于行使其债权或者与该债权有关的从权利，影响债权人的到期债权实现的，债权人可以向人民法院请求以自己的名义代位行使债务人对相对人的权利，但是该权利专属于债务人自身的除外。代位权的行使范围以债权人的到期债权为限。债权人行使代位权的必要费用，由债务人负担。相对人对债务人的抗辩，可以向债权人主张。

碎。而离开基本元素,则失之混乱。

在争点整理过程中,其基本元素应当是基础规范的构成要件。例如,上文中的那个代位权诉讼中,被告为了否定代位权,提出了主债务人的债权未到期的答辩意见。所以,归纳争点的时候,应当归纳为主债务人的债权是否到期,而不能归纳为代位权是否成立。如果归纳为后者,就属于争点过大或过于笼统。双方当事人为了证明债权是否到期,会提供许多证据。在这些证据问题上,当事人也会发生许多争议。如果把这些证据上的争议都归纳为争点,那就属于争点过于琐碎。

所以我们说,当归纳的争点大于构成要件,就会出现争点笼统的问题;当归纳的争点小于构成要件,就会出现争点琐碎的问题。

(四)争点整理过程中争点的多层次性

争点具有多层次的特点,其根本原因,在于其基础规范的多层次性。

基础规范的多层次性表现为几类情况:一是不完全性法条必须依靠补充性法条来进行补充,这样才能构成完整的基础规范;二是完全性法条,但仍需补充性法条来进行解释或补充;三是比较独立的完全性法条,不需要其他法条补充而可成为法律基础规范。完全性法条如果需要我们以其他法条来进行补充那就会给争点整理带来多层次性。例如,违约之诉中,当事人争点如为意思表示是否成立,则其争点表现如下:

违约请求权成立之第一层次要件——意思表示已经成立、请求符合意思表示。

当事人对意思表示是否成立表示异议,则意思表示是否成立即成为争点。

第二层次要件——意思表示是否成立的要件:意思表示达成一致、内容合法、主体适格。

如当事人对内容合法、主体适格这两个要件均无异议,对意思表示是否达成一致存在争议,则意思表示是否达成一致亦可成为争执点。

第三层次要件——意思表示是否达成一致的要件:要约、承诺、期限、承诺与要约内容一致。

当事人对其他问题均无争议,但对承诺与要约内容是否一致存在争议。此时,承诺与要约是否一致成为争执点。

此时,归纳到哪一层次,不无疑义。对于这种情况,我们可以采用两种方法来整理争点,第一种方法是逐步深入法,即随着审理活动的推进而不断把争点引向深化,即诉辩初次交锋时,可归纳为意思表示是否成立;在审到意思表示是否成立的问题时,可把争点进一步归纳为意思表示是否达成一致;在审到意思表示是否达成一致时,可把争点限定为承诺与要约是否一致。这样,当事人也随着法官的归纳而不断地把诉辩的重心引向深入。第二种方法是结合法,即上述不同层次的争点可以结合起来进行归纳,比如,我们可以把争点归纳为承诺是否与要约一致,是否影响意思表示成立的争点。

在争点整理的过程中,除了争点的多层次性之外,还要特别注意争点会不断变化,即争点的可变化性或非恒定性。比如,在一个违约之诉中,最初的争点可能是合同是否成立,然后会变成意思表示是否一致,最后转化为承诺与要约是否达成一致。

（五）争点整理的随机性和灵活性

争点整理还应当注意随机性和灵活性,即法官应当注意随时随地进行争点整理,而不是机械地在某个时间点归纳一下即告结束。

实践中,有的法官不太重视争点整理,把整理争点当作形式化或走过场的一个步骤。通常只是在原告开庭陈词和被告答辩结束后归纳一次争议焦点就算完成了任务,之后再也不进行争点整理了。

为了充分发挥争点整理的作用,我们应当把争点整理贯穿于案件审理的全过程。

在立案阶段,法官可以根据案件的不同类型,根据与当事人谈话的内容初步帮助当事人整理一下争点,让当事人对案件基本走向有个基本了解。

在证据交换阶段,法官可以帮助当事人梳理一下请求权及请求权基础的构成要件,整理出有争议事实和无争议事实,并确立证据与争点之间的对应关系,尤其是要让当事人对每个争点证据的充分性有一定程度的了解。

在诉讼指导及其他庭前准备活动中,法官更应进行争点整理,让当事人明确知道自己在诉讼中的基本思路、案件的主要争执所在。

在庭审阶段,法官应当在当事人开庭陈词、质证、辩论及一些特殊情形发生时进行全面的争点整理。

此外,在案件讨论、文书制作等过程中也应当进行一些争点整理,以便厘清思路。

四、争点整理对法官的要求

（一）法官必须高度重视争点整理在审理中的作用

争点整理的重要作用,并非每个法官均具有充分认识。实践中,许多法官并不十分重视争点整理。所谓的争点整理,许多法官只是将其简单地理解为程式化地归纳争议焦点。比如,在庭审中只是将之理解为一次形式化的归纳,敷衍、走过场;在庭审中不善于运用或根本不用争点,争点的作用未能发挥;在庭审中甚至根本不归纳争点,案件诉辩呈现出无轨电车的特点;在撰写裁判文书、讨论案件中不善于利用争点使案情要点突出、清晰。

法官不重视争点整理,原因是多元的。有思想上的,思想上未认识到争点整理的重要作用;有习惯上的,习惯上未养成,简易案件多,争点较为简单清晰,比较容易把握,归纳、整理与否对案件不会产生重要影响,准备不充分;有逻辑分析能力上的,归纳能力不强,在纷繁复杂的案件中陷入迷糊状态;有方法上的,未能掌握基本的争点整理方法。因此,要想充分发挥争点整理的作用,必须从多方面提高法官对争点整理的认知水平。

(二)法官应当提高庭前准备的质量

有的法官不能敏锐地抓住争点,与庭前准备不够充分有关。通过事先阅卷,对当事人的诉求、主要理由、主要事实及存在的主要争议了然于胸,对于准确地把握争点,具有十分重要的作用。

国外法官如美国法官会在庭前要求双方律师归纳出案情简介。有的法官会要求自己的助理事先写好案件概要:一是诉求情况;二是诉讼对抗情况:另一方是承认、否认还是提出抗辩;三是请求权基础、抗辩权基础情况;四是梳理出一致点;五是列出分歧点;六是审查出分歧事实点的证据充分情况。

对于特别情况下争点的整理更要注意。在缺席审理或被告未作答辩的情况下,需要审查下述情况:一是诉求情况;二是请求权基础;三是请求权基础要件分析;四是诉讼主张检索;五是围绕诉讼主张的举证情况。在存在反诉的情况下,对本诉、反诉的争点应当分别整理,可以合并的归纳在一起。在多方当事人的情况下,应当注意审查每个当事人诉讼主张的异同、主张的效力范围、对方对抗主张的效力范围等。

(三)法官应当提高庭审中的专注力

法庭是当事人陈述事实、发表意见、展示证据的场所。法官认真倾听,不仅是法庭礼仪、尊重当事人的需要,更是一种法定职责。

专注于当事人的陈述,是准确归纳当事人争议要点的前提。不专注倾听,则无法准确、客观地归纳当事人陈述或辩论要点。

为了提高专注力,法官还应养成自行记录的习惯,在庭审过程中应当有意识地把当事人陈述的内容要点予以摘录以备忘。一要注意当事人陈述之要点;二要注意当事人回答之要点;三要提示当事人专注,必要时可提示当事人记录,同时还要关注当事人的理解、归纳能力;四要注意书记员记录情况。

提高专注力还应当遵循专注力持续规律,必要时予以休庭。否则,法庭内的人员专注力都将下降,从而影响庭审效果。提高专注力应当注意尽量减少转移或分散注意力的因素。

(四)法官应当提高审书配合意识

审书配合在法庭审理中是一个比较容易被忽视的问题。法庭记录是法庭审理中的一个非常重要的环节。它承担着客观反映庭审过程的重任,对于完整体现当事人的立场、观点、证据提出、质证等具有十分重要的意义。但法庭记录对记录能力亦有着严格的技术性要求,既要有较快的文字处理能力,亦要有较为专注的工作能力,还要有较强的归纳能力,以确保记录的客观、全面、清晰。

事实上,并非每位书记员都有如此强大的专业技术能力,尤其是欠缺强大的归纳能力。因此,实践中,我们经常出现法庭记录不完整、不准确而引起当事人投诉、上诉改判的情况。法官在争点整理过程中应当特别注意利用争点整理来改善书记员的工作效果。例如,每当法官归纳好一方当事人的发言后,书记员对要点的记录效果会明显得到改善。尤其是对于归纳后的要点,法官如能提示书记员记录在案,则记录将势必更佳。

法官还应当注意语速问题,对于语速过快的当事人,应当提醒当事人放慢语速。或者,干脆要求当事人按照要点逐点发表意见。同时,还应当注意自己的讲话语速。

（五）法官应当提高归纳能力

法官必须具有强大的归纳能力。争点整理需要法官具备从散布的、宽泛的语言材料和证据材料中总结、提炼,找出各种要素和因素之间的内在联系,再从中归纳出要点的能力。对当事人的陈述,要会归纳,这要特别注意。原告说了半天,他可能不知道在说什么,被告也可能听不明白,或者记不下来,要靠法官帮他记录下来。笔者在开庭时有个习惯,拿一些白纸放在边上,当事人在陈述时,争点一是什么,争点二是什么,争点三是什么,随时记录整理出来。一张纸分开记,这边一半,那边一半,这边是原告陈述的一、二、三、四,那边是被告陈述的一、二、三、四。对应起来的内容发生交叉,没有对应到的要提示当事人进行争锋。因为在法庭上一方对对方的陈述,往往会回避对他不利的东西,保持沉默,或者否认,或者说"不知道",还可能提出抗辩,或者附条件自认——如果是这样说的话,那我同意他的说法。他有个前提,"如果是这样说的话"。法官要及时归纳,有效地区分出来。

在复杂、疑难案件中,如果法官不具备强大的归纳能力,则容易在审理中出现抓不住要点、抓不住重点的情况,案件审理极易陷入混乱与僵局,既影响效率,亦影响结果的公正性。因此,法院应当注意提高法官的归纳能力。归纳能力的提高,需要长期的积累,亦需要进行专业的训练。

归纳能力提高的长期性及可训练性。归纳能力的提高,还具有一定的规律。重点在于,寻找当事人诉讼意见的分歧点,也就是说,一是要有一种把复杂问题分解成简单问题的能力;二是要有一种寻找相同点和不同点的能力;三是要有一种抓住权利基础、剖析审判思路主线的能力。

第十一章 要件审判九步法第七步

——要件事实证明

争点整理结束后,法官即应以案件的事实争点为核心,组织各方当事人进行举证、质证,运用证据规则,对要件事实展开有效的证明活动。

一、要件事实是如何证明的?

把案件事实调查中需要查明的事实争点整理出来以后,接下来需要做的事情就是案件事实的证明。案件事实证明阶段,重点需要解决以下几件事情:

首先,法官应当根据整理出的事实争点,组织当事人举证、质证,帮助当事人理清举证、质证的基本任务和要求。同时还应辅之以必要的举证、质证指导,尤其是要对举证过程进行控制。

其次,对各要件事实的举证责任作出分配,使承担举证责任的当事人明确知晓真伪不明情形下的风险所在。同时,还要对证据提供义务作出说明,促使负有提供证据义务的当事人向法庭提交相关证据。

再次,在证明过程中,法官应当及时将心证结论告知当事人,以促使其围绕法官的心证结论展开诉讼行为,包括申请调查收集证据及自行补充证据。

最后,审查当事人是否已经用尽证明资源及证明方法,如存在明显缺陷,法官可通过指导要求其继续举证。同时,还要根据《证据规定》的有关规定,审查各方当事人是否已经就其主张的所有要件事实完成了证明。这种审查,实际上就是逐一检索当事人是否已经对所有要件事实完成了证明。

二、如何有效地组织当事人举证、质证?

实践中,法庭质证过程中非常容易出现混乱局面。有些案件开庭的时候,常常会不知不觉出现"说不清、听不清、记不清"的"三不清"局面。之所以会出现这种局面,是因为以下四个方面的原因:

一是当事人诉讼思路不清,甚至不清楚自己的诉讼需求,更不清楚怎样围绕自己的诉讼需求来举证质证。

　　二是当事人法律素质过低、表达能力不强引起的混乱,语焉不详。实践中,有的当事人甚至完全不知道如何举证,也不知道如何发表自己的质证意见。

　　三是指代不明引起的混乱,主要根源在于庭前准备工作做得不够充分。证据未能做到事先编号,未能事先明确证据名称或简称。在双方当事人举证数量众多的情况下,未事先进行证据整理,就容易引起表述上的混乱。有时,虽然当事人在法庭上都称自己提交的合同为"合同",但其实双方的合同文本是有差异的。各自在陈述"合同"一词时,其所指向的合同文本完全不同。甚至在同一个当事人的陈述中,前后不同的陈述所称的"合同",亦有可能发生指代上的差异。

　　四是质证方法不当引起的混乱。有的案件案情比较复杂,需要查明的事实较多。如果双方争议较多,质证不分组不分争点,即容易出现混乱,尤其是当事人发表质证意见时容易遗漏,或者缺乏针对性。

　　要有效地组织当事人进行举证、质证活动,我们应当有效运用争议焦点,使举证、质证活动围绕争议焦点来展开。从实践中的情况看,举证、质证可以分为三种方式:

　　第一种方式,集中提交式。这种方式通常适用于案情比较简单、争议不大、证据数量不多的情况。使用集中提交证据的举证、质证方式,其优点在于简化证据提交过程,传递证据比较省事。但其也存在明显的弊端:其一,质证容易混乱。证据往往不编序号。当事人对证据的真实性、关联性和合法性发表意见时容易出现指向不明的情况。证据名称容易被省略(证据清单和证据编号的重要性),还不容易记录。其二,如果在此过程中当事人就某一证据的某一点发生争执,则证据质证还很容易发生证据遗漏。所以采用这种质证方式,法官的任务很重,一方面必须厘清证据名称,确保当事人言有所指;另一方面必须随时整理证据争点,避免发生证据遗漏现象。

　　第二种方式,逐一质证式。这种方式比较适合于案件争议不大、证据不多的情形。逐一质证的优点是证据比较清晰、条理清晰,不容易发生遗漏。其缺点有二:其一,逐一质证显得效率较低,看上去比较烦琐。在证据稍多的情况下,法庭上的证据传递容易让人眼花缭乱。其二,容易陷入逻辑混乱。事实较复杂、证据较多时,质证容易比较凌乱,易发生颠倒逻辑次序的举证行为。尤其是我国大部分当事人没有制作证据清单以及作庭前准备的习惯。这种方式下,举证顺序,法官较难控制或指导。

　　第三种方式,分组质证。这种方式比较适合案件事实比较复杂、事实争点较多的情况。如果这种情况仍采用集中式、逐一式质证,则其弊端非常明显。分组质证具有以下几个优点:其一,质证条理非常清晰。既可避免集中质证笼统化的弊端,亦可避免逐一质证效率较低及逻辑性较差的不足,法官可以按照争点进行归类,使引导当事人举证、质证成为可能。其二,证明对象容易确定。不少当事人在举证时比较容易忽略陈述证明对象,采用分组方式,争点本身即可能就是证明对象。其三,质证效率得到保障。一组一组地提交证据,据实践观察,其效率比逐一提交证据要高,原因在于争点本身比较清晰。例如,证明意思表示成立的证据可能有八份,其中有一份系关键证据。当事人看到该份证据,提不出什么反对意见,促进其对争点涉及的事实予以自认。但逐一质证则不容易发生这种效果,当事人由于是分散认知案件事实,不容易产生综合的、有效联系的、有说服力的认知,故极其容易陷入对细枝末节的争执之中,从而影响效率。分组质证可以为法官提供引导质证的可能。

分组质证方式成功与否,最关键的是如何分组。对此,一般可以以争点为分组的主要依据。这样,就可以按照争点一个一个地质证。证据也就以争点为中心一组一组展开了。争点可以由法官来进行把握。分组质证为法官驾驭证据提供了可能。

分组质证方式对法官的要求要略高一些。它要求:首先,法官必须进行争点整理;其次,法官必须熟悉当事人可能拥有的证据,心中应当有个大致的把握。只有这样,质证才比较容易顺利开展。

有人认为,根据辩论原则,对于无争议的事实,可以直接运用自认规则,无须再进行证明活动。这种观点有一定道理,但并不全面。对于无争议事实,仍然可能涉及举证、质证,有些情况下仍须适度举证,主要涉及基础性的、关键性的证据。这是因为:其一,确认(或称特定化)规则。即确认系此份证据而非彼份证据。例如,案件中涉及多份合同,需确认系哪一份合同。其二,自认意思的具体化或特定化规则。在当事人自认意思表示不够明确具体,或者存在歧义的情况下,对其自认的意思可能仍需解释。其三,谨慎原则。在确权之诉、否定的确认之诉、巨额劳动报酬之诉、违约之诉等类型的诉讼中,往往存在一些可能损及第三人利益的情况,应当予以适度审查;对当事人过于快速、不符合常规的自认,应当予以适当关注。其四,强效力规则。我国目前对预决事实的拘束力采用了强效力规则,《证据规定》第9条第1款第4项,赋予了预决事实以过强的拘束力,这种拘束力超越既判力的主观范围乃至客观范围,容易让第三人陷入极其不利的境地。

> 新注109：《证据规定》第 9 条第 1 款第 4 项，被 2019 年修正的《证据规定》第 10 条第 1 款第 6 项继受，内容有变化。①

三、要件事实证明与竭尽证明资源及方法原则

要件事实证明中一个比较重要的要求是竭尽证明资源及证明方法。竭尽证明资源，就是设法让当事人把证据都拿出来，避免当事人有证据却失权。欲使当事人竭尽证明资源及方法，须注意几点：

第一，法官应当就举证的方法、形式要求及可能的证据来源等方面对当事人进行指导。很多当事人不知道如何举证，不知道怎样收集证据，不知道到哪里去找证据，不知道证据的内容和形式有哪些要求，等等。法官应当注意就这些事项向当事人作出解释和说明。

第二，法官还应当促使当事人穷尽证明方法。

［案例］在一起债务纠纷中，原告起诉被告要求被告返还欠款，被告抗辩称原告债权已经超过诉讼时效。原告遂举出原告派出两人到被告当地催讨欠款的飞机票及住宿费发票。被告质证认为，原告提交的证据只能证明曾有人到过当地，但不能证明所派人员前往当地是为了催讨欠款。原告未向法庭再补充任何证据，亦未要求法庭传唤证人，致时效中断的事实未能得到有效证明。

在上面这个案例中，原告实际上还可以传唤证人出庭，以补强相关证据。当然，原告之所以未申请传唤证人出庭，可能与其对利害关系证人有认识上的误区有关。这个问题详见本章最后一个部分。

实践中，我们还有不少当事人不知道怎样使用一些基本的证明方法。

［案例］在一起欠款纠纷中，原告起诉被告要求返还欠款 200 万元。被告认为原告所提供的欠条上的记载虚假，实为赌债。案件事实证明活动陷入僵局。法官为了查明事实，决定传唤在赌博现场的四名证人出庭。为了确保质证效果，法院采用了隔离质证规则。由于四名证人在法庭上无法获得其他证人回答问题的相关信息，因而，法院很快就获得了该笔欠款为赌债的心证结论。原告为了推翻法官的心证，声称自己在朋友家中搓麻将而不可能出现在赌博现场，法院同样传唤了原告所

---

① 《证据规定》(2001 年) 第 9 条规定：下列事实，当事人无需举证证明：……(4) 已为人民法院发生法律效力的裁判所确认的事实；……

《证据规定》(2019 年修正) 第 10 条规定：下列事实，当事人无须举证证明：……(6) 已为人民法院发生法律效力的裁判所确认的基本事实；……

称的几位朋友并采用了隔离质证规则对原告方的多名证人进行了质证。结果,由于几名证人被隔离开来,作证内容错漏百出,彼此矛盾,法官很容易地得出原告主张为假的结论。在这起案件中,由于对同一事实有多个证人在场,隔离质证规则是最为有效的证明方法,但遗憾的是,整个质证过程,当事人基本上不知道如何发问,不知道如何发现对自己有利的回答要点,不知道如何让证人在回答问题的过程中出现错漏或矛盾之处。这一过程,基本上是由法官来完成的。

从上述两个案例可以看出,当事人对传唤证人出庭、隔离质证、相互发问等规则存在认识上的盲区,证明方法不能用尽的问题在实践中还是比较严重的。所以,我们一方面要注意向当事人作出相关证据规则的说明和指导,另一方面也要主动运用一些措施来保障相关证据规则得到有效运用。例如,要有效运用隔离质证规则,就要加强证人在等候作证时的隔离管理,避免证人旁听庭审或与完成作证的证人取得口头联系或手机短信联系。此外,必要时法官还要注意引导当事人发问。

第三,法官应当适当对调查取证问题作出一定的说明和提示。当前,我国当事人举证能力总体上较弱,实践中经常出现当事人明明有证据却不知道如何调查收集,或者不知道向法院申请调查收集,以至于一些本来该胜诉的案件却败诉了。这就迫使我们重新反思当事人主义的证据调查收集制度存在的问题,这些年又逐步加强法院调查收集证据的力度。当然,这并不是要重新回到过去那种超职权主义的诉讼模式,实行法官包办一切的调查收集证据制度。但要想不走回头路,一个非常重要的做法就是对当事人调查取证作出必要的说明和指导。

第四,法官要注意做到心证结论的公开。为了竭尽证明资源及证明方法,确立法官心证公开义务是一个非常重要的手段。这是我们不少法官容易忽略的问题。在许多国家和地区,如日本、德国以及我国的台湾地区,均把法官心证结论的公开作为法官的一项义务,也是法官释明义务的一项重要内容。心证结论公开之所以重要,是因为这是促使当事人竭尽证明资源、用尽证明方法的有效手段。当事人在诉讼过程中会提供许多证据,但当事人作为非法律职业人士,基本上无法判断自己所举证据的充分性。如一起建设工程承包纠纷,原告起诉请求被告给付工程款,其主要证据是被告出具的一份工程款确认函。被告认为工程款有严重被高估的情形,不认可自己所出具的确认函,并为此提供了大量证据。法院未向当事人说明自己的心证结论,原告自认为那份确认函系双方最终的意思表示,具有决定性的证明力,且认为如果再在此基础上补充证据就意味着自己一方放弃主张该确认函的法律效力,遂未补充任何证据,但判决结果并未如原告所愿。原告不服上诉后在二审法院提出了大量证据,但这些证据由于并不符合"新证据"的定义而几乎被拒绝。当然,在这种情况下,以逾期为由拒绝采纳这些证据是有疑问的,因为法官并未将心证结论告知原告,尤其是没有告知被告提供的证据已经足以撼动原告所提供的关键证据——确认函。如果法官把自己的心证结论告知原告,原告必然会把相关的辅助性证据提交出来。心证结论公开的主要原因就在于促使双方当事人用尽证据资源,给当事人根据法官心证结论(虽然只是初步结论)补充证据的机会。

心证结论公开要注意两个问题:一是公开的时机,不是到裁判文书制作的时候才予公开。有人认为,只要在判决书里面公开了认定事实的结果,就是公开心证结论。这是一种误解。在判决书中公开事实认定结果,只是一种事后公开。心证结论公开的目的是让当事人用尽证据资源,所以一定要做到事前公开。二是公开的方式。这是因为我国司法所面临的形势比较复杂,稍有不慎可能会让当事人产生不信任感甚至情绪激化。有的当事人可能会认为法官未审先定或者认为法官有偏见。所以,一名优秀的法官既要善于把心证结论公开,亦要善于把握公开的方法与技巧,避免当事人产生对抗心理。在这方面,宋鱼水、袁月全等优秀法官为我们提供了大量成功经验。我们决不能因为出现过个别极端情况就放弃心证公开。

四、要件事实证明与举证责任分配

(一)法官必须把案件事实的举证责任分配给双方当事人

一般而言,承担举证责任的当事人通常会更加具有举证的积极性。

事实证明阶段比较重要的任务是解决举证责任问题。举证责任主要涉及两个层次的问题:

一是结果意义的举证责任问题,主要涉及案件事实真伪不明的情况下败诉风险的承担问题。

二是行为意义的举证责任问题,主要涉及案件的相关证据应当由谁提供的问题。

要顺利地完成案件事实的证明问题,必须首先解决举证责任的分配问题。只有把举证责任明确以后,才能让当事人明确自己的风险所在及责任所在,激发他们举证的内在动力。通常情况下,承担结果意义上举证责任的一方当事人会比不承担这一责任的当事人更具举证积极性。因为一旦案件事实真伪不明,他要承担败诉风险,因而他更有危机意识。所以,举证责任也被认为是诉讼上的"发动机"。法官在查明要件事实的过程中应当首先明确举证责任的分配问题。

(二)法官必须说明证据提交责任(示证义务)

《证据规定》第75条规定:"有证据证明一方当事人持有证据无正当理由拒不提供,如果对方当事人主张该证据的内容不利于证据持有人的,可以推定该主张成立。"该条确定了当事人的示证义务。在诉讼中,应当把《证据规定》第75条的内容向当事人讲清楚,把相应的后果讲明白,促使当事人把重要证据提交出来,避免因为误解而导致不利。

> 新注110:《证据规定》第75条,被2019年修正的《证据规定》第95条继受,内容有变动。①

理解《证据规定》第75条须注意两点:一是容隐特权,必须要有正当理由;二是不可延伸,仅限相关案件,不得扩及其余。

(三)法官应当尽早分配举证责任

"当事人关于纠纷事实的叙述往往包含许多对法律判断毫无价值的个别情事、情势,另外,又可能遗漏一些重要的情节。"因此,从生活事实向案件事实(或法律事实)的转化"同时意味着对纠纷事实中有法律价值事项的挖掘和对无法律价值事项的删减"。② 司法实践中,如果当事人不能根据自己的请求权或抗辩权正确地提出自己的事实主张,会导致诉讼不能按照逻辑关系有序进行,不仅举证、质证以及审理等诉讼活动会陷入混乱,而且当事人的诉讼请求和抗辩主张也无法得到支持。因此,为了妥善解决纠纷,法官应在审查当事人诉讼主张的基础上,明确请求权基础和抗辩权基础的要件事实,尽早通过提问、告知、指示等方式进行释明,使得当事人更加清晰地理解权利基础规范的构成要件,并及时补充和更正事实主张,或者就矛盾之处予以解释明确。

五、要件事实证明与举证时限制度

法官应当把举证时限告知当事人,不能因为已经通过举证通知书一次性告知了当事人相关证据事项就放弃善意提醒,应当充分注意现阶段我国的国情和民情。

(一)举证时限制度是否构成了《证据规定》为社会公众接受的关键障碍

许多人指责和质疑《证据规定》,理由最主要集中于举证时限制度。那么举证时限制度确实应当负起这个责任吗? 对此,我们亦应当持审慎态度。如果问题并

---

① 《证据规定》(2001年)第75条规定:有证据证明一方当事人持有证据无正当理由拒不提供,如果对方当事人主张该证据的内容不利于证据持有人,可以推定该主张成立。
《证据规定》(2019年修正)第95条规定:一方当事人控制证据无正当理由拒不提交,对待证事实负有举证责任的当事人主张该证据的内容不利于控制人的,人民法院可以认定该主张成立。
② 宋英辉、汤维建主编:《我国证据制度的理论与实践》,中国人民公安大学出版社2006年版,第99页,注1。

非出在制度本身,而是在把握上出现偏差,那么我们就应该纠正这种偏差,以使之符合大众化的目标。

毋庸置疑,举证时限制度确实给我们长期以来坚持的当事人可以随时向法院提交证据的观念(学者们称之为"证据随时提出主义")带来了巨大冲击。举证时限制度实施以后最大的问题在于当事人往往不知道逾期举证的法律后果,经常在举证期限届满后举出关键证据。这种证据往往足以决定案件的胜负。法官遇到这种情况,如果不采纳这种证据,牺牲实体公正,有违传统价值观;如果采纳这种证据,对方当事人往往坚称法院采纳已经超过举证时限的证据,有违公平原则。

不少人认为,举证时限制度的实施使许多当事人无端丧失了实体权利,有违民事诉讼最大限度地实现公正的基本原则,因此,与其让这一制度在实践中发生有害之后果,不如干脆睁一只眼闭一只眼,事实上不再适用举证时限制度。对此,我们应该辩证地看待。一方面,**我们应当看到这种观点积极的一面,**其出发点是为了避免本来能够胜诉的人因为诉讼知识的欠缺而败诉,这样有利于最大限度地实现司法公正,这无疑是具有人文关怀精神的。但另一方面,**我们也要看到这种观点的局限性。**其局限性在于没有看到,该项制度相对于不对举证时间作任何限制的制度而言,具有明显的提高诉讼效率的优势。**我们不能忘记,过去,当事人无论是在二审,还是在再审程序中,均可以以一纸隐藏起来的"新证据",推翻本已生效的判决裁定。一些不怀好意的当事人可以恣意以之蔑视和践踏法律。**因此,维护诉讼效率并维护人民法院裁判的既判力,实际上就是在维护司法权威。如果没有举证时限制度的保证,审判时限制度是很难得到落实的,举证时限制度的这一功能是不可替代的。但同时,我们也应当看到,这项制度对于当事人的实体权利而言,是一种极大的威胁,稍有不慎,即有可能使当事人丧失合法权利。因此,对于这项制度的适用,我们应当持十分谨慎而科学的态度。

(二)如何准确适用举证时限制度

据初步调查,在适用举证时限制度时,我们的法官存在几个方面的问题:一是**不能对当事人的举证责任、证明要求及证明方法进行释明,**也不能根据审理进程将法官的心证过程告诉当事人,当事人始终处于糊里糊涂的状态,不知道什么情况下应该补充证据,甚至误以为有些证据应当由对方当事人提供。还有的当事人不知道如何来证明自己的诉讼主张或抗辩主张,而我们的不少法官却以为法院在寄发的举证通知书上已经作了举证释明。接下来的事情与己无关,因而不能根据案件审理的进展适时进行特别释明,在这种情况下适用失权规则,显然容易产生不合理的结果。二是**不能明确告知当事人逾期举证的失权后果,**这是适用举证时限制度的法定要求,但现实中,有部分案件就是因为这个原因而被发回重审或改判,这在一定程度上也影响了部分法官适用该制度的积极性;三是有的案件在举证期限届满后,对方当事人才对证据提出异议或提出新的事实主张或抗辩,但我们的法官却**机械地套用失权规则**,使另一方当事人处于极其不公的状态。例如,在一起买卖合同欠款纠纷案中,原告作为卖方起诉买方。举证期限届满前,原告提交了十二套单据,被告在庭审中提出的抗辩是其中一套单据上的印鉴是假的,原告必须就此举证,但此时已经超过举证时限了。事实上,这种情况是不能认为已经超过举证时限的,因为在此之前,关于印鉴真伪的事实争点尚未形成,举证时限只能适用于已经形成的争点事实主张;四是有的案件出现当事人逾期举证情形后,我们的法官在**审查是否具有客观原因时**,对该方当事人**过于严苛**,导致该纳入法官视野的证据被排除在外,从而使案件结果有失公允;五是在法官作了特别释明和告知后当事人没有正当理由仍然逾期举证,我们的法官却**不敢运用失权规则**。上述种种问题,说明我们对举证时限制度的把握还不够准确。因此,在适用举证时限制度时,我们完全应当通过自己的努力使该制度得到合理的适用。对于那些无正当理由或者客观原因,并经过适时的特别释明,当事人仍然逾期举证的情形,我们就应当坚决适用失权规则。

把握举证时限应当注意区分五个层面:

	是否已经产生	是否知道证据的存在	是否占有或控制	是否有举证必要性
第一层次	新产生			
第二层次	已经产生	尚不知道		
第三层次	已经产生	已经知道	尚未占有或控制	
第四层次	已经产生	已经知道	已经占有或控制	尚无举证必要性
第五层次	已经产生	已经知道	已经占有	已经具有举证必要性

对于上述第五层次的证据,法官还应当辅之以必要的释明,以确保当事人及时向法庭提交,避免当事人因不知道举证必要性而丧失权利。对于那些经过法官合理释明后仍然无正当理由拒绝向法庭提交的,应当坚决适用失权规则。

六、要件事实证明与利害关系证人

实践中常见的问题是利害关系证人的证言的可采性问题。我们有不少法官错误地以为利害关系人的证言在民事诉讼中应当一律排除,认为利害关系人会因为利害关系而作伪证或者因为其作证立场会偏离客观中立性,因而不允许传唤证人,将本应传唤到庭的证人排除在庭审之外,致使本应胜诉的当事人败诉。曾有一起买卖合同欠款纠纷案,原告系一国有毛纺厂,向被告出售 20 吨毛料。被告提货后未及时付款,原告遂起诉。该案中,被告提货时,原告的出库员忘记让被告提货人员在提货记录上签名。庭审中被告称自己从未收到这批货。原告遂申请要求传唤被告提货时在场的所有人员到庭作证。原告当时在场的有部门经理、业务员、出库员、门卫等六七名人员。但法官却认为这些人均为原告内部的工作人员,其证言属利害关系人的证言,一律不可采纳,拒绝传召这些证人,致该案后来再通过刑事手段进行下去,问题趋于复杂化。

这是一个认识上的误区。利害关系证人的证言从来没有被排除在证据范围之外,我国《证据规定》第 65 条规定:"审判人员对证人或者提供证据的人,可从与当事人有无利害关系等角度进行审核认定。"该条并未否定有利害关系人的作证资格。第 77 条第 5 项规定:"证人提供的对与其有亲属或者其他密切关系的当事人有利的证言,其证明力一般小于其他证人证言。"该条则明确表明利害关系人证言是可以被认定的,只不过"其证明力一般小于其他证人证言",并且也只是"一般"小于其他证人证言,并非当然小于其他证人证言。事实上,利害关系证人的证言通过一定的当庭质证程序,如一般口头质证、隔离质证程序,不仅可以被采纳,而且甚至可以建立非常强大的证明力。六七个人在法庭上被分开隔离地就提货当时发生的情况作证,如果是作伪证的话,很难想象他们有能力把种种细节都串到一起。

新注 111:《证据规定》第 65 条,被 2019 年修正的《证据规定》第 87 条继受,内容有变动。[①]

新注 112:《证据规定》第 77 条,2019 年修正的《证据规定》未保留该条规定。[②]

[①] 《证据规定》(2001 年)第 65 条规定:审判人员对单一证据可以从下列方面进行审核认定:(1)证据是否原件、原物、复印件、复制品与原件、原物是否相符;(2)证据与本案事实是否相关;(3)证据的形式、来源是否符合法律规定;(4)证据的内容是否真实;(5)证人或者提供证据的人,与当事人有无利害关系。

《证据规定》(2019 年修正)第 87 条规定:审判人员对单一证据可以从下列方面进行审核认定:(1)证据是否为原件、原物,复制件、复制品与原件、原物是否相符;(2)证据与本案事实是否相关;(3)证据的形式、来源是否符合法律规定;(4)证据的内容是否真实;(5)证人或者提供证据的人与当事人有无利害关系。

[②] 《证据规定》(2001 年)第 77 条规定:人民法院就数个证据对同一事实的证明力,可以依照下列原则认定:(1)国家机关、社会团体依职权制作的公文书证的证明力一般大于其他书证;(2)物证、档案、鉴定结论、勘验笔录或者经过公证、登记的书证,其证明力一般大于其他书证、视听资料和证人证言;(3)原始证据的证明力一般大于传来证据;(4)直接证据的证明力一般大于间接证据;(5)证人提供的对与其有亲属或者其他密切关系的当事人有利的证言,其证明力一般小于其他证人证言。

七、要件事实的证明与证人出庭作证

应当明确证人不出庭证言的证明力应大幅度降低。这是由于以下几个原因：第一,质证是当事人的权利,只有极为特殊的情况证人方可不出庭。第二,出庭质证可以大大提高证言的证明力,因为在质证过程中,可以由当事人、律师及法官对证人进行诘问,诘问可以对其证言之中的疑点、矛盾及模糊之处加以进一步明晰。第三,证人出庭接受质证,为法庭提供了通过信息不对称机制对证人进行诘问的可能性,如隔离质证规则的运用。这一点在要件事实的证明过程中应当准确把握,一方面最大限度促使证人出庭作证,提高事实认定的准确性;另一方面,在无其他补强证据的情况下,不轻易依赖书面的证人证言对要件事实作出认定。

第十二章　要件审判九步法第八步

——事实认定

当事人举证、质证完成后,法官即应根据《证据规定》的有关规定,审查认定各方当事人所提供证据的证明力,并据此认定相关案件事实。

当事人举证、质证后会出现三种情形:

第一种情形,当事人的证据能够支持原告提出的全部事实主张。

第二种情形,当事人的证据能够支持被告提出的否定性主张或其抗辩事实主张。

第三种情形,当事人的证据穷尽后,仍然不能证明各自的事实主张,案件事实仍然处于真伪不明的状态。

对于上述第一种情形,应当认定原告的事实主张成立。

对于上述第二种情形,应当认定被告的事实主张成立(在被告提出抗辩性主张的情况下)或原告提出的事实主张不能成立(在被告提出否定性主张的情况下)。

对于上述第三种情形,应当适用举证责任分配规则来解决真伪不明的问题。

具体而言,事实认定主要遵循以下步骤:

一、自认事实的直接认定

认定事实首先要解决自认事实的认定问题,也即我们通常所说的无争议事实的认定问题。根据自认规则,当事人自认的事实,另一方当事人无须举证。[①] 也就是说,当事人对事实的自认,一般会产生两个方面的效力:一是对对方当事人的免证效力,二是对法院的拘束力。所谓对法院的拘束力,是指法院应当以自认的事实作为裁判的基础,不必进行审查,不得作相反的认定。[②] 由于自认规则具有降低诉

[①] 《证据规定》(2001 年)第 8 条第 1 款规定:"诉讼过程中,一方当事人对另一方当事人陈述的案件事实明确表示承认的,另一方当事人无需举证。"

[②] 参见李国光主编:《最高人民法院〈关于民事诉讼证据的若干规定〉的理解与适用》,中国法制出版社 2002 年版,第 118 页。

讼成本、提高诉讼效率的作用,因此我们在认定事实时,一定要善于运用自认规则,首先把自认事实固定好。

新注 113:《证据规定》第 8 条,被 2019 年修正的《证据规定》第 3 条继受,内容有变动。①

正是由于自认规则具有强大的拘束力,法官一定要准确适用,尤其对于一些技术性要求要把握到位。比如,自认的条件、自认的撤回等规则有一定的复杂性,并且有大量例外性规则,作为一名职业法官,应当深入研究并在实践中娴熟运用。但是,这里有一个重要问题需要特别强调,那就是自认规则对法院的拘束力只是相对拘束力,而不是绝对拘束力。为什么只能是相对拘束力呢?这是因为自认会出现错误自认、胁迫自认及涉他自认等情形。尤其是在涉及第三人利益的时候,经常会出现当事人恶意自认甚至利用自认来达到逃避责任目的的情况。

[案例一]某甲起诉某乙,要求确认房屋产权归某甲所有。在法庭上,某乙非常配合,承认房屋产权归某甲所有。法院遂依其自认作出产权确权判决。某甲持该判决到法院执行庭,称在某乙名下被查封的房屋产权归自己所有,要求法院解封。

[案例二]某甲起诉乙公司等,要求确认股权并变更登记。乙公司等对某甲的起诉内容均予自认。自认内容中包含着其已实际出资到位的陈述。待法院作出确认判决后,某甲以判决内容对抗要求其承担出资责任的债权人,称法院在确认判决中已经认定其出资到位的事实。

实践中,诸如此类的涉他自认案例时有发生。法院在适用中一定要十分谨慎,否则,就有可能给当事人留下法律漏洞。像上面分析的案例一,有可能是当事人为了对抗法院强制执行而串通起来,意图通过确权判决逃避债务。案例二,有可能是当事人为了逃避出资责任而串通自认。所以,在这里我们一定要纠正一个误区,并非所有的自认事实法院都不能审查,特别是在涉及第三人利益的时候,法院一定要慎用自认规则。

---

① 《证据规定》(2001 年)第 8 条第 1 款规定:诉讼过程中,一方当事人对另一方当事人陈述的案件事实明确表示承认的,另一方当事人无需举证。但涉及身份关系的案件除外。

《证据规定》(2019 年修正)第 3 条规定:在诉讼过程中,一方当事人陈述的于己不利的事实,或者对于己不利的事实明确表示承认的,另一方当事人无需举证证明。在证据交换、询问、调查过程中,或者在起诉状、答辩状、代理词等书面材料中,当事人明确承认于己不利的事实的,适用前款规定。

二、举证、质证充分性的评估

(一)举证充分性的评估

在进入事实认定阶段之前,法官应当先把好一道关,即对当事人举证的充分性的评估。也就是说,法官要根据自己的审判经验,先大致估计一下,当事人是否已经把自己的证据比较充分地提出来了。如尚未充分举证,则应该在合乎规则的前提下尽量让当事人把证据充分提交出来。之所以这样做,目的是避免当事人"出师未捷身先死"。在当事人尚有大量证据未提出的情况下,不要轻易进入事实认定阶段,这也是竭尽当事人证明资源原则的一个体现。这一点,我们在上一章中已经讲过了。

(二)质证充分性的评估

质证充分性,是进行事实认定的基本前提。在未经法庭质证的情况下,不得进入事实认定。所以,质证充分性评估也是在进入事实认定之前的必经程序。质证充分性,主要审查相关证据是否已经经过法庭质证,或者虽经法庭质证,是否存在当事人遗漏质证意见等情形。

实践中,经常会有当事人在庭审结束后提交或补充证据,遇到此类情形,应当如何处理?这种情况下,法官应当让当事人对提交或补充的证据进行补充质证。否则,庭后提交的证据不具有可采性。

三、证据"三性"的判断

(一)证据合法性判断

证据合法性,要求证据的形式以及证据的收集和运用必须符合法律的规定。证据不具有合法性,则被认为不符合证据能力要求而丧失证据资格。由于不具备合法性的证据不能作为证据采纳,所以证据合法性判断很重要。一般而言,证据合法性从两个方面进行审查:一是形式合法性审查,即审查证据的形式是否合法,包括证据类型合法性、书面合法性、签章合法性等;二是程序合法性审查,即审查证据的收集程序是否合法,主要是审查证据收集的手段、方式是否合法。证据规则中,采用侵犯他人合法权益或者违反法律禁止性规定的方法取得的证据,比如收买证人、胁迫证人取得的证言或者刑事案件中采用刑讯逼供等方式取得的证据,不能作为认定案件事实的证据。换言之,违反程序合法性的证据属于非法证据范畴,应当适用非法证据排除规则予以排除。[1]

---

① 参见《最高人民法院关于民事诉讼证据的若干规定》(2001年)第68条。

> 新注114:《证据规定》第68条,2019年修正的《证据规定》没有保留该规定,该条被《最高人民法院关于适用〈中华人民共和国民事诉讼法〉的解释》第106条继受,内容有变动。①

(二)证据关联性判断

证据关联性是指证据事实与案件事实之间存在联系的性质。换言之,一项证据具有关联性,就表明该项证据对证明待证事实具有意义。对于案件事实的证明不具有证明意义,则被认为不具有关联性。关联性判断首先解决证明效率问题,即有证明价值或证明意义的证据方可纳入法庭审理范畴,否则,如果任由当事人毫无边际地举证,则诉讼程序可能变成遥遥无期的马拉松,不仅会无端耗费司法资源和当事人精力,而且会极度降低诉讼效率。因此,关联性判断成为审理认定证据必须解决的一项重要任务。② 为了尽早让关联性问题尘埃落定,节省司法资源,对证据的关联性判断应当尽早开始,最好在证据交换时就进行。

> 新注115:《证据规定》第65条第2项,该条被2019年修正的《证据规定》第87条第2项继受。③

(三)证据真实性和证明力判断

证据的真实性和证明力,是法官最难完成却也是最能体现法官功力和艺术性的一项任务。要完成证据真实性和证明力的判断,非常复杂,其中有几个因素必须引起法官的特别注意:一是证据的来源,证据的来源经常会影响我们对证据的判断;二是动机因素,比如提供证据的人或证人是否与当事人有利害关系,这种利害关系往往会影响其作证的动机;三是认知因素,比如当事人或证人的理解能力、记忆能力、年龄、心理、表达等因素会较大影响认知因素;四是证据产生的场所、过程等细节因素;五是证据的内容及其与其他证据的协调性。

---

① 《证据规定》(2001年)第68条规定:以侵害他人合法权益或者违反法律禁止性规定的方法取得的证据,不能作为认定案件事实的依据。

《最高人民法院关于适用〈中华人民共和国民事诉讼法〉的解释》第106条规定:对以严重侵害他人合法权益、违反法律禁止性规定或者严重违背公序良俗的方法形成或者获取的证据,不得作为认定案件事实的根据。

② 关于证据关联性的规定,参见《最高人民法院关于民事诉讼证据的若干规定》(2001年)第65条第2项。

③ 《证据规定》(2001年)第65条第2项规定:……(2)证据与本案事实是否相关……

《证据规定》(2019年修正)第87条第2项规定:……(2)证据与本案事实是否相关……

证明力判断必须对双方当事人提供的证据优势作出判断。要正确处理好证据优势判断。

证据优势判断,应当以要件事实为事实认定的基本单位。当事人在法庭上提交的证据,可以构成一个长长的证明链条,如果不加以条分缕析,有可能会混杂在一起,难以形成有效的证据判断。所以,法官要把各种证据分门别类,加以归纳。要件审判方法,其优点就在于促使我们把证据按照法律构成要件进行分类。比如,一起案件,原告总共提交了三十项证据,其中,五项证据是用以证明第一个要件事实的,所以,在进行证据判断和事实认定时,就对第一个要件事实所涉及的证据进行综合分析判断。这样就容易得出证据优劣与否的结论。当然,要注意有的证据可能会对多个要件事实的证明具有证明价值,并且不同要件的证据相互之间也可能会具有较强的印证价值。例如,证明合同成立这个要件可能要通过合同文本这一证据来加以证明,但合同文本又可用以证明对方关于合同履行这一要件事实的证据存在矛盾之处。

对每个要件事实的认定又可以分为单个证据的认定和证据综合优势判断两个层面:

第一个层面:单个证据的认定——主要解决证据"三性"的认定问题。

证据的"三性"问题有时会比较纠结。比如,到底先认定合法性还是先认定真实性,对此有不同观点,一般认为先解决真实性再解决合法性,但也不宜过于固定地理解,应当视案件的具体情况而定。比如,当事人对证据的真实性争议较大,难以认定。如先解决真实性再解决合法性问题,则事实认定过程容易陷入僵局。如果这时合法性问题比较容易认定(如证据来源不合法),则通过合法性判断即可先排除该证据,从而免去证据真实性判断的复杂过程,大幅度提高效率。这一方法,亦可在真实性判断及关联性判断之间采用。比如,一项证据如被认定为与本案无关联性,则亦无须进入真实性判断过程。

第二个层面:各项证据的综合优势判断——主要解决证据证明力大小的判断,亦即证据的优势判断。

单个证据认定结束之后,接下来需要解决的问题就是证明优势和证明标准问题了,即当事人提供的证据能否达到证明要求或证明标准。

单个证据具有真实性,并不等于其具有证明力。所以证据真实并不等于能够证明要件事实。在此,我们需要弄清楚证明对象和待证要件事实的区别:

证明对象 ≠ 待证要件事实

当事人提供某一单项证据欲证明的对象并不必然是待证要件事实。一个要件事实可能由若干个证明对象证明。当然,要件事实本身亦是证明对象。例如,案件的要件事实是"合同成立",当事人对合同成立提出挑战,认为加盖于其上的公章虚假,一方为了证明公章的真实性,提供了一份鉴定报告;为了证明鉴定报告的真实性或合法性,又提供了一份关于鉴定人身份适格性的鉴定人资质证明书。其中,资质证明书的证明对象是鉴定人的鉴定资质适格。该项证据真实且具有证明力,虽然能够证明鉴定人资质适格,但未必能够证明"合同已经成立",甚至连鉴定报告的真实性、合法性亦未必能够证明。例如,鉴定资格虽然适格,但鉴定人有可能是申请鉴定一方的利害关系人。此时,该项证据的合法性或证明力即存在疑问。又如,即使是真实性亦未必能够证明,如鉴定人与当事人之间有着某种幕后交易,或者,鉴定报告中存有明显漏洞,等等。即使该鉴定报告被证明为真实、合法,亦未必能够证明待证要件事实,因为鉴定报告只能证明公章真实这一要件,而公章真实却只是合同成立的若干条件之一。

法官在认定案件事实时,必须清醒地认识到上述问题。

四、事实认定中的心证问题

在事实认定过程中,一方当事人提供的证据是否已经形成优势,是否已经达到证明标准,在很大程度上是法官的心证问题,自由度比较大。虽然我们国家不承认西方国家的"自由心证",但毫无疑问,法官的内心确信在我国的司法实践中是广泛存在的。稍有审判经验的法官都知道,对一起案件的判断,到最后往往就取决于某一个证人的证言。对其证言的采信与否,事实上取决于法官的主观判断。显然,这就是所谓的"心证"。为了确保司法公正,从法官内在心理而言,必须根据证据规则和司法诚信原则,全面衡量各种影响因素,保证内心评价活动的最大努力和善意;从外在制约角度而言,对因证据不足或者证明力不足而可能导致适用证明责任的,法官应及时将心证结论告知当事人,这也可以让法官自觉地排除案外因素的不当影响。

一般而言,判断证据、控制心证,通常有三个层次的方法:

一是逻辑方法,归谬法、矛盾律等方法的应用;二是证明力规则,比如,有利害关系的证人证言的证明力通常要低于没有利害关系的证人证言;三是必要的主观判断,如果完全抛弃主观判断,在许多案件中就会产生不公平的问题(如民事案件判断标准刑事化问题);四是理由公开规则,对某一证据、证人证言是否采信,法官应当把理由公开,并写入裁判文书之中。

五、事实真伪不明情况下的举证责任适用

要件事实呈现真伪不明状态时,主张该事实的当事人所应承担的不利后果即客观证明责任,又称结果意义的举证责任。客观证明责任是在用尽证据获取途径

和司法理性仍无法发现事实的情形下,避免法官无法下判局面的制度保障。

（一）时过境迁是法庭的天然敌人

《时光倒流七十年》《时空机器》等穿越题材电影里,主人公跨时空旅行回到历史上的某一时刻,目睹了一些历史事件是如何发生的,解开了一些历史之谜,确实让人惊叹不已。可是,这在现实生活中尚不可能发生。

所以,人类对已经发生过的事件,或者说对时过境迁的事件,只能通过对与该事件相关的事实的认识来进行。案件事实就像是一面打碎了的镜子。在法庭上证明案件事实,就相当于把这面镜子拼起来。如果当场就把这面镜子的碎片捡起来,则拼起来的可能性就会比较大;如果当场丢失了部分碎片,则拼起来就不会太全面;如果过了几天再到马路上收拾碎片,那能够找到的碎片就极其有限了,能够拼起来的可能性就微乎其微了。在现实生活中,事情也确实如此,有些事件发生的时候,既没有旁观的人,也没有录音录像,要想把历史上已经发生过的事实"恢复"起来,无异于拼接那面"打碎的镜子"。

因此,案件事实的证明,并非必然能够如我们所愿那样得到预期的结果。

（二）法官不能以事实不清为由拒绝裁判

虽然案件事实有可能查不清楚,但法官不能以事实不清为由拒绝裁判。此时,就该发挥举证责任分配规则的作用。

适用举证责任分配规则时,法官必须把因为案件事实真伪不明而致的败诉风险明确由哪一方当事人承担,从而对案件事实作出认定或不予认定的结论。当我们适用举证责任分配规则对案件作出裁判的时候,就意味着案件事实的证明已经被判处了"死刑",即宣告案件事实真伪不明。所以,作为法官,适用举证责任作出事实认定一定要十分慎重,一定要在适用前先问问自己:当事人是否已经把自己的主要证据都拿出来了? 当事人是否遗漏了重要的证明方法或证明手段?

（三）准确把握举证责任分配规则

实践中,仍有不少法官不清楚举证责任的含义,因而,在举证指导的时候,不敢明确告知当事人举证责任如何分配。即便告知,也经常弄错。有的法官对举证责任的认识仍停留在"谁主张,谁举证"的层面。为此,应对举证责任分配理论和规则加以重点学习。（有关内容可参见第八章）

在理解证明责任分配规则时,要特别注意《证据规定》确定的举证责任分配原则及其例外。《证据规定》第2条规定:"当事人对自己提出的诉讼请求所依据的事实或者反驳对方诉讼请求所依据的事实有责任提供证据加以证明。没有证据或者证据不足以证明当事人的事实主张的,由负有举证责任的当事人承担不利后果。"因此,司法解释所采用的是法律规范分类说,即根据法律规范的构成要件,而不是根据待证事实的性质来分配证明责任。原告提出的请求权基础法律规范所规定的构成要件,就是原告的举证责任。而被告援引的抗辩权基础法律规范构成要件,由被告承担举证责任。如被告针对原告的还款诉讼请求提出抗辩,说自己已经还了钱,其消灭抗辩所指向的法律条文,即合同已经得到履行这个要件由被告承担举证责任。

应当注意的是,法律规范分类说提高了举证责任分配的客观性和稳定性,但也存在缺陷。因此,《证据规定》确立的法律规范分类说存在例外规则。比如,原告要求被告承担违约责任。违约责任构成要件,一是合同合法有效,二是对方违约。但是原告要证明对方没有履行合同,非常困难,举证风险让原告承担是不合理的。有一起商品房买卖合同纠纷,当事人争执的焦点问题在于开发商有没有通知业主来办理交房手续。一审法院当时依据《证据规定》第 2 条作出了判决,原告主张对方违约,要对违约责任的构成要件承担证明责任,所以原告得证明开发商没有通知。原告无法证明,因此败诉。判决生效之后,原告一直不服,为这个案件申诉了好长时间。实际上这个案件应该适用《证据规定》第 5 条第 2 款规定,即"对合同是否履行发生争议的,由负有履行义务的当事人承担举证责任。"第 2 条是一般规定,第 5 条第 2 款是特别规定,特别规定优于一般规定,所以,第 5 条第 2 款应优先适用。通知业主来办理交房手续是开发商的默示义务,开发商应当承担举证责任。

《证据规定》第 5 条第 1 款规定:"在合同纠纷案件中,主张合同关系成立并生效的一方当事人对合同订立和生效的事实承担举证责任;主张合同关系变更、解除、终止、撤销的一方当事人对引起合同关系变动的事实承担举证责任。"第 3 款规定:"对代理权发生争议的,由主张有代理权一方当事人承担举证责任。"加上第 2 款的规定,这实际上都是吸收了待证事实说的合理内涵。当采用法律规范说不足以全面保护当事人的利益时,可以用待证事实说的理论补充法律规范要件说的缺陷。

> 新注 116:《证据规定》第 2 条,2019 年修正的《证据规定》没有保留该规定,该条被《最高人民法院关于适用〈中华人民共和国民事诉讼法〉的解释》第 90 条继受,内容有变动。①

---

① 《证据规定》(2001 年)第 2 条规定:当事人对自己提出的诉讼请求所依据的事实或者反驳对方诉讼请求所依据的事实有责任提供证据加以证明。没有证据或者证据不足以证明当事人的事实主张的,由负有举证责任的当事人承担不利后果。

《最高人民法院关于适用〈中华人民共和国民事诉讼法〉的解释》第 90 条规定:当事人对自己提出的诉讼请求所依据的事实或者反驳对方诉讼请求所依据的事实,应当提供证据加以证明,但法律另有规定的除外。在作出判决前,当事人未能提供证据或者证据不足以证明其事实主张的,由负有举证证明责任的当事人承担不利的后果。

> 新注117:《证据规定》第5条,2019年修正的《证据规定》没有保留该规定,该条被《最高人民法院关于适用〈中华人民共和国民事诉讼法〉的解释》第91条继受,内容有变动。①

另外,《证据规定》第4条专门规定了高度危险等八种情形举证责任倒置。第6条规定,在劳动争议纠纷案件中,因用人单位作出开除、除名、辞退、解除劳动合同、减少劳动报酬、计算劳动者工作年限等决定而发生劳动争议的,由用人单位负举证责任。第7条规定,在法律没有具体规定,依本规定及其他司法解释无法确定举证责任承担时,人民法院可以根据公平原则和诚实信用原则,综合当事人举证能力等因素确定举证责任的承担。这些都是对法律规范分类说的补充和修正,在运用时应准确把握。

> 新注118:《证据规定》第4条,2019年修正的《证据规定》未保留该条规定。②

---

① 《证据规定》(2001年)第5条规定:在合同纠纷案件中,主张合同关系成立并生效的一方当事人对合同订立和生效的事实承担举证责任;主张合同关系变更、解除、终止、撤销的一方当事人对引起合同关系变动的事实承担举证责任。对合同是否履行发生争议的,由负有履行义务的当事人承担举证责任。
《最高人民法院关于适用〈中华人民共和国民事诉讼法〉的解释》第91条规定:人民法院应当依照下列原则确定举证证明责任的承担,但法律另有规定的除外:(1)主张法律关系存在的当事人,应当对产生该法律关系的基本事实承担举证证明责任;(2)主张法律关系变更、消灭或者权利受到妨害的当事人,应当对该法律关系变更、消灭或者权利受到妨害的基本事实承担举证证明责任。
② 《证据规定》(2001年)第4条规定:下列侵权诉讼,按照以下规定承担举证责任:(1)因新产品制造方法发明专利引起的专利侵权诉讼,由制造同样产品的单位或者个人对其产品制造方法不同于专利方法承担举证责任;(2)高度危险作业致人损害的侵权诉讼,由加害人就受害人故意造成损害的事实承担举证责任;(3)因环境污染引起的损害赔偿诉讼,由加害人就法律规定的免责事由及其行为与损害结果之间不存在因果关系承担举证责任;(4)建筑物或者其他设施以及建筑物上的搁置物、悬挂物发生倒塌、脱落、坠落致人损害的侵权诉讼,由所有人或者管理人对其无过错承担举证责任;(5)饲养动物致人损害的侵权诉讼,由动物饲养人或者管理人就受害人有过错或者第三人有过错承担举证责任;(6)因缺陷产品致人损害的侵权诉讼,由产品的生产者就法律规定的免责事由承担举证责任;(7)因共同危险行为致人损害的侵权诉讼,由实施危险行为的人就其行为与损害结果之间不存在因果关系承担举证责任;(8)因医疗行为引起的侵权诉讼,由医疗机构就医疗行为与损害结果之间不存在因果关系及不存在医疗过错承担举证责任。有关法律对侵权诉讼的举证责任有特殊规定的,从其规定。

新注119:《证据规定》第 6 条,2019 年修正的《证据规定》未保留该条规定。①

新注120:《证据规定》第 7 条,2019 年修正的《证据规定》未保留该条规定。②

---

① 《证据规定》(2001 年)第 6 条规定:在劳动争议纠纷案件中,因用人单位作出开除、除名、辞退、解除劳动合同、减少劳动报酬、计算劳动者工作年限等决定而发生劳动争议的,由用人单位负举证责任。

② 《证据规定》(2001 年)第 7 条规定:在法律没有具体规定,依本规定及其他司法解释无法确定举证责任承担时,人民法院可以根据公平原则和诚实信用原则,综合当事人举证能力等因素确定举证责任的承担。

第十三章　要件审判九步法第九步

——要件归入并作出裁判

法院将查明的案件事实,与原被告主张所对应的法律规范的各项构成要件,逐一进行比对、归入,并根据归入的结果作出适用或不适用该法律条文的裁判。

一、要件审判九步法的实质——要件归入

归入或涵摄归入是指把案件事实与分析出来的法律规范构成要件进行对应。案件事实必须归类为法律规范构成要件,即法律事实、构成要件事实。完成归入有三个要求:其一,案件事实必须是经过法律认定的事实,即案件事实与构成要件的基本要素的要求相一致,亦可称之为成形化;其二,与构成要件的事实要素相一致的事实,不仅单个的法律构成要件事实都能够得到满足,而且必须是所有的要件都能够得到满足;其三,对方的抗辩不成立。换言之,必须对抗辩(权)不成立,才能适用法律基础规范支持原告诉讼请求。

抗辩权同样也需要进行法律归入。其归入方法与请求权是完全一致的,同样必须是所有要件都能够得到满足。

法律归入首先是看法条的要件能否全部得到满足。只要有一个要件不能被归入,该法条即不应用来支持权利请求(或抗辩请求)。

权利请求的法律基础规范得到满足,并不等于能够立即支持原告的诉讼请求,还必须看被告的抗辩要求是否得到满足。如果被告的抗辩成立,则原告的请求将无法得到支持。

所以,适用基础规范支持原告的请求,一看权利基础规范构成要件能否得到满足,二看被告的抗辩能否成立。

二、要件归入的方法

要件归入的方法其实非常简单,将法律规范的构成要件与认定的事实进行对照就可以了。

举例并列表进行说明。

原告起诉被告一张某及被告二甲公司,要求撤销两被告签订的房屋买卖协议。

显然,这是一个关于合同法上撤销权的案件。根据《合同法》第74条第1款规定,"……债务人以明显不合理的低价转让财产,对债权人造成损害,并且受让人知道该情形的,债权人也可以请求人民法院撤销债务人的行为"。

原告撤销权的构成要件有三:一是"债务人以明显不合理的低价转让财产";二是"对债权人造成损害";三是"受让人知道该情形"。对于要件一,被告一和被告二不认同,认为双方转让价格合理;对于要件二,双方亦不认可;对于要件三,被告一认为自己作为受让人,不知道该情形。该案认定结果如下:

要件	原告主张	被告主张	认定结果
要件一	债务人以明显不合理的低价转让财产	否认	认定原告主张
要件二	对债权人造成损害	否认	认定原告主张
要件三	受让人知道该情形	否认	认定原告主张

法律条文一共有几个要件,法院就必须审理几个要件,每一个要件是否成立,必须加以认定。如果每一个要件事实都能够得到认定,则可以进行法律归入,亦即可以适用该法律条文作出裁判。以上面这个撤销权的案件为例,只要三个要件都得到认定,就可以适用《合同法》第74条第1款的规定支持原告的诉讼请求。只要三个要件中有一个不能得到认定,就不能支持原告的诉讼请求。这个过程就是法条归入。

> 新注121:《合同法》第74条第1款,被《民法典》第538条、第539条继受,内容有变动。①

三、要件归入与审判效率的提高

要件归入隐含着一些审判技巧,对于提高审判效率具有一定意义。有的法官

---

① 《合同法》第74条第1款规定:因债务人放弃其到期债权或者无偿转让财产,对债权人造成损害的,债权人可以请求人民法院撤销债务人的行为。债务人以明显不合理的低价转让财产,对债权人造成损害,并且受让人知道该情形的,债权人也可以请求人民法院撤销债务人的行为。

《民法典》第538条规定:债务人以放弃其债权、放弃债权担保、无偿转让财产等方式无偿处分财产权益,或者恶意延长其到期债权的履行期限,影响债权人的债权实现的,债权人可以请求人民法院撤销债务人的行为。第539条规定:债务人以明显不合理的低价转让财产、以明显不合理的高价受让他人财产或者为他人的债务提供担保,影响债权人的债权实现,债务人的相对人知道或者应当知道该情形的,债权人可以请求人民法院撤销债务人的行为。

在审判案件过程中,比较习惯于历史方法,总是一个一个事实逐步展开审理。比如,在审理一个合同案件,总是遵循这样一个顺序:

合同→履行合同行为→履行过错→损失或其他救济方式

进一步具体化这个顺序,就是首先确定是什么合同,然后弄清楚合同是否成立,接着判断合同是否有效,然后判断合同中双方权利义务是什么,接下来再看双方的履行行为是否符合合同约定,如果不符合合同约定,再判断是单方过错还是双方过错抑或存在免责因素,再弄清楚损失到底有多大,最后再审清楚可能的救济方式。在此基础上,法官作出自己的裁判。

其模式如下:

法官→要件一→要件二→要件三→要件四→法律规范→判决

这一顺序显然就是历史方法的运用,但这一运用有其欠缺之处。在审案子的过程中,历史方法的基本要求是"循序渐进",问题就容易出在"循序渐进"上。当法官审到合同是否成立时,双方当事人争议极大,审判活动"卡壳"了。实践中,因为此类原因而产生的疑难老案屡见不鲜。

这种情况在侵权类案件里面也经常出现。按照历史方法的审理顺序如下:

侵权行为→损害后果→过错→因果关系→救济方法

按照这一方法,也会出现上述相同的问题,亦即在当事人对损害后果中的某一个要素发生重大争议时即停止不前,法官不再启动下一审判环节。审判实践中,有的老案就卡在伤情鉴定这个环节。在鉴定过程中,双方当事人极不配合,再加上鉴定期间的长短往往取决于鉴定机构的效率,如果中间出现反复或就某些事项发生重大争议,案件就容易久拖不决。

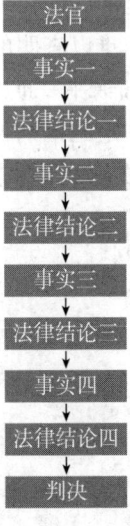

所以,我们从历史方法中可以看出,循序渐进的审判顺序容易出现"卡壳"现象。

如果我们采用请求权分析方法,则可以找到提高效率的方法。按照请求权分析方法,法官的审理程序是这样的:

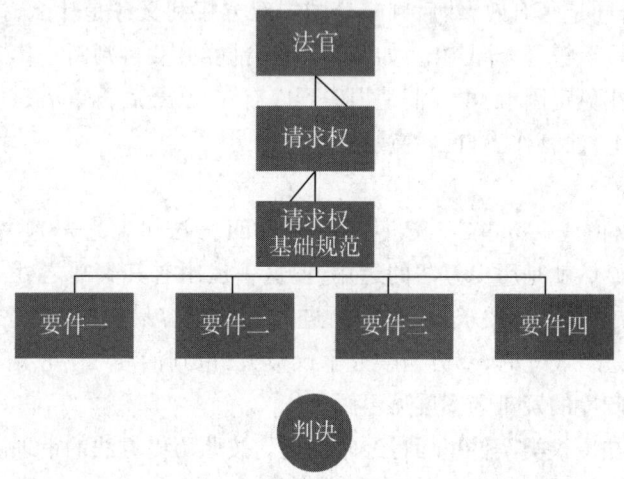

按照这一方法,四个要件有一个不成立,则整个请求权基础规范构成要件不能全部得到满足,该请求权即不获支持。而按照历史方法,法官在审理案件过程中,也会遇到有些要件查不清楚的情况,但考虑竭尽证明资源的原则,法官还必须得花时间花精力去想办法查清楚,这一过程是需要时间的。换言之,按照要件分析审判方法,如果其中某一个要件确定地不成立,则法官就可以直接结束审理。因为这种情况下,只要有一个要件与法律规范的构成要件不符,即可宣布该法律基础规范不能据以支持原告的请求权,另外一个难以查明的要件是无须再作深究的。实践中,我们曾经遇到过一定数量的这类疑难案件,通过这种方法比较简单地就解决了。

所以,九步法亦可为我们提供一定的审判技巧。当然,这种技巧只是体现在部分能够确定地查明某个要件不成立的案件中。

第十四章　要件审判九步法在裁判文书制作中的应用

　　裁判文书是审判活动的最终产品。法官将认定的事实、适用的法律、判决的结果等信息通过裁判文书传递给当事人。一份文字精练、说理清晰、逻辑严密的裁判文书,赢得的是当事人的信服,树立的是司法的权威。然而,裁判文书因质量不高、说服力不强而长期为人诟病,这也正是诸如裁判文书附录法律条文、裁判文书上网等改革措施得以落实的动力所在。但不可否认的是,裁判文书质量并未得到质的提高,裁判文书改革只能继续在摸索中前行。问题的根源在哪里? 裁判文书改革的出路在何方? 其根本原因在于我们尚未把科学的审判思路融入裁判文书制作过程,尚未形成一套行之有效的反映文书内在质量的实质性质量判断标准。按照"要件审判九步法"的审判思路,我们可以对裁判文书建立实质性判断标准——"八个一致"检查法,以期为裁判文书改革找寻新的路径。

一、我们制作裁判文书还有哪些问题?

　　(一)裁判文书不能全面准确地反映诉讼过程

　　我们在制作裁判文书过程中,对诉讼过程及一些程序性事项的描述是存在一些不足的。

　　一是忽视对起诉、应诉、反诉、追加当事人、超审限及程序选择的理由、鉴定、审计、财产保全、先予执行等程序性事项的记载和说明。

　　二是不能全面反映当事人的主张及变化过程。遗漏当事人的诉辩主张;重复诉状、答辩状的内容,忽视当事人在庭审中的意见;归纳笼统,诉辩意见缺乏针对性、看不出诉辩争锋;不能反映原告诉讼请求和被告反诉请求及双方选择的请求权基础的变化过程等。

　　(二)裁判文书对案件事实的内容及认定过程反映客观性不足

　　一是事实认定不客观。一些裁判文书将事实认定与当事人的陈述意见相混淆,在事实认定部分仍以当事人的陈述意见来描绘;遗漏主要事实未认定,或在说理部分出现"经查……",造成事实认定部分不完整;事实认定超出当事人主张的事实范围。例如,在一起房屋租赁合同案件中,原告以欺诈为由诉请撤销租赁合同,被告则抗辩称为将房屋出租给原告,提前解除了与他人的租赁合同并支付了违约金,如撤销租赁合同,则将遭受重大经济损失;该案裁判文书对被告抗辩事实予以了认定,但该事实与原告主张的事实和诉讼请求均无关联性。

二是事实认定重点不突出。不论案情繁简和当事人有无争议,将案件中所有事实细节作简单的陈述;在事实认定时对要件事实、支持性事实和延伸性事实不作任何区分,不能正确反映当事人的主要争点。我们现在有的裁判文书写得很长,但看上去思路总是不特别清晰。

三是事实认定理由不充分。裁判文书认定的事实是根据证据推导出的法律事实。法官对证据的真伪、证据与案情有无关联性、证据能否形成证据锁链等问题的分析是一个思辨过程,应当予以公开。但多数裁判文书采取简单列举证据的方式,不对证据展开充分的分析论证,看不出事实与证据之间的逻辑关联,对证据是否采信、为何采信避而不谈或避重就轻。

四是不能全面反映举证、质证及认定的过程。多数裁判文书采取"以上事实,有……为证"的列举式表述方式,简单罗列证据的名称,证据的证明内容、当事人关于"三性"的质证意见、法官对证据的分析认证等均无涉及。尤其是对于那些有重大争议的证据,缺乏深入的认证意见。

(三)裁判文书的说理论证存在实质和形式上的欠缺

一是说理不能围绕当事人的诉讼争点。近年来,随着审判方式改革的不断深化,裁判文书完全不说理的情况已经比较少了,但说理与当事人的诉讼主张不能对应起来的问题比较突出。也就是说,常常是你说你的,我说我的,对双方的诉辩主张缺乏回应。

二是说理不充分,主要表现在说理缺乏针对性。按照要件分析的基本思路,裁判文书的说理必须分析请求权的性质,分析请求权基础规范的构成要件,分析各个要件的成立情况及理由,并对适用法律的理由进行逻辑分析,所有这些都需要充分的说理。但是,我们有些裁判文书在说理时往往会出现遗漏,缺乏逻辑整体性和一致性。

三是说理不当。说理是连接案件事实和适用法律之间的桥梁。不当的说理使得两者之间严重脱节,从案件事实到法律适用之间的过渡简单生硬,甚至出现说理与适用法律、判决书主文不一致的现象。

(四)裁判文书引用的法律条文不准确、不规范

裁判文书引用法律条文使适用法律公开化,这是裁判文书取得正当性的一个

重要依据。但我们的裁判文书中在引用法律条文方面存在着不准确、不规范的问题。有的裁判文书习惯于引用原则性条文,如《合同法》第5条、第6条①以及《民法通则》第4条关于诚实信用的规定经常被引用。有的裁判文书滥引法律条文,有的法官为了避免风险,引用条文多多益善,其实,这样也会使法律条文缺乏针对性。有的裁判文书错引条文,所引条文与请求权不相对应,也就是与诉讼请求不相一致。还有的裁判文书不引用请求权基础条文,如人身损害赔偿案件不引用《民法通则》第106条第2款而引用第98条②。有的裁判文书比较注意引用实体法条文,但比较忽略程序法条文。

> 新注122:《合同法》第5条,被《民法典》第6条继受,内容有变动。③
>
> 新注123:《合同法》第6条,被《民法典》第7条继受,内容有变动。④
>
> 新注124:《民法通则》第4条,被《民法典》第7条继受,内容有变动。⑤
>
> 新注125:《民法通则》第106条第2款,《民法典》总则编删掉了该规定,该款内容规定于侵权责任编中的第1165条第1款。⑥
>
> 新注126:《民法通则》第98条,被《民法典》第110条第1款继受,内容有变动。⑦

---

① 《合同法》第5条规定:"当事人应当遵循公平原则确定各方的权利和义务。"第6条规定:"当事人行使权利、履行义务应当遵循诚实信用原则。"当然,引用原则性条文亦有不得已之处,立法的滞后使得法官"找法"困难,不得不引用原则性条文。

② 《民法通则》第106条第2款规定:"公民、法人由于过错侵害国家的、集体的财产,侵害他人财产、人身的,应当承担民事责任。"《民法通则》第98条规定:"公民享有生命健康权。"

③ 《合同法》第5条规定:当事人应当遵循公平原则确定各方的权利和义务。
《民法典》第6条规定:民事主体从事民事活动,应当遵循公平原则,合理确定各方的权利和义务。

④ 《合同法》第6条规定:当事人行使权利、履行义务应当遵循诚实信用原则。
《民法典》第7条规定:民事主体从事民事活动,应当遵循诚信原则,秉持诚实,恪守承诺。

⑤ 《民法通则》第4条规定:民事活动应当遵循自愿、公平、等价有偿、诚实信用的原则。
《民法典》第7条规定:民事主体从事民事活动,应当遵循诚信原则,秉持诚实,恪守承诺。

⑥ 《民法通则》第106条第2款规定:公民、法人由于过错侵害国家的、集体的财产,侵害他人财产、人身的,应当承担民事责任。
《民法典》第1165条第1款规定:行为人因过错侵害他人民事权益造成损害的,应当承担侵权责任。

⑦ 《民法通则》第98条规定:公民享有生命健康权。
《民法典》第110条第1款规定:自然人享有生命权、身体权、健康权、姓名权、肖像权、名誉权、荣誉权、隐私权、婚姻自主权等权利。

（五）关于判决书主文的表述不严谨

在当事人最关心的判决书主文方面,存在的问题主要有:判决书主文与诉讼请求不一致;遗漏了诉讼请求未处理;判决事项超出了当事人的主张范围,对诉讼请求进行了实质性的变更;判决书主文的内容含糊不清,给当事人的实际履行造成障碍;缺乏审执兼顾的意识,判决书主文缺乏可执行性。

（六）裁判文书的层次性和逻辑性不够清晰

虽然目前我们对裁判文书有比较严格的格式要求,每个部分写什么已经规范得相当清晰,但裁判文书的层次性和逻辑性不够清晰的问题仍然存在。尤其是文书所涉及的事实争点和法律争点较多的情况下,问题表现得更加明显。在一些篇幅较长的裁判文书中,这个问题也有所体现。有的裁判文书各节事实之间的排列顺序和相互关系显得比较凌乱或分散,主张不清楚,或者前后关系不够紧密,彼此之间缺少逻辑上的递进关系。

二、我们制作裁判文书为什么还有这些问题?

造成裁判文书存在上述诸多问题的原因是多方面的,既有我们的法官不重视裁判文书的质量的原因,也有司法资源配置不足的原因。当前,我国法院案件数量居高不下,法官缺乏足够的时间与精力来撰写裁判文书。但更关键的,还是下面两个原因:

（一）裁判文书制作不重视制作思路

法官审理案件的活动,大致可以分为四个部分:一是处理程序性事项,如是否受理反诉、处理当事人的管辖权异议、依法行使好释明权等;二是发现事实,即根据当事人的陈述、举证,运用证据规则对证据进行分析认定,梳理出对案件处理结果有意义的法律事实;三是寻找法律,即根据当事人提供的初步事实、结合认定的法律事实,找到适用于该案件的法律并进一步论证所适用法律的妥当性;四是将寻找到的法律适用于所发现的事实,形成裁判结论。

审判思路,就是引领法官处理好上述四大问题的基本方法。没有科学、明确的审判思路,面对名目众多的请求、纷繁复杂的事实、浩如烟海的法律,法官将无所适从,犹如"盲人摸象"。科学的审理思路,应当形成于案件审理之前,并贯穿于案件审理的全过程。

裁判文书是记录法官审判活动的重要手段,是根据一定的程序对当事人的诉讼活动和法官的审理活动的综合和浓缩。[①] 如果将裁判文书比作一件精美的产

---

① 法〔2006〕145 号:《最高人民法院关于加强民事裁判文书制作工作的通知》。

品,审判活动就是生产这件产品的原始材料,而审判思路则是用以生产这件产品的科学方法。原始材料虽然杂乱无序,但用科学的生产方法将之重组、整合,产品的质量将得以保证;反之,生产方法不当,则产品的质量必将大打折扣。审判思路清晰、程序合法、实体问题处理有理有据,裁判文书才能事实清晰、法理透彻;反之,审理思路不清,选择庭审方案、把握庭审重点、解决程序和实体问题缺乏明确的原则和导向,"眉毛胡子一把抓",即使文字功底再深厚的法官,亦难撰写出优秀的裁判文书,毕竟"巧妇难为无米之炊"。因此,有科学审判思路指导的审判活动,是优秀裁判文书的极佳素材,要写好裁判文书,首先必须把握好科学的审判思路。

民事审判思路不清的表现——"四个不固定"。

一是作为裁判起点的诉讼请求不固定、不明确。司法裁判是对当事人诉讼请求的回应,明确的诉讼请求是审判活动得以展开的前提。如果诉讼请求不稳定,始终处于变动之中,审判活动就失去了目标和方向,并且还会发生大量的无用功。实践中,一些案件之所以久拖不决,迟迟难以下判,就是因为诉讼请求没有固定下来,甚至当事人已经变更了诉讼请求,我们的裁判文书也未能客观地反映出这种变化过程。所以有时候,我们的裁判文书看上去裁判结论与诉讼请求之间"答非所问",明显缺乏一致性。这种情况下,裁判文书的公信力无从谈起。

二是诉讼主张不固定,当事人的诉讼主张始终在不断变化,作为审理对象的争点始终无法明确、固定下来,呈现出漫无边际、迁延不止的状态,导致法官无法有效地固定要件事实,并以之为核心展开审理活动。在裁判文书制作的过程中,我们有不少人不太注意归纳、固定好当事人的诉讼主张。

三是作为裁判基础的事实、证据材料不固定、不明确。实践中,由于未整理和固定好诉讼主张和案件争点,有的当事人不断变化自己的主张,从而导致新的事实主张、证据不断出现,法官和当事人一起乘上了"无轨电车"。还有的时候,当事人在提供证据问题上责任不清晰,该自己提交的证据故意不提交,法官亦未及时提示和释明,导致案件审理常常陷入僵局。因此,在裁判文书中,案件事实和证据分散凌乱,不归纳争点,缺乏明晰的陈述主线,裁判文书的分析判断也无法体现针对性,证据认证结论和裁判理由自然无法明确。

四是作为裁判依据的法律规范不固定、不明确。正如我们前面讲到的,我们在理论和实务中存在着由当事人自行选择权利请求基础或由法院依职权为当事人选择权利请求基础的争论。但实践中,这个问题存在着较大盲区,有的当事人在起诉时不愿意明确自己起诉所依据的法律规范,有的当事人虽然愿意明确,但苦于是法律的门外汉,没有能力明确。法官在这方面也存在着参差不齐的现象:有的释明,有的不作任何释明,有的释明不当,有的自己主动"找法",有的则听之任之。反映在我们的裁判文书中,有的始终未明确裁判所依据的法律规范。更不用说围绕法律构成要件来展开事实和法律的论证。在三段论的逻辑结构中,法律规范这一大前提不明确,案件事实这一小前提也相应不能确定,这也是导致裁判文书认定事实边界过大、不得要领的重要原因。

(二)我们缺乏一套对裁判文书制作质量进行评价的科学标准

目前,我们关于裁判文书制作质量的标准主要集中于形成方面。比如,我们每隔一段时间就会颁布《法院诉讼文书样式(试行)》,对不同裁判文书适用范围作出了规定,裁判文书的首部、正文和尾部等基本要素及形式性要求作出了非常详细而具体的规定。同时,我们这些年也颁发了大量裁判文书制作技术标准,包括标题、正文和尾部字体、字号及排版技术标准均作出了详尽规定。

从裁判文书检查、评比的情况来看,我们目前的评比方式大部分采用的是由评委自己阅读裁判文书,然后根据自己的印象评分的做法。各个评委给出的分数差异较大。有的评委给出奖项的文书,在其他评委给出的甚至只得个很低的分数。这种情况一方面说明评比活动具有明显的主观性,另一方面说明我们的检查评比活动缺乏有效的检查评比标准。有的法院为了避免评委评比的主观性问题,也会制定一些评比标准,给出一些细化的评比项目。例如,有的法院会把裁判文书是否符合形式要求,逻辑层次是否清晰,语言文字是否准确流畅等若干个方面作为评分具体标准。但是,我们可以明显看出,这种方法尽管比笼统的标准或没有标准有相当大的进步,仍然具有较强的主观性和不确定性。正因为如此,我们的一些裁判文书检查通报,通报出来的内容基本上是形式方面存在的问题:一是查出错别字若干;二是格式不符合要求;三是查出若干语句有语病或歧义;四是案号错误;五是图章盖的位置不正确;六是漏盖"本件与原件核对无异"章,等等。查出这些问题固然对提高裁判文书制作水平、维护人民法院的形象具有较重要的作用。但我们决不能因此就忽略另外一个关键问题——我们在裁判文书制作方面缺乏对文书逻辑性、说理充分性进行判断的实质性质量标准。

具体而言,我们实质性质量标准的欠缺主要表现在几个方面:一是缺乏对文书客观性的判断标准,例如,我们在检查裁判文书的时候,往往只是阅读裁判文书,但并不对照卷宗记载内容。这样,我们就无法判断裁判文书是否遗漏了当事人陈述的重要事实或理由。在法律推理的关键之处,一个要点的遗漏足以使胜负的天平逆转。二是缺乏对诉讼请求变化情况及其权利请求基础的描述,因而,我们往往很难判断法律推理的出发点。三是缺乏对当事人的诉辩称与其权利请求之间对应性的判断标准。四是缺乏诉讼争点(包括事实争点和法律争点)的陈述,这种缺陷直接导致文书缺乏叙述上的层次性。五是缺乏事实认定与事实争点之间对应性的判断标准。六是缺乏判决理由与法律争点之间对应性的判断标准。七是缺乏引用法律条文与判决书主文之间的对应性的判断标准。八是缺乏判决书主文与诉讼请求之间对应性的判断标准。这些标准如果不能具体化,我们的裁判文书制作质量标准也就很难实现科学化。

三、要件审判九步法对裁判文书改革有作用吗?

"要件审判九步法"对于裁判文书的制作具有以下意义。

(一)明确诉讼请求

"要件审判九步法"首先要求当事人明确并固定诉讼请求。诉讼请求是当事人期待得到的司法结论,诉讼请求适当与否,直接关系到当事人的实体权益能否兑现。因此,诉讼请求必须合法、明确、具体、没有歧义、便于执行,并以一定的方式加以固定。法官通过询问、释明等方式要求当事人剔除不妥当的诉讼请求,更正明显错误、荒谬或非理性的诉讼请求,并将诉讼请求加以固定,为案件的审理工作找准了起点,有效地避免重复无效开庭。裁判文书制作时,也同样如此,必须把当事人的诉讼请求固定好、写清楚,尤其是要把当事人诉讼请求变更、增减等情况写清楚,避免按照变更前的诉讼请求写,但按照变更后的诉讼请求判的情况。

(二)锁定法律规范[①]

"要件审判九步法"要求法官和当事人共同为诉讼请求寻找相应的实体法规范(包括原告的权利基础规范和被告的抗辩权基础规范),改变了过去那种先查事实、后找法律的做法,符合当事人的一般认知规律。因为在很多情形下,当事人在起诉时具有基本的法律观念,诉讼请求也是根据其基本的法律观念提出的。如原告要求被告偿还到期借款,表明原告已经对双方的法律关系有了初步的认识;被告的抗辩亦是如此。在这种情况下,法官只需要引导、启发当事人进一步明确案件所适用的法律规范即可。事实上,裁判活动并不是简单地从事实到法律或从法律到事实,而是先从原因事实到法律,再从法律回到事实这么一种"穿梭式"思考模式。在当事人提出的初步事实与其选择的法律规范不匹配时,法官应行使释明权告知其予以变更。同时,此时法律规范的选择只是初步的,不排除随着发现的事实增多后当事人或法官锁定更为妥当的法律规范。通过锁定法律规范,一是可以让当事人就法律适用问题充分发表意见,为法官裁决提供依据;二是可以通过分析法律规范的构成要件来确定案件的要件事实,为接下来的发现事实界定范围。

---

① 参见王利明:《民法案例分析的基本方法探讨》,载《政法论坛》2004 年第 2 期。

（三）固定争点范围

争点是当事人在案件中的争执点，是当事人呈请法官审理的对象。在"要件审判九步法"中，通过明确基础规范、分析构成要件并确定要件事实后，应当整理当事人的争点并加以固定。传统观点认为，争点应局限于事实问题，不包括法律问题，因为法律问题交由法官来决断。但在法官和当事人协同选择法律规范的情况下，争点当然应包括法律问题。其中，事实争点主要是符合法律规范构成要件的主要事实①，一方当事人主张而另一方当事人否认或抗辩，争点即可形成，但如果另一方当事人表示沉默，则构成自认（当然，是在经过法官明确提示后），不构成争点。②法律争点包括法律规范的冲突、模糊词语意义的确定及法律空白的补充等，但法官在确定法律争点时应避免因法律知识匮乏而产生的"假问题"。③争点范围的固定，可以起到确定审理重点、突出诉辩对抗、减少争议范围、便于庭审驾驭等作用。在裁判文书制作过程中，争点范围固定好，同样有利于使裁判文书制作显得重点突出、详略得当。我们有的法官不太善于把自己的裁判文书写得条理清晰，事实陈述和说理不能写得井井有条，与不善于利用争点的指示作用有关。

（四）检索证据范围

"要件审判九步法"有利于有效地检索证据范围。对当事人而言，可以集中精力就事实争点收集证据，避免不必要的举证活动；通过分析法律规范的构成要件确定要件事实并明确了事实争点后，事实争点即为待证事实，当事人只需就此充分地举证、质证，而无须就案件的全部事实进行举证，举证活动更具有针对性，当事人可以自行检视己方的证据是否完备并对已有证据的证明力作出自我评价。法官在写裁判文书的时候，可以根据界定的证据范围，确定证据争点，就当事人的举证是否完备、证据的证明力以及行使释明权的情况一一阐明，避免在阐述证据采信与否的理由时盲目无边或者遗漏关键证据，等等。

四、裁判文书制作中的"八个一致"

（一）"八个一致"原则及其司法价值

在裁判文书的制作过程中，"要件审判九步法"仍然可以发挥作用。根据"要

---

① 日本民事诉讼法认为构成争点的事实包括符合法律规范构成要件的主张事实、用来推出主要事实的间接事实、与证据的可靠性有关的辅助事实。实践中，构成争点的事实范围尚不能有严格统一的标准，需要结合案件的实际情况予以确认，但总的原则是避免当事人漫无目的的事实争论，厘清案件的审理脉络，事实争点必须与诉讼请求有实质性的关联，对裁判结论的作出具有意义。

② ［日］兼子一、竹下守夫：《民事诉讼法》，白绿铉译，法律出版社 1995 年版，第 81～82 页。

③ 冯文生：《争点整理程序研究》，载《法学论坛》2005 年第 2 期。

件审判九步法"的基本方法,我们可以确立一套裁判文书制作的实质性标准。这样,裁判文书的脉络就可以更加清晰,要求就会更加明确。具体而言,这套实质性标准可以体现为"八个一致"原则。"八个一致"原则,针对的是当前裁判文书写作中普遍存在的,不能客观反映当事人主张、不能准确反映诉讼过程、不善于归纳争议焦点、引用条文不具体、基础法律条文欠缺等问题,具体内容包括当事人的诉辩称与卷宗记载一致、当事人的诉讼主张与基础规范一致、当事人的诉讼证据与诉讼主张一致、当事人的诉讼争点与诉讼主张一致、认定事实与事实争点一致、法律理由与法律争点一致、判决书主文与诉讼请求一致、引用条文与判决书主文一致。

判决书"八个一致"的要求,以请求权及抗辩权基础的确定为前提,以要件事实的审查为基础,以举证责任的分配为手段,以证明标准的衡量为依据,以法官释明权的行使为指引,构建了裁判文书写作的完整逻辑进路,体现了诉讼请求与法律规定、实体法律规范与正当程序原则、纠纷事实与法律要件事实、诉讼争点与审理重点、案件审理过程与诉讼文书写作的对接。这一逻辑进路,紧扣要件式审判思路,切合当前能动司法要求,切合审判工作运行规律,可以避免因遗漏要件事实而使裁判文书写作存在根本性缺陷,避免因错误识别、遗漏、超出当事人诉讼请求而使裁判文书写作偏离方向,避免因回避双方当事人的实质争议而使裁判文书写作重点不突出,避免因审判思路不清晰而使裁判文书写作逻辑混乱,更加便于当事人和社会公众从裁判文书中,正确解读"胜诉之因何而胜,败诉之因何而败",从而更加有利于促进案结事了。

(二)"八个一致"的基本内涵

第一个一致:当事人的诉辩称与卷宗记载一致。

这个一致的目的是确保裁判文书客观真实反映当事人的诉辩主张。解决裁判文书的客观性问题不能简单地从裁判文书本身入手,而要把眼光投向诉讼卷宗。

当事人的诉辩称包括当事人的事实主张、权利请求和抗辩权主张,如原告主张的事实、诉讼请求等,是法官认定案件事实最原始的素材,法官需要根据当事人的证据和选择的法律规范从中"剪裁"出对裁判结论具有实质意义的事实[①];也是当事人选择、法官识别法律规范(包括原告的权利基础规范和被告的抗辩权基础规范)的依据。因此,裁判文书记载的当事人的诉辩称在内容上必须完整,在形式上必须精练。当事人的诉辩称主要表现在起诉状、答辩状中,但对当事人在庭审中增

---

① 参见金民珍、竺常赟、徐婷姿:《和谐社会民事审判视野下的裁判思维》,载《民事审判指导与参考》总第38集,法律出版社2009年版。

加或变更的主张亦应一并归纳。需要注意的是,当事人在诉状中未涉及,但在庭审中增加的主张,有时对法官的判断会产生特别的影响,在裁判文书中应当分别予以表述。如在一起房屋租赁合同案件中,作为承租人的原告于 2009 年 7 月以提前两个月通知出租人解除合同符合合同约定为由提起诉讼要求解除合同,但在庭审中增加了出租人于 2009 年 4 月擅自对涉案房屋上锁构成违约导致合同提前解除的主张,该事实主张成为本案的事实争点。原告在诉状中和庭审中分别主张的事实、所依据的法律规范及由此产生的法律效果截然不同,其在 2009 年 7 月起诉之时对发生于 2009 年 4 月的所谓"关键事实"只字未提,对法官的判断产生了重大影响,并进而影响到对证据效力的认定和裁判结论,因此在裁判文书中应当对原告主张的两节事实分别予以表述。

第二个一致:当事人的诉讼主张与基础规范一致。

这一要求实际上相当于"九步法"中的第五步"诉辩主张的检索"。

有人可能要问,为什么"九步法"中的前四步不在文书中反映?其实,并非不反映,而是以一种不太直观的方式反映出来。比如,固定权利请求就反映在关于当事人诉讼请求的要求中了。但是,固定权利请求以及依据权利请求找到权利基础规范之后即对法律条文进行要件分析,只是法官审理之前的一种思考方法。这种思考方法是不需要通过文字来表达的。我们需要用文字来表达的是我们运用这种方法的过程及结果。我们强调当事人的诉讼主张应当与其主张的权利或其诉讼请求相一致,包含了两层含义:一是其主张的事实、理由必须在形式上能够支持其权利。例如,当事人主张债权的给付请求权,他就必须提出与债权相关的诉讼主张,而不能提其他方面的主张。二是其提出的主张必须符合基础规范的要件要求。例如,当事人主张的是合同履行请求权,他就必须提出合同履行请求权的两个要件:一是合同成立并生效;二是请求符合合同约定(如原告自己已经履行了合同义务或者自己的行为已经满足了合同规定的条件)。这两个要件是他必须提出的主张,裁判文书中应当有所反映。那么,有人要问了,当事人没有主张,我在裁判文书中怎么反映呢?这个问题问得好!当事人没有主张,裁判文书是否仍应反映呢?答案显然是肯定的。这时,会出现两种情况:一是当事人遗漏主张,法官没有帮助检索并提醒;二是当事人拒绝主张,法官提醒当事人后,当事人拒绝提出该项主张。前一种情形,法官未适当履行释明义务,显有不当,因为欠缺法律构成要件,会对当事人产生极其重要的影响(会导致当事人败诉);后一种情形,裁判文书即应明确记载当事人拒绝主张的情况。类似的情况,在许多国家,都采取了强化主张责任的做法,一般采取直接驳回当事人诉讼的做法(当然,有的国家也会允许当事人在一定时限内补充)。所以,在写作裁判文书时,是不允许遗漏记载与当事人权利主张相对应的主张事项的。只要在裁判文书中出现遗漏诉讼主张情形的,一定是法官在处理过程中出现纰漏了。

对于被告一方而言,这种一致性的要求有两个方面:一是被告必须对原告的权利请求构成要件主张全部作出回应,不允许被告"王顾左右而言他"。对于原告提出的主张,凡被告未作出回应的,法官必须明确询问(第8条)。这是因为我国不承认默示推定规则(这与我国的国情是相符的)。反映在裁判文书制作中,被告必须对原告提出的所有要件作出回应。绝不允许出现原告诉称提出的内容,被告辩称中不置可否。如文书中出现此种情形,或者说明法官未做好诉讼主张的检索及争点整理,或者说明在庭审中未做好释明,或者裁判文书有所遗漏。第二个方面的要求,在被告提出抗辩(权)的情况下,被告的答辩主张还必须与其抗辩(权)主张相一致。

> 新注127:《证据规定》第8条第2款,被2019年修正的《证据规定》第4条继受,内容有变动。①

例如,原告提出合同履行请求权,被告除了否认对方请求权的构成要件外,还可以有另外的处理方式:一是单纯抗辩,即在承认对方主张的前提下,提出明确的抗辩,以抵消对方的诉讼请求。在返还借款的诉讼中,被告说,"钱我是欠你的,但我已经还给你了"。这就是提出了权利消灭抗辩;二是作让步抗辩,如被告说,"钱我根本就不欠你的,但即使欠你的,你的请求也已经超过诉讼时效了(或者是无效合同……)"。当然,这种让步抗辩不能明显自相矛盾,如被告说,"钱我是不欠你的,但我即使欠你钱,也已经还清了"。无论被告采用哪种方式提出抗辩或抗辩权,他都必须在他的答辩中提出与其抗辩或抗辩权相对应的主张。例如,在原告提出合同履行请求权时,被告可能提出下面几类抗辩:

第一类,合同已被撤销、解除或终止而被消灭;

第二类,合同已经得到履行(消灭抗辩);

第三类,抵销抗辩(消灭抗辩);

第四类,合同标的物给付不能(消灭抗辩);

第五类,时效抗辩、侵权抗辩、履行抗辩、先诉抗辩等。

---

① 《证据规定》(2001年)第8条第2款规定:对一方当事人陈述的事实,另一方当事人既未表示承认也未否认,经审判人员充分说明并询问后,其仍不明确表示肯定或者否定的,视为对该项事实的承认。

《证据规定》(2019年修正)第4条规定:一方当事人对于另一方当事人主张的于己不利的事实既不承认也不否认,经审判人员说明并询问后,其仍然不明确表示肯定或者否定的,视为对该事实的承认。

无论被告提出上述哪一种抗辩,他都必须提出抗辩(权)成立的全部要件,道理与请求权相同。

对于上述各种抗辩及其主张的情况,裁判文书必须客观反映。

同时,对于被告提出的一些抗辩,原告也必须形成自己的回应,不允许不置可否或遗漏回应。针对抗辩的诉辩过程,也必须符合一致性的要求。这种一致性要求,必须在裁判文书中客观反映。

我国《民事诉讼法》第108条规定,当事人起诉时必须有具体的诉讼请求和事实、理由。当事人据以提起诉讼的事实和理由,可概括称之为诉讼主张。当事人之所以能提出具体的诉讼请求,正是将其诉讼主张与法律规范进行比对后加以提炼的结果,没有诉讼主张,诉讼请求就如同空中楼阁,失去了支撑点。由于诉讼能力和法律知识的差异,并非所有当事人的诉讼主张都是适当、全面的,诉讼主张与诉讼请求相互矛盾、诉讼主张与基础规范无法匹配的情况时有发生。如原告提出违约金的诉讼请求,但主张的理由却是被告的行为造成其重大经济损失等。为了提高诉讼效率,法官应当加强诉讼指导,根据基础规范的构成要件对当事人的诉讼主张进行检索,以便当事人能及时"拾遗补阙""改弦更张"。在裁判文书中,对当事人诉讼主张的归纳,应当以基础规范的构成要件为参照,一一陈述,力求全面准确。

新注128:《民事诉讼法》第108条,被2017年修正的《民事诉讼法》第119条继受。①

第三个一致:当事人的诉讼证据与诉讼主张一致。

其实,这个一致里,还隐含了另外一个比较重要的一致性要求,即举证、质证必须与诉辩主张相一致。

在举证、质证层面,当事人所提出的所有事实主张,都必须有相应的证据记载相对应。何谓"证据记载"?一是载明当事人对自己的主张提出的证据;二是载明对方当事人的态度(如对方认诺或自认、否认);三是载明当事人无法或拒绝提供

---

① 《民事诉讼法》(2007年修正)第108条规定:起诉必须符合下列条:(1)原告是与本案有直接利害关系的公民、法人和其他组织;(2)有明确的被告;(3)有具体的诉讼请求和事实、理由;(4)属于人民法院受理民事诉讼的范围和受诉人民法院管辖。

《民事诉讼法》(2017年修正)第119条规定:起诉必须符合下列条件:(1)原告是与本案有直接利害关系的公民、法人和其他组织;(2)有明确的被告;(3)有具体的诉讼请求和事实、理由;(4)属于人民法院受理民事诉讼的范围和受诉人民法院管辖。

证据(有证据提出义务时)的情况。裁判文书不允许出现诉讼主张不写明相应的证据记载的情形。

当事人是案件的亲历者,法律关系的发生、变更或终止可能是一个相当长的过程,当事人持有大量与案件有关的证据。到底提供哪些证据,经常是困扰当事人的一个难题。一些当事人生怕遗漏,选择将所有的证据"一股脑儿"交给法官,由法官定夺。而法官同样出于遗漏证据的担忧,通常"照单全收",最终导致案件审理过程拉长、证据杂乱无章难以抉择。其实,当事人提供证据的目的是证明自己的诉讼主张成立,因此证据的范围应当与诉讼主张一致。诉讼主张中所包含的要件事实,都需要证据予以证明,当然对方当事人自认的除外;超出诉讼主张的事实,即使客观存在,但由于与诉讼请求、主张无关,不必陈述亦不必证明。例如,在房屋租赁合同案件中,出租人因承租人对房屋受损部位的修复不符合安全标准,要求承租人将受损部位恢复原状,承租人抗辩称修复符合安全标准且经出租人聘请的设计单位的验收,出租人则主张其未聘请设计单位验收,是承租人单方寻找的设计单位,双方就设计单位由何方聘请产生了分歧并各自提供证据。在该案中,事实争点是承租人的修复是否符合安全标准,承租人应当就其主张的修复符合安全标准进行举证,而不是纠缠于设计单位由何方聘请这一与原告的诉讼请求、被告的诉讼主张均无关联性的问题,就此提供的证据也逾越了双方诉讼主张的范围,严重"跑题"。

第四个一致:当事人的诉讼争点与诉讼主张一致。

当事人的诉讼争点包括事实争点和法律争点。裁判文书归纳的诉讼争点,应与当事人的诉讼主张相一致。

实践中,法官在归纳诉讼争点时,容易出现五个问题:一是不归纳争议焦点;二是归纳的争点过于笼统,如将原告的诉讼请求能否得到支持作为争点;三是争点过于琐碎,对当事人的所有分歧进行归纳,如前述案件中将设计单位由谁聘请归纳为事实争点对判断原告的诉讼请求能否得到支持完全没有意义;四是争点重复,如将合同是否成立和承诺是否到达被告均归纳为争点,其实后者为前者所包含;五是遗漏争点,容易导致在审理中遗漏主要事实。一方当事人提出事实和理由,另一方当事人予以否认、反驳或抗辩,争点即已形成。因此,争点应当局限于诉讼主张的范围内。继续以前述案例为例,事实争点应当是承租人已经完成的修复是否符合安全标准,而不是是否聘请了设计单位或由谁聘请了设计单位,因为即使查明了后者,对前者争议的解决毫无意义。

不写争点,同样会影响文书的条分缕析。裁判文书的叙述内容比较多,容易写得比较凌乱。遇到叙事能力比较差的人,文书写出来会比较容易让人看得晕头转向。如果合理利用争点的指引,一点一点地来叙述,相对而言,就会让文书写起来比较容易。其实,这里面蕴含着一种基本方法,那就是复杂问题简单化。

当事人的诉讼争点与诉讼主张一致这一要求,还有一个非常重要的作用,那就是可以用来检查裁判文书。检查裁判文书的时候,可以先看看当事人归纳的争议焦点有哪几个,然后再回过头去检查"原告诉称"和"被告辩称"的内容。这个方法非常实用,在检查裁判文书的时候,有时候会出现这种情况,比如,我们有的法官归纳了三个争点,但是如果我们回过头去检查当事人诉辩称的内容时,会发现在"当事人诉辩称"中根本找不到关于其中某一个争点的内容。这时候,我们就会很容易知道法官在"当事人诉辩称"中漏写了关于这个争点的内容。这个方法反过来也可以有效应用。我们可以先检查"当事人诉辩称"部分的内容,可以根据当事人的诉辩称内容自己来归纳一下争议焦点,比如,我们归纳出三个争议焦点,然后,我们再来检查裁判文书中关于争议焦点部分的内容,有时候,我们会发现法官漏写了其中一两个争议焦点,甚至会发现法官归纳错误或归纳不当,等等。

第五个一致:认定事实与事实争点一致。

之所以要求法官把争议焦点都写下来,还有一个非常重要的原因,那就是对于争点事实,法官必须全部予以认定。无论这些争点事实能否成立,法官均须对之作出明确结论。否则,即属于遗漏争点事实,最终会影响裁判结论的可靠性。裁判文书就必须把法官的认定记录下来。实践中,在检查裁判文书制作质量时,我们有时候会发现有的法官会发生遗漏,这种遗漏多数时候并不是因为法官没有认定,而是因为法官漏写了相关认定。

认定事实是法官裁判案件的基础。认定事实的过程,是法官在当事人的陈述和举证的基础上,运用一定的规则对证据的证明力进行评判,并根据高度盖然性的证明标准,结合一定的生活经验和价值观念,对当事人有争议的事实作出的最终确认;毫无疑问这是一个充满规则的思维过程。因此,裁判文书认定的事实是对当事人事实争点的解答和回应。对于当事人无争议的事实,当事人不必举证,法官也无需运用证据规则进行筛选、认定,只需要在裁判文书中直接确认即可。认定事实与事实争点一致,有效地突出了案件的审理重点,为裁判文书的说理论证奠定基础,也表明法官在认定事实方面的自由裁量权受证据规则的约束①,使社会公众在阅读裁判文书时能真实地体会到法官"断案"的从容,从而使司法裁判获得正当性。

第六个一致:法律理由与法律争点一致。

判决的法律理由必须与法律争点相一致。例如,当事人认为案件系争的法律

---

① 傅郁林:《民事裁判文书的功能与风格》,载《中国社会科学》2000 年第 4 期。

关系是无权处分而非无权代理,显然,这是案件的一个重要的法律争点。法官就必须对这一法律争点作出回应,也就是说,法官必须就法律关系的性质是无权处分还是无权代理作出明确的结论,并且应当给出自己作出这一结论的理由。法官在撰写裁判文书的时候,应当在本院认为部分明确写出自己作出此一判断的法律理由。当然,在撰写法律理由的时候,法官未必一定受当事人法律争点的拘束。

对判决理由的说明,不但应成为法官的权利,更应是其义务和职责,离开了充分的说理及论证,司法判决的合法性和合理性就会受到质疑。[①] 这就要求法官在裁判文书中必须说明法律理由,以认定的事实和选择的基础规范,围绕当事人的诉讼请求进行法律解释、论据分析并最终推导出正确的结论。实践中,裁判文书不说理或简单说理的主要原因,一方面可能受制于法官的法学功底,但不可否认的重要原因是在审理过程中不注重归纳当事人的法律争点而由法官"独断",由此产生的结果是裁判文书的说理失去针对性,说理散乱、模糊或不充分。当事人就法律的适用、解释等问题形成对抗并向法官充分展示,法官在裁判文书中论述的法律理由就应当与法律争点保持一致。

其实,这条规则里面还隐含了两条检查裁判文书的重要方法:一条是可以检查"本院认为"部分是否出现了"当事人诉辩称"或者"本院查明"中未曾出现过的事实,另一条是可以检查"本院认为"是否对所有法律争点及事实争点的认定理由(有些文书把事实认定理由放在事实认定部分)作出了回应。

实践中,法官时常会因为判决书的内容比较庞杂而出错,在"本院认为"中出现"诉辩称"部分或"本院查明"部分中从未出现过的事实或证据。从法治的角度看,当事人从未主张过、未经审理认定的事实是不能作为判决的事实依据的。当然,实践中发生的这类问题,有相当一部分并不是法官没有审理过这些证据或事实,而是因为法官撰写裁判文书的技术造成的。有的案件事实、证据特别多,法官在写"诉辩称"和"本院查明"时写着写着就写忘了,但法官在写"本院认为"的判决理由时很容易会引用那些事实。这说明,裁判文书没有完全反映法官审理的情况。用争点一致法,也可以从另一个侧面检验出是否漏写了认定的事实或证据。

第七个一致:判决书主文与诉讼请求一致。

判决书主文是法官针对当事人的诉讼请求,根据认定的事实和适用的法律,对当事人之间争议的权利义务关系作出的实体性的处理决定。判决书主文的内容必须与当事人的诉讼请求一致:首先,判决书主文确定的权利义务应与当事人的诉讼请求相

---

① 孙海龙、高伟:《裁判文书及其公信力现状调查和改革路径研究》,载《法学论坛》2007 年第 5 期。

对应,体现"不告不理"和当事人意思自治原则①;其次,判决书主文应对当事人的所有诉讼请求(包括反诉请求)作出支持、部分支持或者不予支持的明确结论;最后,判决书主文不能超越当事人诉讼请求的范围,例如德国将裁判主文放在裁判文书的正文开首,与原告起诉状中诉讼请求的位置相应,以禁止法官在当事人请求范围之外进行裁判。

判决书主文必须与诉讼请求一致。这是因为,"判如所请"是民事诉讼的一个基本原则。新近修订的《民事诉讼法》对此作了进一步的明确。该法第179条明确规定,判决超出当事人诉讼请求的,属于应当提起再审的情形。所谓判决书主文必须与当事人诉讼请求相一致,是指判决书主文不得超出当事人的诉讼请求("判超所请"),也不能遗漏诉讼请求("判缺所请"),更不能改变当事人的诉讼请求("判非所请")。在此,有一个重要问题需要妥善解决,即当事人的请求明显不当怎么办? 如明明是合同无效,但当事人始终按照合同有效来主张自己的诉讼请求。按照法院比较传统的处理方法,合同无效(包括解除租赁合同后),并将法律后果一并处理。于是我们过去的裁判文书就出现了"双方各自返还财产"的判决,甚至根本没有提出过任何诉讼请求的被告也能从中获得意外的惊喜! 这种处理方式的价值取向是一次性解决问题,避免当事人讼累。无疑,这种价值取向也会带来相应的问题。其一,这有违民事诉讼"不告不理"原则,不提出诉讼请求的当事人都能获得诉讼上的积极利益,显然有其荒谬之处。其二,这也有违当事人处分原则。依职权对无效合同的法律后果进行裁判,固然畅快,但在技术上如何处分合同无效后的权利,尚有诸多问题需要解决。首先,合同无效以后当事人依据无效合同能够取得什么请求权? 至少,可以有三种请求权:一是原物返还请求权;二是不当得利返还请求权;三是损害赔偿请求权。上述三种请求权如何选择、如何主张,在很大程度上取决于当事人的意思。当事人过错情况以及诉讼上的利益差异可能非常大。比如,在被告已将取得之财产向他人转让的情况下,原告的损失有可能非常大,其到底按哪一个请求权主张权利,不无疑问。依职权简单地择一下判,对当事人的利益平衡影响极大。这也是民事诉讼法重申坚持"不告不理"原则的理由之一。此种情况下,法官应当如何处理呢? 我想,应该强调两句话:

---

① 王松:《民事判决书主文的表述方法》,载《法官说法》2009年第9期。

> 新注129：《民事诉讼法》第179条，被2017年修正的《民事诉讼法》第200条继受，内容有变动。①

第一句话："把好事情做正确。"

第二句话："把正确的事情做好。"

什么叫"把好事情做正确"呢？那就是我们做法官一方面要坚持司法为民的能动司法精神，积极追求办案效果，努力避免当事人讼累，追求判决取得良好的社会效果。但是，另一方面，我们法官也要树立正确的程序意识，要把判决判得合法。例如，前述无效合同依职权判决就不合法，要根本解决问题，还得把有关无效合同法律后果的法律规定告知当事人，通过释明促使其主动补充或变更诉讼请求（35条），以免"判非所请""判无所请""请无所判"的问题。所以说，"把好事情做正确"就是指法官一定要把判决的社会效果建立在法律的基础之上，只有符合法律的社会效果才是正确的社会效果。

---

① 《民事诉讼法》（2007年修正）第179条规定：当事人的申请符合下列情形之一的，人民法院应当再审：（1）有新的证据，足以推翻原判决、裁定的；（2）原判决、裁定认定的基本事实缺乏证据证明的；（3）原判决、裁定认定事实的主要证据是伪造的；（4）原判决、裁定认定事实的主要证据未经质证的；（5）对审理案件需要的证据，当事人因客观原因不能自行收集，书面申请人民法院调查收集，人民法院未调查收集的；（6）原判决、裁定适用法律确有错误的；（7）违反法律规定，管辖错误的；（8）审判组织的组成不合法或者依法应当回避的审判人员没有回避的；（9）无诉讼行为能力人未经法定代理人代为诉讼或者应当参加诉讼的当事人，因不能归责于本人或者其诉讼代理人的事由，未参加诉讼的；（10）违反法律规定，剥夺当事人辩论权利的；（11）未经传票传唤，缺席判决的；（12）原判决、裁定遗漏或者超出诉讼请求的；（13）据以作出原判决、裁定的法律文书被撤销或者变更的。对违反法定程序可能影响案件正确判决、裁定的情形，或者审判人员在审理该案件时有贪污受贿，徇私舞弊，枉法裁判行为的，人民法院应当再审。

《民事诉讼法》（2017年修正）第200条规定：当事人的申请符合下列情形之一的，人民法院应当再审：（1）有新的证据，足以推翻原判决、裁定的；（2）原判决、裁定认定的基本事实缺乏证据证明的；（3）原判决、裁定认定事实的主要证据是伪造的；（4）原判决、裁定认定事实的主要证据未经质证的；（5）对审理案件需要的主要证据，当事人因客观原因不能自行收集，书面申请人民法院调查收集，人民法院未调查收集的；（6）原判决、裁定适用法律确有错误的；（7）审判组织的组成不合法或者依法应当回避的审判人员没有回避的；（8）无诉讼行为能力人未经法定代理人代为诉讼或者应当参加诉讼的当事人，因不能归责于本人或者其诉讼代理人的事由，未参加诉讼的；（9）违反法律规定，剥夺当事人辩论权利的；（10）未经传票传唤，缺席判决的；（11）原判决、裁定遗漏或者超出诉讼请求的；（12）据以作出原判决、裁定的法律文书被撤销或者变更的；（13）审判人员审理该案件时有贪污受贿，徇私舞弊，枉法裁判行为的。

> 新注130:《证据规定》第35条,被2019年修正的《证据规定》第53条继受,内容有变动。①

　　什么叫"把正确的事情做好"呢? 这是指在判决合法,其法律效果正确的情况下,法官还要注意让判决取得更好的社会效果。法官应当通过自己的努力使判决的社会效果更佳。其最有效的方式就是释明,要求裁判文书的主文与诉讼请求相一致,主要是检验一下时常因为习惯而出现的四类问题:判非所请问题、判无所请问题、请无所判问题以及诉讼请求记载不完整问题(尤其是诉讼请求变更记载情况不完整的问题)。

　　第八个一致:引用的法律条文与判决书主文一致。

　　法官将锁定的法律规范作为大前提,将认定的案件事实作为小前提,运用逻辑推理而得出了判决书主文。因此,裁判文书引用的法律条文是判决书主文得以产生的依据,引用法律条文的范围也应当与判决书主文一致,以保证每一条主文都有具体的法律条文作支撑。

　　要求引用的法律条文与判决书主文一致,主要是要解决判决不引用法律条文或引用法律条文不正确或不当的问题。同时,也是验证法官审判思路是否清晰的问题,因为这是直接检查判决的基本出发点是否清楚的方法。实践中,我们许多裁判文书在引用法律条文时存在的问题非常大,主要情形包括:一是笼统引用,喜欢引用"大帽子"条文,如《民法通则》第4条的引用率就特别高。二是滥引条文。有的法官基于考核,为了保险起见,引用法律条文多多益善。大量条文并非基础规范,而是管理性规范及不必要的条文。我曾经看到过的最为典型的一个判决,一条主文居然引用了八个条文,其中有六个属于无须引用的条文。三是错引条文,应该引用的法律条文未引用,不需要引用的却引用。例如,在一起证券回购案中,原告的诉讼请求是请求返还投资款。法院认为合同无效,判决支持返还请求,但引用的条款是《证券法》中有关证券公司不得作出保底承诺的那条法律规定,而直接规定

---

　　① 《证据规定》(2001年)第35条规定:诉讼过程中,当事人主张的法律关系的性质或者民事行为的效力与人民法院根据案件事实作出的认定不一致的,不受本规定第三十四条规定的限制,人民法院应当告知当事人可以变更诉讼请求。当事人变更诉讼请求的,人民法院应当重新指定举证期限。

　　《证据规定》(2019年修正)第53条规定:诉讼过程中,当事人主张的法律关系性质或者民事行为效力与人民法院根据案件事实作出的认定不一致的,人民法院应当将法律关系性质或者民事行为效力作为焦点问题进行审理。但法律关系性质对裁判理由及结果没有影响,或者有关问题已经当事人充分辩论的除外。存在前款情形,当事人根据法庭审理情况变更诉讼请求的,人民法院应当准许并可以根据案件的具体情况重新指定举证期限。

合同效力认定的《合同法》第 55 条和规定合同被认定无效以后的返还请求权的《合同法》第 57 条却并未引用。四是漏引条文。检查是否漏引法律条文，可以采用法律条文与判决书主文对照法，即每一个主文都应该能够对应相应的法律条文，每一个法律条文都能够对应相应的判决书主文。五是不引用条文。有的判决书干脆什么条文也不引用，当然，这种情况在实践中已经比较少了。六是引用条文不符合技术规范。有的法官在引用条文时条、款、项、目常常会出错。这种细节一定要注意，因为这也是法官职业能力的一种体现，处理不当同样也会给司法判决的公正性带来不良影响。对于最高人民法院公布的有关条文引用的一些技术性规范，平常要加强学习。

我们有的法官在引用法律条文时喜欢戴"大帽子"，即引用一些原则性条文，如《民法通则》第 4 条关于诚实信用原则的规定等。条文大总归不太会出错。其实，这种想法是不正确的。需要注意的是，引用法律条文时，有一条很重要的规则，即具体性条文优先于原则性条文引用。正如王利明教授所主张的，"法官需要在判决中准确地引证法条，并且对该法条的含义作出准确的解释，如果不能找到可供适用的法条，而需要援引有关原则的话，或者需要通过公平正义的观念来作出判决，都需要在判决书中作出详细的说明，在许多情况下还需要根据法理来论证。"① 在裁判文书中引用法律条文，具体性条文是第一位的，原则性条文是第二位的，只有在由于法律漏洞而找不到合适的具体性条文时，才可引用原则性条文。因为诸如民法基本原则等原则性条文的功能首先是为了帮助人们准确理解、正确适用民法，其本身不是民法规范，不能构成法律关系产生的独立根据，而只有补充的性质，必须与其他民法规范结合起来才能发挥法律调整的作用。②

> 新注 131：《合同法》第 55 条，被《民法典》第 152 条继受，内容有变动。③

---

① 王利明：《论中国判例制度的创建》，载《判解研究》2000 年第 1 辑，人民法院出版社 2000 年版。

② 徐国栋：《民法基本原则解释——成文法局限性之克服》，中国政法大学出版社 1992 年版，第 19~20 页。

③ 《合同法》第 55 条规定：有下列情形之一的，撤销权消灭：(1) 具有撤销权的当事人自知道或者应当知道撤销事由之日起一年内没有行使撤销权；(2) 具有撤销权的当事人知道撤销事由后明确表示或者以自己的行为放弃撤销权。

《民法典》第 152 条规定：有下列情形之一的，撤销权消灭：(1) 当事人自知道或者应当知道撤销事由之日起一年内、重大误解的当事人自知道或者应当知道撤销事由之日起九十日内没有行使撤销权；(2) 当事人受胁迫，自胁迫行为终止之日起一年内没有行使撤销权；(3) 当事人知道撤销事由后明确表示或者以自己的行为表明放弃撤销权。当事人自民事法律行为发生之日起五年内没有行使撤销权的，撤销权消灭。

> 新注 132:《合同法》第 57 条,被《民法典》第 507 条继受,内容有变更。①
>
> 新注 133:《民法通则》第 4 条,被《民法典》第 7 条继受,内容有变动。②

(三)运用裁判文书"八个一致"制作要求的技巧

通过上述分析我们可以看出,裁判文书"八个一致"可以让我们很容易地构建起逻辑结构合理性的判断标准。同时,依据"八个一致"方法,我们可以找到查核裁判文书实质性错漏的一些方法与技巧。

主要技巧与方法列表如下:

类型	技巧与方法
诉辩称与卷宗记载一致	检查对当事人诉讼主张描述的客观性
诉讼主张与基础规范一致	检查当事人是否正确提出了诉讼主张
诉讼证据与诉讼主张一致	检查是否遗漏证据
诉讼争点与诉讼主张一致	检查是否遗漏归纳争点 检查是否遗漏诉辩主张
认定事实与事实争点一致	检查认定事实是否遗漏事实争点
法律理由与法律争点一致	检查判决理由是否遗漏法律争点 检查"本院认为"中是否出现前文中未出现的事实或证据
判决书主文与诉讼请求一致	检查是否存在判无所请、判非所请、请无所判的情况(超判、漏判、变判)
判决书主文与引用法条一致	检查是否漏引、滥引或错引条文

---

① 《合同法》第 57 条规定:合同无效、被撤销或者终止的,不影响合同中独立存在的有关解决争议方法的条款的效力。

《民法典》第 507 条规定:合同不生效、无效、被撤销或者终止的,不影响合同中有关解决争议方法的条款的效力。

② 《民法通则》第 4 条规定:民事活动应当遵循自愿、公平、等价有偿、诚实信用的原则。

《民法典》第 7 条规定:民事主体从事民事活动,应当遵循诚信原则,秉持诚实,恪守承诺。

第十五章 决定审判质量和效率最重要的因素到底是什么?

讲到这里,"九步法"已经全部讲完了。接下来,有一个问题我们应当想一想——一种审判方法能解决所有问题吗?"九步法"、历史方法,或者别的什么方法,能够解决所有问题吗?

要件审判九步法只是一种基本的审判思路。仅仅依靠一种方法并不能解决所有问题。

一、是否存在最佳的法律适用方法?

不存在最佳的法律适用方法,只存在最适合我们的法律适用方法。在方法问题上,有两大阵营:一大阵营是形式性方法阵营,这一阵营以逻辑理性的方法为主;另一大阵营是实质性方法阵营,这一阵营以实践理性的方法为主。这两大阵营各自的拥护者们,长期以来争议不断,谁也无法说服谁。

就逻辑方法而言,逻辑方法还会有用吗?当前法学界有一种思潮,颇为强调实践理性,强调经验、主观融合的一面,认为逻辑方法是实证主义的产物,是概念法学的产物,而且认为实证主义已经衰落了,所以甚至连基本逻辑方法也予以否定。这本讲义并不想进行这类争端,而只是想说,从我国法院这么多年的实践发展来看,逻辑方法仍然是一种十分有效的方法。有些法学家为了强调实践理性的重要性,从大前提和小前提层面来攻击逻辑方法,认为无论是大前提还是小前提都融入了价值判断和主观因素,进而否定逻辑方法。这种说法,我们不能说它没有道理,但我们不能忽略了一个非常重要的基本事实:逻辑方法对我们处理问题起到了至关重要的作用,确保我们能够完成大量的司法任务。为什么可以这样说?其一,并非所有的案件都会出现疑难法律问题,法律并非一直处于需要解释的状态;其二,并非所有的案件都会出现小前提问题;其三,大多数日常案件中,逻辑方法在其中发挥着巨大作用,虽然我们不能说价值判断在其中消失,但我们可以说其中的价值判断因素事实上已经成为常识,无需作过多纠缠即可进入逻辑领域。所以,我们绝不可因噎废食。而且,事实上,即便是那些疑难复杂需要动用价值判断的案件,逻辑方法在其中也扮演着重要角色。

二、我们仅仅依靠形式理性的方法,能否完成司法的重任?

这个问题也是显而易见的。缺少了实践理性的逻辑方法是没有生命力的。这一点,已经为众多法理学家们所证明,也已经为历史所证明。而且,事实上,甚至实践理性本身也与逻辑理性呈现出你中有我、我中有你的状态。所以,完整意义上的法律适用方法是绝不能离开实践理性的。

在法律适用过程中,有许多单靠逻辑方法无法解决的情况。

逻辑方法只能解决形式上的合法性、正当性问题,但是在逻辑大前提和小前提的确定过程中,还有许多问题需要解决。其中涉及非确定性问题、法律概念的解释问题、法律条文的漏洞补充问题、事实要件中的评价性要件等问题。比如,法律条文中存在大量如"正当理由""合理期间"等具有较强自由裁量因素的概念。又如,我国《合同法》出台之前,曾经有三大合同法。当时,对于农副产品和工矿产品适用不同的行政法规。农副产品由《农副产品购销合同条例》加以规范,而工矿产品则是由《工矿产品购销合同条例》加以规范。一个产品适用两个不同的法规会产生截然不同的法律后果,无论是违约责任还是责任形态都有着较大的差异。正是由于这种法律后果的不同,当事人经常会对这种后果产生巨大争议。比如,肉罐头到底是农副产品还是工矿产品?对于这种划界,经常会产生模糊认识。这种情况下,法官采用什么方法来解释农副产品和工矿产品的概念,就成为决定性的步骤。但这个步骤,靠形式方法是无法进行的。因为对于概念的理解,显然会在一定程度上融入价值判断。也正因为这样,这个问题引起了最高人民法院的注意。为了统一全国各地法院对这两个概念的理解,最高人民法院出台了长达数百页的产品分类目录,力图用列举的方法解决问题。但这一举措收效甚微,因为实践中,产品创新的速度远远快于我们制定分类表的速度。幸亏后来制定了统一的合同法,废止了上述两个条例。否则,我们在解释这两个概念时还要大费周折。

我们应当注意到,最高人民法院采取制定目录表的方法,是为了避免同一个概念被不同的法官作出多种矛盾冲突的解释,希望借此统一法律适用结果。其实,这就是基于不同的法官会采用不同的解释方法,因为在解释过程中会融入不同的价值判断。你觉得那个概念要素比较重要,因此你采用那种解释结果,我认为这个概念要素比较重要,所以我采用这个解释结果。从中可以看出,解释过程中的实践性方法会伴随着价值判断的融入,从而给解释结果带来非确定性。

　　上述两个概念的解释问题虽然已经随着统一的合同法的制定而烟消云散,但对概念的解释问题却并未随之而去。相反,在法律适用过程中,相关概念的解释问题是一个长期困扰法官的问题。而且,这个问题不仅是中国法官面对的问题,也是全世界所有国家法官都面临的共同问题。

　　同时,法律可能出现空白。法律没有规定时,法官如何判决案件？这个问题也同样会影响法律适用的基本方法。比如,我们说的“九步法”,是以法律条文为基本出发点的,但我们在这种情况下,连法律都出现了空白,那是不是意味着我们就会因此陷入窘境？当然,这种情况并不会影响我们法律推理的进行,因为当法律出现空白时,通常需要法官采用法律漏洞补充的方法来对之加以补充,法官需要动用包括形式推理、实践推理在内的各种方法来完成漏洞填补的任务。

　　但是,仅依靠漏洞填补的方法只能解释恢复法律依据的问题,并不能解释有了法律依据以后的形式理性问题。所以,在这种情况下,单纯依靠任何一种方法都不能完成司法的任务。

　　从上面的分析中我们也可以看出,无论是形式性方法还是实质性方法,都存在着一定的缺陷。法律是在实质理性和形式理性之间徘徊前进的。单纯依靠形式性方法,并不能解决法律适用的重任。在很多时候,法官裁判案件,还必须伴随以必要的实践性方法。

三、法律适用过程中的法官释明

　　在法律适用过程中,无论你采用什么方法,都涉及一个重要的问题,那就是法律的专业化发展与社会公众的法律知识之间的鸿沟存在着不断扩大的趋势。这一点,已经成为世界各国法院所面临的一个共同问题。德、法、日等发达国家也同样如此,即诉讼日益专业化后,社会公众认知水平不能及时跟上诉讼法的发展速度。

　　这个问题采用法律适用方法能够解决吗？不能。正如我们在前文中所提及的,法律方法只能解决形式层面的问题。以“九步法”中第二步固定权利请求基础为例,权利竞合引发了一系列复杂的法律适用问题。这些问题让法律专业人士陷入了无止的争论之中。在固定权利请求基础时,仅仅依靠当事人自己,会存在极大的困难。所以,法律适用方法必须辅之以法官释明。

　　实践中,我们有的法官不善于利用释明权来弥补法律适用方法、程序规则、证据规则等方面的不足。法律适用方法主要讲究形式性,而诉讼程序规则、证据规则基本上是以当事人主义为背景的,它要求事实发现过程主要依赖于当事人、依赖于律师。一个好的庭审取决于当事人、律师、法官,甚至其他社会成员(如证人、旁听人员）之间的成功合作。可以说,庭审水平是一国法治水平的缩影。但我国社会公众(甚至部分律师)对诉讼程序、证据规则等不熟悉、不习惯,对法律知识的认知水平还很低,并不能有效地配合法院查明事实。在这种背景下,法官应当特别注意加强法律释明。这应当成为法官的一种责任。

在法律适用过程中,法官的法律释明活动得到了全面加强。值得特别指出的是,许多国家的诉讼法都不约而同地出现了一股加强法官释明权的改革热潮。其中有两项非常重要的改革要求:一是加强法官的心证公开义务,二是加强法官的法律观点开示义务。所谓法官的心证公开义务,是指法官将自己对案件事实认定的结果和过程及时告知当事人的义务;所谓法官的法律观点开示义务,是指法官将自己的法律观点及时向当事人公开的义务。这两项义务的目的,是避免来自法官的诉讼突袭,让当事人对法官的心证结论或法律观点有机会发表辩驳意见,或者让当事人有可能围绕法官的法律观点重新展开自己的诉讼活动。德国最新的民事诉讼法则是旗帜鲜明地提出法官应当加强与当事人之间的观点交流。其目的就是为了填平日益增强的诉讼专业化与社会公众认知能力之间的鸿沟。从各国实践来看,释明权被认为是解决法律适用方法形式性缺陷的有力工具。

释明权用得好不好,对于证据规则的实施、对于案件处理结果的公正性及办案效率的提高,具有十分深远的意义。

从法官心证公开义务的角度看,法官应当及时将自己对案件事实的判断情况告知当事人。如当事人主张对方违约,法官从双方已经举出的证据可以初步判断出,违约事实很难成立,则法官应当及时告知当事人,应当及时举证,否则判决会对其不利。这一义务在许多国家已经成为一种法定义务。但是,从我们的审判实践的情况来看,我们的法官是否作这种告知是很随意的。有一起诉讼时效的案件,其中债权数额为 7000 余万元,债务人作了时效抗辩。债权人提交了催讨欠款的差旅费凭证。法官认为该证据尚不足以证明债权人催讨过欠款,但并未将自己的这一心证结果告知债权人,而债权人误以为仅凭此已经可以推定催讨欠款的事实成立了。结果债权人因此败诉。如果法官将心证结果告知债权人,则后者还可让催讨欠款的经办人员及相关知情人到法庭来作证,等等。这样可以进一步加强举证。

从法官的法律观点公开义务来看,法官应当及时将自己对案件的法律观点告诉当事人,以便当事人能够围绕这一观点展开证据上的攻击与防御。例如,当事人误以为合同有效,但法官认为合同无效,则不仅请求权基础要发生变更(如违约之诉可能要变更为赔偿之诉),而且相关证据的提供也要发生变更。但在一起租赁合同纠纷案件中,原、被告认为双方的法律关系是联营,法官认为是"名为联营,实为租赁"。从该案的事实特征看，法官的这一观点是正确的，但法官在作出判决之前一直未将此结论告知当事人，致当事人的诉讼请求、诉讼主张及抗辩、举证、质证等情况均未作出相应的调整。显然，该案中所显示出的问题就是诉讼法学界一直批评的**"来自法官的诉讼突袭"**现象。

要件分析方法关于要件事实的证明等内容都涉及法官的诉讼指导和举证指导等内容。在证据规则中，包括举证时限制度在内的多项制度，都会遇到适用上的"瓶颈"。在我国当前的社会背景下，许多人甚至根本不知道举证时限是什么意思。如果法官不行使释明权，举证时限等制度的运行必然会出现问题。从证明要求和证明方法来看，对证明要求和方法进行指导，是法官诉讼指导义务的重要内容。这项义务在日本等发达国家都非常受重视。但是，在我们的审判实践中，许多法官认为既然当事人聘请了律师，就应当由律师来为其完成证明任务，因此，不太愿意在这方面多做工作，或者认为说多了容易出错，多一事不如少一事。前面第十一章讲到的赌债纠纷案，如果法官不作证明方法的指导，那起案件就不可能得到澄清。而目前，证明方法对于大多数当事人来说都是他们进行诉讼的重大障碍。许多当事人就是因为不懂得证明方法而不知道如何收集证据，最终不得不无奈地吞下败诉的苦果。

在上述种种情况下，如果法官对证明方法指导到位，就有可能避免一些本该胜诉的当事人意外败诉。因此，有时候看上去是证据规则的问题，实际上是法官未尽释明义务造成的问题。法官善于进行法律释明和举证指导，可以帮助解决很多单纯依靠法律适用方法无法解决的难题。

其实，释明制度也是我国最高人民法院《证据规定》中的重要内容。这项制度的建立本身也是充分考虑了我国的基本国情。我们可以看看《证据规定》第3条、第8条、第35条、第75条等诸多条款。这些条款对释明问题都有所涉及。但释明是一项难度非常高、非常难以把握的制度，对法官素质的要求非常高，它要求法官具有丰富的经验。善于利用释明的法官能够促使当事人全面彻底地展示自己的证据和意见，不善于释明的法官却在不该释明的时候随意释明，以至于几乎替代律师。在释明问题上，实践中大多数法官都存在着一种认识上的误区，那就是认为法院在向当事人送达的诉讼材料中已经包含了《举证通知书》，其中已经对当事人进行了概括性的释明，因此法官无须再向当事人作什么释明了。这些同志存有万事大吉和怕担责任的思想，不愿、不敢也不能就一些重要问题作出释明。这是目前审判实践中存在的诸多问题的重要根源。

　　新注 134:《证据规定》第 3 条,被 2019 年修正的《证据规定》第 2 条继受。①

　　新注 135:《证据规定》第 8 条,被 2019 年修正的《证据规定》第 4 条、第 5 条继受,内容有变动。②

　　新注 136:《证据规定》第 35 条,被 2019 年修正的《证据规定》第 53 条继受,内容有变动。③

　　新注 137:《证据规定》第 75 条,被 2019 年修正的《证据规定》第 95 条继受,内容有变动。④

---

　　① 《证据规定》(2001 年)第 3 条规定:人民法院应当向当事人说明举证的要求及法律后果,促使当事人在合理期限内积极、全面、正确、诚实地完成举证。当事人因客观原因不能自行收集的证据,可申请人民法院调查收集。

　　《证据规定》(2019 年修正)第 2 条规定:人民法院应当向当事人说明举证的要求及法律后果,促使当事人在合理期限内积极、全面、正确、诚实地完成举证。当事人因客观原因不能自行收集的证据,可申请人民法院调查收集。

　　② 《证据规定》(2001 年)第 8 条规定:诉讼过程中,一方当事人对另一方当事人陈述的案件事实明确表示承认的,另一方当事人无需举证。但涉及身份关系的案件除外。对一方当事人陈述的事实,另一方当事人既未表示承认也未否认,经审判人员充分说明并询问后,其仍不明确表示肯定或者否定的,视为对该项事实的承认。当事人委托代理人参加诉讼的,代理人的承认视为当事人的承认。但未经特别授权的代理人对事实的承认直接导致承认对方诉讼请求的除外;当事人在场但对其代理人的承认不作否认表示的,视为当事人的承认。当事人在法庭辩论终结前撤回承认并经对方当事人同意,或者有充分证据证明其承认行为是在受胁迫或者重大误解情况下作出且与事实不符的,不能免除对方当事人的举证责任。

　　《证据规定》(2019 年修正)第 4 条规定:一方当事人对于另一方当事人主张的于己不利的事实既不承认也不否认,经审判人员说明并询问后,其仍然不明确表示肯定或者否定的,视为对该事实的承认。第 5 条规定:当事人委托诉讼代理人参加诉讼的,除授权委托书明确排除的事项外,诉讼代理人的自认视为当事人的自认。当事人在场对诉讼代理人的自认明确否认的,不视为自认。

　　③ 《证据规定》(2001 年)第 35 条规定:诉讼过程中,当事人主张的法律关系的性质或者民事行为的效力与人民法院根据案件事实作出的认定不一致的,不受本规定第三十四条规定的限制,人民法院应当告知当事人可以变更诉讼请求。当事人变更诉讼请求的,人民法院应当重新指定举证期限。

　　《证据规定》(2019 年修正)第 53 条规定:诉讼过程中,当事人主张的法律关系性质或者民事行为效力与人民法院根据案件事实作出的认定不一致的,人民法院应当将法律关系性质或者民事行为效力作为焦点问题进行审理。但法律关系性质对裁判理由及结果没有影响,或者有关问题已经当事人充分辩论的除外。存在前款情形,当事人根据法庭审理情况变更诉讼请求的,人民法院应当准许并可以根据案件的具体情况重新指定举证期限。

　　④ 《证据规定》(2001 年)第 75 条规定:有证据证明一方当事人持有证据无正当理由拒不提供,如果对方当事人主张该证据的内容不利于证据持有人,可以推定该主张成立。

　　《证据规定》(2019 年修正)第 95 条规定:一方当事人控制证据无正当理由拒不提交,对待证事实负有举证责任的当事人主张该证据的内容不利于控制人的,人民法院可以认定该主张成立。

四、无论什么方法，都离不开价值观的决定作用

到这里，要件审判九步法的内容已经全部讲完了。我想说一句话，一种审判方法只是审理好案件的一个基本条件，但审理好案件光靠一种方法是远远不够的。

其一，我们要看到"九步法"与任何方法一样，都有其局限性。形式性的方法只是解决一些可以看得见的方法和技巧，但是这些方法都是有其作用范围的。其中并未触及一些主观评价和价值判断问题。

其二，我们要看到，欲把一个案件审得公正，审得漂亮，最重要的是我们想要把这个案件审好、审漂亮。换句话说，价值观是起决定性作用的。

记得有一次我到华东政法大学上裁判文书课时，曾经问过同学们一个问题：要写出一份好的裁判文书，最关键的因素是什么？有人回答，思路清晰，有人回答，逻辑严密，有人回答，文字通顺。我说：这些对于写好一份裁判文书，都非常重要，但最重要的，还是你想要把这份文书写好。

认为一件事很重要，才会想要把这件事做好。这就是价值观。是的，只有一个人想要把一件事情做好的时候，他才会去把这件事情做好。而决定一个人想不想把某件事情做好的是什么呢？是他对这件事情重要性的判断。如果他认为这件事情很重要，他就会去把这件事情做好，如果他认为这件事情不重要，他就不会去把这件事情做好。对事物重要性的判断，就是一种价值判断。所以说，价值观是决定性的因素。我们做事情过程中最为重要的，就是我们的思想（价值观）。

正是因为价值观对我们的行为具有决定性的影响，所以如果我们真的想要把一个案件办好，就必须改变我们的价值观。上网时，偶然看到这样一段话，觉得非常好：

"法官在选择解决问题的合理方式的时候，不能单纯走技术途径，要在生活体验、人生阅历、日常生活的基础上，运用形式逻辑去追求法律真实，并且站在人文立场上进行价值选择，这就是一条人文路径。法官的思维固然要以法律知识为基础，以法律概念和法律语言为工具，运用法律方法和技术对案件进行综合分析和判断，但是，这并不意味着法官的司法活动是完全靠理性和逻辑来进行的技术行为，法官思维中沉积着大量观念、意识和情感的精神要素，内化为法官的思维方式和思想习惯，法官只有充分地调动这些精神要素，才能够将法律意图和法律精神有机地个别化，最终凝结为个案的公正处理。在事实与规范之间，法官拥有充足的思想空间。"①

确实，法律职业极其需要人文关怀精神。具有人文关怀精神的法律方法才会拥有灵魂。掌握一套基础性方法，还不是成为一名优秀法官的全部。追求司法公正是一个长期的艰巨的过程。

"路漫漫其修远兮，吾将上下而求索。"

---

① 参见丁国强：《法律、法官的人文视界》，载 http://blog. sina. com. cn/s/blog_492a99860100b9v2. html, 2010 年 8 月 6 日访问。

附件一　请求权、抗辩（权）基础备考表

编号	案由	诉讼请求	请求权基础	抗辩（权）主张	抗辩权基础
1	所有权确认纠纷	确认享有房屋权利	《民法典》第 234 条、《最高人民法院关于适用〈中华人民共和国民法典〉物权编的解释（一）》第 2 条	不动产物权经依法登记发生效力	《民法典》第 209 条
2	相邻损害防免关系纠纷	修复房屋受损部位、赔偿损失	《民法典》第 236 条、第 237 条、第 238 条、第 295 条、第 296 条		
3	相邻通风纠纷和相邻采光、日照纠纷	排除妨碍、赔偿损失	《民法典》第 236 条、第 237 条、第 238 条、第 293 条	日照时间符合相关标准	《民法典》第 293 条
4	相邻污染侵害纠纷	排除光损害、噪声损害、电磁波污染、停止施工、赔偿损失	《民法典》第 236 条、第 237 条、第 238 条、第 294 条	噪声未超标	《民法典》第 294 条

续表

编号	案由	诉讼请求	请求权基础	抗辩(权)主张	抗辩权基础
5	排除妨害纠纷	拆除公共空间安装的门、栅栏、煤气灶、水斗、拆除天井、屋顶的违章搭建,改变热水器出风口朝向,烟道出风口,将拆除或移位的墙体恢复至原来位置,拆除空调移机,修复渗水部位	《民法典》第236条、第237条、第238条	渗水系物业管理所公共部位管理所致,或系楼上住户不当使用所致	《民法典》第176条
6	业主撤销权纠纷	撤销业主大会或者业主委员会作出的决定	《民法典》第280条第2款	未违反法律规定程序或未侵害业主合法权益	《最高人民法院关于审理建筑物区分所有权纠纷案件适用法律若干问题的解释》第12条
				已过行使撤销权的一年除斥期间	《最高人民法院关于审理建筑物区分所有权纠纷案件适用法律若干问题的解释》第12条

续表

编号	案由	诉讼请求	请求权基础	抗辩（权）主张	抗辩权基础
7	业主知情权纠纷	请求公布、查阅应当向业主公开的情况和资料	《民法典》第 281 条、第 285 条	请求公开的对象并非业主主知情权的范围	《最高人民法院关于审理建筑物区分所有权纠纷案件适用法律若干问题的解释》第 13 条
8	占有排除妨害纠纷	腾退返还房屋、支付房屋使用费	《民法典》第 462 条第 1 款	占有具有法定或约定事由，系合法占有，对房屋享有居住权	《民法典》第 366 条
				自侵占发生之日起一年内未行使，占有人返还原物请求权消灭	《民法典》第 462 条第 2 款
9	房屋买卖合同纠纷（买卖合同纠纷亦同）	确认合同无效	《民法典》第 143 条第 1 项	已经法定代理人追认	《民法典》第 145 条
			《民法典》第 171 条第 1 款	已经被代理人追认	《民法典》第 171 条第 1 款、第 2 款
				构成表见代理	《民法典》第 172 条

续表

编号	案由	诉讼请求	请求权基础	抗辩(权)主张	抗辩权基础
9	房屋买卖合同纠纷(买卖合同纠纷亦同)	确认合同无效	《民法典》第146条第1款		
			《民法典》第153条	非强制性规定或者该强制性规定不导致该买卖合同无效	《民法典》第153条第1款
			《民法典》第154条		
			《最高人民法院关于审理商品房买卖合同纠纷案件适用法律若干问题的解释》第2条	在起诉前已取得预售许可	《最高人民法院关于审理商品房买卖合同纠纷案件适用法律若干问题的解释》第2条
		撤销合同	《最高人民法院关于审理商品房买卖合同纠纷案件适用法律若干问题的解释》第6条第2款	已履行主要义务且对方已经接受	《最高人民法院关于审理商品房买卖合同纠纷案件适用法律若干问题的解释》第6条第2款
			《民法典》第147条		
			《民法典》第148条		
			《民法典》第149条		
			《民法典》第150条	撤销权已消灭	《民法典》第152条

续表

编号	案由	诉讼请求	请求权基础	抗辩（权）主张	抗辩权基础
9	房屋买卖合同纠纷（买卖合同纠纷亦同）	撤销合同	《民法典》第 151 条	撤销权已消灭	《民法典》第 152 条
			《民法典》第 538 条		
			《民法典》第 539 条	撤销权已消灭	《民法典》第 541 条
		合同无效或被撤销后请求返还原物、折价补偿或者赔偿损失	《民法典》第 157 条		
			《民法典》第 562 条第 1 款		
			《民法典》第 562 条第 2 款	恶意阻止相对方履行合同义务	《民法典》第 159 条
		解除合同	《民法典》第 563 条第 1 款第 2 项		
			《民法典》第 563 条第 1 款第 1 项	先履行抗辩、同时履行抗辩、不安抗辩	《民法典》第 525 条、第 526 条、第 527 条

续表

编号	案由	诉讼请求	请求权基础	抗辩（权）主张	抗辩权基础
9	房屋买卖合同纠纷（买卖合同纠纷亦同）	解除合同	《民法典》第563条第1款第3项、《最高人民法院关于审理商品房买卖合同纠纷案件适用法律若干问题的解释》第11条第1款	先履行抗辩、同时履行抗辩、不安抗辩或解除权消灭	《民法典》第525条、第526条、第527条、第564条、《最高人民法院关于审理商品房买卖合同纠纷案件适用法律若干问题的解释》第11条第2款
			《民法典》第563条第1款第4项	已过解除权行使期限	《民法典》第564条
			《民法典》第528条	已提供相应担保	《民法典》第528条
		合同解除后果	《最高人民法院关于审理商品房买卖合同纠纷案件适用法律若干问题的解释》第9条、第15条第1款第10条第1款	善意取得	《民法典》第311条
			《民法典》第566条	其他责任方式	《民法典》第582条
		违约责任	《民法典》第577条、《最高人民法院关于审理商品房买卖合同纠纷案件适用法律若干问题的解释》第10条第2款	（同违约责任）	（同违约责任）

续表

编号	案由	诉讼请求	请求权基础	抗辩（权）主张	抗辩权基础
9	房屋买卖合同纠纷（买卖合同纠纷亦同）	违约责任	《民法典》第577条、第583条	损失超出预见范围	《民法典》第584条
				因对方的过错导致损失扩大	《民法典》第591条第1款
				双方过错	《民法典》第592条第1款
				对方违反合同附随义务	《民法典》第509条第2款
			《民法典》第585条第1款	违约金过高	《民法典》第585条第2款、《最高人民法院关于审理商品房买卖合同纠纷案件适用法律若干问题的解释》第12条
				在履行分期付款的房屋买卖合同时，购房人退还最后几期房款，开发商不退还所有已付房款的，购房人可以要求调整违约金	
			《民法典》第586条第1款	违约金与定金不能并存	《民法典》第588条第1款
				没有约定定金性质	《民法典》第586条第1款
				实际交付的定金多于或者少于约定数额，收受定金方提出异议并拒绝接受	《民法典》第586条第2款
			《民法典》第577条	定金过高	《民法典》第586条第2款
			《民法典》第500条		

续表

编号	案由	诉讼请求	请求权基础	抗辩（权）主张	抗辩权基础
10	企业借贷纠纷	返还借款、偿付利息	《民法典》第577条、《最高人民法院关于审理民间借贷案件适用法律若干问题的规定》第22条	企业借贷具有无效情形	《最高人民法院关于审理民间借贷案件适用法律若干问题的规定》第13条
11	货运代理合同纠纷	支付代理费	《民法典》第579条、《最高人民法院关于审理海上货运代理纠纷案件若干问题的规定》第9条	货运代理企业给委托人造成损失应承担赔偿责任	《最高人民法院关于审理海上货运代理纠纷案件若干问题的规定》第11条、第10条
				不具有航空货运代理资质	《最高人民法院关于审理海上货运代理纠纷案件若干问题的规定》第14条
		承担逾期付款违约责任	《民法典》第577条		
12	联营合同纠纷	赔偿损失	违约:《民法典》第577条 合同无效:《民法典》第153条 缔约过失:《民法典》第500条		
13	悬赏广告纠纷	支付广告悬赏费用	《民法典》第577条		
14	债权债务概括转移合同纠纷	履行合同	《民法典》第556条、第577条	根据债权性质不得转让	《民法典》第545条第1款第1项
				按照当事人约定不得转让	《民法典》第545条第1款第2项
				依照法律规定不得转让	《民法典》第545条第1款第3项

续表

编号	案由	诉讼请求	请求权基础	抗辩（权）主张	抗辩权基础
			同房屋买卖合同纠纷		
			《最高人民法院关于审理建设工程施工合同纠纷案件适用法律问题的解释（一）》第1条第1款第1项		
			《最高人民法院关于审理建设工程施工合同纠纷案件适用法律问题的解释（一）》第1条第1款第2项		
15	建设工程合同纠纷（含勘察、设计、施工、分包、装饰装修等案由）	合同无效	《最高人民法院关于审理建设工程施工合同纠纷案件适用法律问题的解释（一）》第1条第1款第3项		
			《最高人民法院关于审理建设工程施工合同纠纷案件适用法律问题的解释（一）》第1条第2款		
		合同无效后果	《民法典》第793条第2款第1项		
			《民法典》第157条		
			《民法典》第793条第1款		
			同房屋买卖合同纠纷		

续表

编号	案由	诉讼请求	请求权基础	抗辩(权)主张	抗辩权基础
	同房屋买卖合同纠纷	合同撤销	《民法典》第562条第1款		
	同房屋买卖合同纠纷	合同撤销后果	《民法典》第562条第2款		
			《民法典》第563条第1款第1项		
			《民法典》第563条第1款第2项		
			《民法典》第563条第1款第3项		
		解除合同	《民法典》第563条第1款第4项		
15	建设工程合同纠纷（含勘察、设计、施工、分包、装饰装修等案由）		《民法典》第806条第1款		
			《民法典》第806条第2款		
			《民法典》第787条		
			《民法典》第533条		
		合同解除后果	《民法典》第566条第2款		
			《民法典》第806条第3款后半段	发包人过错	
			《民法典》第566条第1款		《民法典》第793条第3款

续表

编号	案由	诉讼请求	请求权基础	抗辩（权）主张	抗辩权基础
15	建设工程合同纠纷（含勘察、设计、施工、分包、装饰装修等案由）	合同解除后果	《民法典》第567条、第585条第2款	违约金过高	《民法典》第585条第2款
			《民法典》第806条第3款前半段	已完工的工程质量不合格	《民法典》第806条第3款后半段
			同房屋买卖合同纠纷		
		主张继续履行及违约责任	《民法典》第577条	时效抗辩、先履行抗辩、同时履行抗辩、不安抗辩等	《民法典》第188条、第525条、第526条、第527条
			《民法典》第800条、第801条	质量缺陷系发包人原因	《最高人民法院关于审理建设工程施工合同纠纷案件适用法律问题的解释（一）》第13条第1款第1项
			《民法典》第801条、第802条	工期顺延系发包人原因；未经竣工验收发包人擅自使用的	《民法典》第804条、第805条、《最高人民法院关于审理建设工程施工合同纠纷案件适用法律问题的解释（一）》第14条
			《民法典》第585条	违约金过高	《民法典》第585条第2款
			《民法典》第577条		
			《民法典》第803条		

续表

编号	案由	诉讼请求	请求权基础	抗辩（权）主张	抗辩权基础
16	物业服务合同纠纷	支付物业服务费	《民法典》第577条、第944条	物业尚未交付	《物业管理条例》第41条
				擅自扩大收费范围，提高收费标准或者重复收费	《最高人民法院关于审理物业服务纠纷案件适用法律若干问题的解释》第2条
				物业服务企业不履行或不完全履行约定或者法定义务	《民法典》第577条、第944条
				超过诉讼时效	《民法典》第188条
		支付逾期付款违约金	《民法典》第577条	违约金过高，要求调整	《民法典》第585条第2款
				超过诉讼时效	《民法典》第188条
		排除妨害物业服务与管理的行为	《最高人民法院关于审理物业服务纠纷案件适用法律若干问题的解释》第1条	免除物业服务企业责任、加重业主委员会或者业主责任，排除业主委员会或业主主要权利	
		履行维修、养护、清洁、绿化和经营义务	《民法典》第942条	不属于物业服务企业维修、养护、管理和维护的对象或范围	《民事诉讼法》第124条
		赔偿未履行维修、养护、清洁、绿化和经营义务的损失	《民法典》第942条	已尽到物业管理服务职责	《民法典》第942条

续表

编号	案由	诉讼请求	请求权基础	抗辩（权）主张	抗辩权基础
17	证券纠纷 证券交易代理合同纠纷	赔偿股票被强卖、盗卖的损失	《民法典》第577条	双方均有过错	《民法典》第592条
		赔偿因系统故障造成的股票交易或撤单未成功的损失		约定属于不可抗力	《民法典》第590条
		返还资金账户内的资金、证券	《民法典》第927条		
18	赠与合同纠纷	受赠人请求赠与人交付赠与财产	《民法典》第660条第1款	非经公证或非依法不得撤销的赠与合同在赠与财产权利转移前已撤销	《民法典》第658条
				受赠人未履行赠与所附义务	《民法典》第661条
				具有法定撤销事由	《民法典》第663条、第664条
				赠与人的经济状况显著恶化，严重影响其生产经营或者家庭生活	《民法典》第666条
		赠与物毁损、灭失，受赠人请求赠与人赔偿	《民法典》第660条第2款	赠与人无故意或者重大过失	《民法典》第660条第2款

续表

编号	案由	诉讼请求	请求权基础	抗辩（权）主张	抗辩权基础
18	赠与合同纠纷	受赠人请求赠与人承担赠与财产的瑕疵责任	《民法典》第662条	非附义务的赠与；非故意或不告知或者保证无瑕疵	《民法典》第662条
		撤销权人撤销赠与后请求受赠人返还赠与财产	《民法典》第665条		
19	金融借款合同纠纷	贷款人请求借款人返还借款、支付利息、逾期利息	《民法典》第674条、第675条、第676条	高利放贷，超出的利息无效	《最高人民法院关于审理民间借贷案件适用法律若干问题的规定》第25条
				虚假诉讼	《最高人民法院关于审理民间借贷案件适用法律若干问题的规定》第18条
				借款合同无效	《最高人民法院关于审理民间借贷案件适用法律若干问题的规定》第13条
				利息不得预先在本金中扣除	《民法典》第670条、《最高人民法院关于审理民间借贷案件适用法律若干问题的规定》第26条

续表

编号	案由	诉讼请求	请求权基础	抗辩（权）主张	抗辩权基础
19	金融借款合同纠纷	贷款人请求解除合同	《民法典》第 673 条		
		贷款人请求行使抵押权	《民法典》第 413 条		
		借款人要求贷款人赔偿损失	《民法典》第 671 条		
20	民间借贷纠纷	返还借款	《民法典》第 675 条	未收到借款	《最高人民法院关于审理民间借贷案件适用法律若干问题的规定》第 9 条
				预先扣除利息	《民法典》第 670 条《最高人民法院关于审理民间借贷案件适用法律若干问题的规定》第 26 条
				已归还	《民法典》第 557 条第 1 款第 1 项
				已抵销	《民法典》第 557 条第 1 款第 2 项
				系偿还之前的借款或者其他债务	《最高人民法院关于审理民间借贷案件适用法律若干问题的规定》第 16 条
				出具借条系受胁迫，请求撤销	《民法典》第 150 条
				存在套取金融机构贷款转贷等情形，合同无效	《最高人民法院关于审理民间借贷案件适用法律若干问题的规定》第 13 条
				夫妻一方在婚姻存续期间以个人名义超出家庭日常生活需要所负的债务	《民法典》第 1064 条第 2 款

续表

编号	案由	诉讼请求	请求权基础	抗辩(权)主张	抗辩权基础
20	民间借贷纠纷	支付利息、逾期利息	《民法典》第674条、第676条	利息、违约金过高	《民法典》第585条第2款、《最高人民法院关于审理民间借贷案件适用法律若干问题的规定》第29条
		支付违约金	《民法典》第585条第1款、第577条		
		解除借款合同、提前归还借款	《民法典》第673条		
21	担保合同纠纷	对主债务及利息损失或违约金承担担保责任	一般保证:《民法典》第686条、第687条;连带保证:《民法典》第686条、第688条;抵押担保:《民法典》第394条;质押担保:《民法典》第425条	主合同无效	《民法典》第682条、《最高人民法院关于适用〈中华人民共和国民法典〉有关担保制度的解释》第2条
				担保合同无效	
				机关法人,居民委员会、村民委员会,以公益为目的的非营利性学校、幼儿园、医疗机构、养老机构等提供担保	《最高人民法院关于适用〈中华人民共和国民法典〉有关担保制度的解释》第5条、第6条
				公司的法定代表人违反公司关于对外担保决议程序的规定,超越权限代表公司与相对人订立担保合同,且相对人非善意	《最高人民法院关于适用〈中华人民共和国民法典〉有关担保制度的解释》第7条

续表

编号	案由	诉讼请求	请求权基础	抗辩（权）主张		抗辩权基础
21	担保合同纠纷	对主债务及利息损失或者违约金承担担保责任	一般保证：《民法典》第686条、第687条；连带保证：《民法典》第686条、第688条；抵押担保：《民法典》第394条；质押担保：《民法典》第425条	担保合同无效	相对人未根据上市公司公开披露的关于担保事项已经董事会决议通过的信息，与上市公司订立担保合同	《最高人民法院关于适用〈中华人民共和国民法典〉有关担保制度的解释》第9条
					董事、经理以公司资产为本公司的股东或者其他个人债务提供担保	《公司法》第148条
					抵押物为违法、违章的建筑物	《最高人民法院关于适用〈中华人民共和国民法典〉有关担保制度的解释》第49条
				免除担保责任	债权人转让债权未征得书面同意	《民法典》第696条
					主合同变更未征得同意	《民法典》第695条
					保证期间届满	《民法典》第693条、《最高人民法院关于适用〈中华人民共和国民法典〉有关担保制度的解释》第44条
					担保权利人放弃债务人提供的担保（在放弃范围内免除）	《民法典》第409条、第698条
				抵押未登记，抵押权未设立		《民法典》第402条
				担保物权消灭		《民法典》第393条

续表

编号	案由		诉讼请求	请求权基础	抗辩(权)主张	抗辩权基础
22	担保追偿权纠纷		诉请主债务人偿付代偿款	《民法典》第700条	代偿的主债务已过诉讼时效(未行使主债务人的抗辩权)	《民法典》第701条
23	房屋租赁合同纠纷	合同无效	租赁期限超过20年	《民法典》第705条	未超过20年	《民法典》第705条
			租赁期限超过临时建筑的规定的使用期限	《最高人民法院关于审理城镇房屋租赁合同纠纷案件具体应用法律若干问题的解释》第3条第2款	在一审法庭辩论终结前经主管部门批准延长使用期限	《最高人民法院关于审理城镇房屋租赁合同纠纷案件具体应用法律若干问题的解释》第3条第2款
			出租未取得建设工程规划许可证或者未按照建设工程规划许可证设定的规定的房屋	《最高人民法院关于审理城镇房屋租赁合同纠纷案件具体应用法律若干问题的解释》第2条	在一审法庭辩论终结前取得建设工程规划许可证或者经主管部门批准建设	《最高人民法院关于审理城镇房屋租赁合同纠纷案件具体应用法律若干问题的解释》第2条
			出租未经批准或者未按照批准内容建设的临时建筑	《最高人民法院关于审理城镇房屋租赁合同纠纷案件具体应用法律若干问题的解释》第3条第1款	在一审法庭辩论终结前经主管部门批准建设	《最高人民法院关于审理城镇房屋租赁合同纠纷案件具体应用法律若干问题的解释》第3条第1款

续表

编号	案由		诉讼请求	请求权基础	抗辩（权）主张	抗辩权基础
23	房屋租赁合同纠纷	合同无效后果	支付使用费	《最高人民法院关于审理城镇房屋租赁合同纠纷案件具体问题的解释》第4条第1款	出租人采取断水、断电等措施影响房屋使用，承租人可以主张不付或少付；出租人无法提供合法权属证明影响经营行为，承租人可以主张不付或少付	《民法典》第708条
			赔偿装饰装修损失	《最高人民法院关于审理城镇房屋租赁合同纠纷案件具体问题的解释》第7条	承租人未经出租人同意装饰装修	《最高人民法院关于审理城镇房屋租赁合同纠纷案件具体问题的解释》第11条
			支付扩建造价费用	《最高人民法院关于审理城镇房屋租赁合同纠纷案件具体问题的解释》第12条	双方对扩建费用的处理另有约定	《最高人民法院关于审理城镇房屋租赁合同纠纷案件具体问题的解释》第12条
					承租人未经出租人同意扩建	《最高人民法院关于审理城镇房屋租赁合同纠纷案件具体问题的解释》第11条

续表

编号	案由	诉讼请求	请求权基础	抗辩(权)主张	抗辩权基础
23	房屋租赁合同纠纷 解除合同	协商解除	《民法典》第562条第1款	未协商一致	《民法典》第562条第1款
		约定解除	《民法典》第562条第2款	不正当促成约定解除事由成就	《民法典》第158条、第159条
		任意解除	《民法典》第730条	未在合理期限之前通知对方	《民法典》第730条
			《民法典》第731条	租赁物未危及承租人的安全或者健康	《民法典》第731条
		法定解除	《民法典》第711条	承租人按照约定的方法或者根据租赁物的性质使用租赁物	《民法典》第710条
				租赁物未受到损失	《民法典》第711条
			《民法典》第716条第2款	承租人经出租人同意转租	《民法典》第716条第1款
				出租人知道或者应当知道承租人转租,但是在六个月内未提出异议	《民法典》第718条
			《民法典》第724条	因承租人原因致使租赁物无法使用	《民法典》第724条
			《民法典》第729条	未阻却合同目的实现	《民法典》第729条

续表

编号	案由	诉讼请求	请求权基础	抗辩(权)主张	抗辩权基础
23	房屋租赁合同纠纷	解除合同 / 法定解除	《民法典》第563条第1款第1项	系商业风险	《民法典》第533条
				不构成不可抗力	《民法典》第563条第1款第1项
				未阻却合同目的实现	《民法典》第563条第1款第1项
			《民法典》第563条第1款第2项	已履行合同主要债务	《民法典》第563条第1款第2项
			《民法典》第563条第1款第3项、第722条	在合理期限内履行	《民法典》第563条第1款第3项、第722条
				次承租人代付欠付租金和违约金	《民法典》第719条
				第三人主张权利,致使承租人不能对租赁物使用、收益	《民法典》第723条
			《民法典》第563条第1款第4项	未阻却合同目的实现	《民法典》第563条第1款第4项
			《民法典》第563条第1款第5项		
			《民法典》第563条第2款	未在合理期限前通知	《民法典》第563条第2款
			《最高人民法院关于审理城镇房屋租赁合同纠纷案件具体应用法律若干问题的解释》第5条	已取得租赁房屋	《最高人民法院关于审理城镇房屋租赁合同纠纷案件具体应用法律若干问题的解释》第5条

续表

编号	案由		诉讼请求	请求权基础	抗辩（权）主张	抗辩权基础
23	房屋租赁合同纠纷	解除合同	法定解除	《最高人民法院关于审理城镇房屋租赁合同纠纷案件具体应用法律若干问题的解释》第6条	未变动房屋主体和承重结构或者重建	《最高人民法院关于审理城镇房屋租赁合同纠纷案件具体应用法律若干问题的解释》第6条
					出租人同意变动房屋主体和承重结构或者扩建	
					出租人未要求在合理期限内恢复原状	
					已在合理期限内恢复原状	
			情势变更	《民法典》第533条	系商业风险	《民法典》第533条
					继续履行未对一方明显不公平	
			合同履行不能	《民法典》第580条	未在合理期限内协商	《民法典》第580条
		合同解除后果	返还房屋	《民法典》第733条	未阻却合同目的实现	《民法典》第734条
					承租人继续使用，出租人未提异议	《民法典》第6条
			支付房屋使用费	《民法典》第566条	约定使用费过高	《民法典》第591条
					出租人未及时收回房屋导致损失扩大	

续表

编号	案由	诉讼请求	请求权基础	抗辩（权）主张	抗辩权基础
23	房屋租赁合同纠纷 / 合同解除后果	恢复原状	《民法典》第566条	交付时的房屋原状标准不确定	
			《最高人民法院关于审理城镇房屋租赁合同纠纷案件具体应用法律若干问题的解释》第8条	双方另有约定	《最高人民法院关于审理城镇房屋租赁合同纠纷案件具体应用法律若干问题的解释》第8条
		赔偿装饰装修损失	《最高人民法院关于审理城镇房屋租赁合同纠纷案件具体应用法律若干问题的解释》第9条第1项	对已形成附合的装饰装修物处理另有约定	《最高人民法院关于审理城镇房屋租赁合同纠纷案件具体应用法律若干问题的解释》第9条
				承租人违约导致合同解除	《最高人民法院关于审理城镇房屋租赁合同纠纷案件具体应用法律若干问题的解释》第9条第2项
				双方违约导致合同解除	《最高人民法院关于审理城镇房屋租赁合同纠纷案件具体应用法律若干问题的解释》第9条第3项
				不可归责于双方的事由导致合同解除	《最高人民法院关于审理城镇房屋租赁合同纠纷案件具体应用法律若干问题的解释》第9条第4项

续表

编号	案由	诉讼请求	请求权基础	抗辩（权）主张	抗辩权基础
23	房屋租赁合同纠纷	合同解除后果	支付约定解除合同违约金	《民法典》第585条第1款	约定违约金过分高于造成的损失	《民法典》第585条第2款
			赔偿损失	《民法典》第583条、584条	除主张违约金外还请求对方赔偿损失	《民法典》第585条第1款
					损失超出预见范围	《民法典》第584条
					对方没有采取适当措施防止损失扩大	《民法典》第591条
					对方对损失的发生负有过错	《民法典》第592条
		违约责任	继续履行	《民法典》第577条	同时履行抗辩权	《民法典》第525条
					先履行抗辩权	《民法典》第526条
					不安抗辩权	《民法典》第527条
					合同履行不能	《民法典》第580条第1款
			支付租金	《民法典》第579条、721条、722条	因不可抗力不能履行合同的，根据不可抗力影响，主张减免租金	《民法典》第590条
					出租人断水、断电等影响承租人对房屋使用，承租人可主张减少或者不付租金	《民法典》第708条

续表

编号	案由	诉讼请求	请求权基础	抗辩(权)主张	抗辩权基础
23	房屋租赁合同纠纷	支付租金	《民法典》第579条、第721条、第722条	因维修租赁物影响承租人使用，出租人应当相应减少租金或延长租期	《民法典》第713条
				次承租人代为支付的租金和违约金	《民法典》第719条
				第三人主张权利，致使承租人不能对租赁物使用、收益	《民法典》第723条
				因不可归责于承租人的事由，致使租赁物部分或者全部毁损、灭失	《民法典》第729条
	违约责任	支付违约金	《民法典》第577条	违约金过高，要求调整违约金	《民法典》第585条第2款
		赔偿损失	《民法典》第711条	承租人按照约定的方法或者根据租赁物的性质使用租赁物	《民法典》第710条
			《民法典》第714条	承租人已尽妥善保管义务	《民法典》第714条
			《民法典》第715条第2款	改善或者增设他物事先取得出租人同意	《民法典》第715条第1款
			《民法典》第716条第1款	承租人按照约定的方法或者根据租赁物的性质使用租赁物	《民法典》第710条

续表

编号	案由	诉讼请求	请求权基础	抗辩（权）主张	抗辩权基础
23	房屋租赁合同纠纷	违约责任 赔偿损失	《最高人民法院关于审理城镇房屋租赁合同纠纷案件具体应用法律若干问题的解释》第5条	已取得租赁房屋	《最高人民法院关于审理城镇房屋租赁合同纠纷案件具体应用法律若干问题的解释》第5条
			《最高人民法院关于审理城镇房屋租赁合同纠纷案件具体应用法律若干问题的解释》第6条	未擅自变动结构或已在合理期限内恢复	《最高人民法院关于审理城镇房屋租赁合同纠纷案件具体应用法律若干问题的解释》第6条
			《最高人民法院关于审理城镇房屋租赁合同纠纷案件具体应用法律若干问题的解释》第11条	装饰装修或者扩建发生的费用事先取得出租人同意	《民法典》第715条第1款
			《民法典》第728条	出租人已在合理期限内通知承租人出卖房屋	《民法典》第726条、第727条
24	融资租赁合同纠纷	解除合同	《民法典》第562条、563条、第752条、第753条、第754条,《最高人民法院关于审理融资租赁合同纠纷案件适用法律问题的解释》第2条、第5条	名为融资租赁实为借贷	《最高人民法院关于审理融资租赁合同案件适用法律问题的解释》第1条

续表

编号	案由	诉讼请求	请求权基础	抗辩(权)主张	抗辩权基础
24	融资租赁合同纠纷	支付欠付租金	《民法典》第751条、第752条	承租人依赖出租人的技能确定租赁物或者出租人干预选择租赁物的,承租人可以请求减免相应租金	《民法典》第742条
		承租人请求出租人赔偿损失	《民法典》第748条		
		支付违约金	《民法典》第585条、《最高人民法院关于审理融资租赁合同纠纷案件适用法律问题的解释》第9条	违约金标准过高	《民法典》第585条
		出租人请求承租人赔偿损失	《民法典》第755条、《最高人民法院关于审理融资租赁合同纠纷案件适用法律问题的解释》第11条		
		出租人请求承租人合理补偿	《民法典》第756条、第758条、第760条		
		确认合同无效	《民法典》第737条《最高人民法院关于审理融资租赁合同纠纷案件适用法律问题的解释》第1条		

续表

编号	案由	诉讼请求	请求权基础	抗辩（权）主张	抗辩权基础
25	保理合同纠纷	当事人约定有追索权保理的，保理人向应收账款债权人请求返还保理融资款本息或者回购应收账款债权	《民法典》第766条	当事人没有约定追索权	《民法典》第766条
		保理人向应收账款债务人主张应收账款债权	《民法典》第766条、第767条		
		当事人约定有追索权保理的，应收账款债权人请求保理人返还扣除保理融资款本息和相关费用后的剩余金额	《民法典》第766条	当事人约定无追索权保理	《民法典》第767条
26	承揽合同纠纷	定作人请求承揽人交付工作成果	《民法典》第577条、第780条	享有留置权	《民法典》第783条
		质量不符合约定，请求承揽人承担修理、重作、减少报酬、赔偿损失等违约责任	《民法典》第781条	已经定作人质量验收	《民法典》第780条
		请求共同承揽人承担连带责任	《民法典》第786条	当事人另有约定	《民法典》第786条
		因材料、工作成果灭失，定作人请求损害赔偿	《民法典》第784条	系不可抗力	《民法典》第590条
		因定作人中途变更承揽要求，承揽人请求赔偿损失	《民法典》第777条	未采取减损措施	《民法典》第591条
		因定作人提前解除合同，承揽人请求赔偿损失	《民法典》第787条		
		承揽人请求解除合同	《民法典》第778条	未经催告，未给予合理顺延期限	《民法典》第778条

续表

编号	案由	诉讼请求	请求权基础	抗辩(权)主张	抗辩权基础
27	运输合同纠纷	承运人请求旅客、托运人或收货人支付票款或者运输费用	《民法典》第813条	未按照约定路线或者通常路线导致的增加部分的票款或者运输费用	《民法典》第813条
				货物在运输过程中因不可抗力灭失	《民法典》第835条
		请求承运人对运输过程中旅客的伤亡承担赔偿责任	《民法典》第823条	伤亡是旅客自身健康原因造成的或者承运人证明伤亡是旅客故意、重大过失造成的	《民法典》第823条
		运输过程中旅客随身携带的物品毁损、灭失,请求承运人承担赔偿责任	《民法典》第824条	承运人无过错	《民法典》第824条
		因托运人要求承运人中止运输、返还货物,变更到达地或者将货物交给其他收货人,承运人请求赔偿因此受到的损失	《民法典》第829条		
		运输过程中货物毁损、灭失承运人的赔偿责任	《民法典》第832条	货物的毁损、灭失系不可抗力、货物本身的自然性质或者合理损耗以及托运人、收货人的过错造成的	《民法典》第832条

续表

编号	案由	诉讼请求	请求权基础	抗辩（权）主张	抗辩权基础
27	运输合同纠纷	相继运输情况下，请求订立合同的承运人和区段承运人承担连带责任	《民法典》第834条		
		请求承运人支付货物	《民法典》第577条	托运人或者收货人不支付运费、保管费或者其他费用的，承运人享有留置权	《民法典》第836条
		请求多式联运经营人承担承运人合同义务	《民法典》第838条		
		因托运人申报不实或者遗漏重要情况，过错导致承运人损失的，请求托运人承担赔偿责任	《民法典》第825条、第841条		
28	保管合同纠纷	保管人请求寄存人支付保管费	《民法典》第889条	合同没有约定或者约定不明确	《民法典》第889条
		寄存人请求保管人返还保管物	《民法典》第896条	保管物已被依法采取保全或者执行措施	《民法典》第896条
				寄存人未按照约定支付保管费或者其他费用，保管人依法享有留置权	《民法典》第903条

续表

编号	案由	诉讼请求	请求权基础	抗辩（权）主张	抗辩权基础
28	保管合同纠纷	因保管物毁损、灭失，寄存人请求保管人赔偿	《民法典》第897条	无偿保管人证明自己没有故意或者重大过失	《民法典》第897条
				寄存货币、有价证券或者其他贵重物品，寄存人未声明，按照一般物品予以赔偿	《民法典》第898条
		交第三人保管造成保管物损失，寄存人请求保管人赔偿	《民法典》第894条	当事人另有约定	《民法典》第894条
29	委托合同纠纷	解除合同	《民法典》第933条	合同已经履行	《民法典》第557条第1款第1项
		返还财产	《民法典》第927条		
		支付违约金	《民法典》第577条、第585条第1款	因委托人不配合致使委托未完成	《民法典》第592条
				约定违约金过高	《民法典》第585条第2款
		支付委托代理费	《民法典》第928条	因不可归责于受托人的事由，委托合同解除或者委托事务不能完成的	《民法典》第933条
		赔偿损失	《民法典》第929条、第930条、第931条	受托人无过错	《民法典》第929条
		支付办理委托事务所垫付的费用及利息	《民法典》第921条		

续表

编号	案由	诉讼请求	请求权基础	抗辩(权)主张	抗辩权基础
30	中介合同纠纷	支付佣金、滞纳金	《民法典》第963条、第965条	未利用中介方提供的交易机会或媒介机会,自行与相对人签订买卖合同	《民法典》第965条
				未利用中介方提供的交易机会或媒介机会,自行与相对人或通过其他中介方促成签订买卖合同	《民法典》第964条、第965条
		支付违约金	《民法典》第577条、第585条第1款	独家委托条款、违约金条款系无效的格式条款	《民法典》第497条第2项、第3项
				约定违约金过分高于造成的损失	《民法典》第585条第2款
		返还佣金	《民法典》第962条第2款	居间义务已经完成	《民法典》第963条
				中介方已履行如实报告义务,买卖合同未签订非因中介方过错导致	《民法典》第962条第1款
		返还意向金	《民法典》第566条第1款	意向金已转为定金,应向买卖关系的相对方主张	《民法典》第586条
		赔偿损失	《民法典》第962条第2款	中介方已尽审查义务,不存在故意隐瞒或提供虚假信息的情况,经济损失系相对方过错造成	《民法典》第962条第1款

续表

编号	案由		诉讼请求	请求权基础	抗辩（权）主张	抗辩权基础
31	委托理财合同纠纷	民间委托理财合同纠纷	理财机构不具有委托理财资质，合同无效，返还本金并赔偿损失	《民法典》第153条、第157条		
			理财自然人归还本金并按约定的固定收益率支付收益	《民法典》第577条		
			非法融资，合同无效，返还本金并赔偿损失	《民法典》第153条、第157条		
		金融委托理财合同纠纷	系重大误解，请求撤销合同，返还本金并承担利息损失	《民法典》第147条		
			未尽提示或者说明义务，格式条款不成为合同内容，请求返还本金并承担利息损失	《民法典》第496条、第497条	已就投资风险尽说明、提示义务	《民法典》第496条
			请求按承诺的预期收益率支付收益	《民法典》第577条	保底条款无效，损失应由委托人自行承担	《证券法》第135条
			经营范围中无个人理财业务，合同无效，请求返还本金	《民法典》第153条、第157条	非特许经营业务范围，无须审批，只须报备	《民法典》第505条

续表

编号	案由	诉讼请求	请求权基础		抗辩（权）主张	抗辩权基础
32	保险合同纠纷 / 财产保险合同	按实际损失支付保险金	《保险法》第23条、第114条第2款		投保人不履行如实告知义务	《保险法》第16条第4款、第5款
					投保人、被保险人或者受益人不履行事故通知义务	《保险法》第21条
				法定责任免除	投保人、被保险人故意制造保险事故	《保险法》第27条第2款
					投保人、被保险人或者受益人以伪造、变造的有关证明、资料或者其他证据，编造虚假的事故原因或者夸大损失程度	《保险法》第27条第3款
					被保险人、受让人不履行保险标的转让的通知义务，因转让导致保险标的的危险程度显著增加	《保险法》第49条第4款
					被保险人不履行保险标的的危险程度显著增加的通知义务	《保险法》第52条第2款
					保险事故发生后，保险人未赔偿保险金之前，被保险人对第三者的请求赔偿权	《保险法》第61条第1款

续表

编号	案由	诉讼请求	请求权基础	抗辩(权)主张		抗辩权基础
32	保险合同纠纷	按实际损失支付保险金	《保险法》第23条、第114条第2款	约定责任免除	属保险合同约定不予理赔事项	《民法典》第509条第1款
					不具有保险利益，保险合同无效	《保险法》第12条第2款、第48条
					保险金额超过保险价值	《保险法》第55条第3款
					责任保险的被保险人给第三者造成损害，未向第三者赔偿的，不享有保险金请求权	《保险法》第65条第3款
			《保险法》第19条、《民法典》第497条		已尽充分说明、提醒义务	《保险法》第17条、《民法典》第496条
			《保险法》第30条、《民法典》第498条			
	人身保险合同	支付保险金	《保险法》第23条、第14条	法定责任免除	不履行如实告知义务	《保险法》第16条第4款、第5款
					非保险事故	《保险法》第16条第7款
					故意制造保险事故	《保险法》第27条第2款

续表

编号	案由		诉讼请求	请求权基础	抗辩（权）主张		抗辩权基础
32	保险合同纠纷	人身保险合同	支付保险金	《保险法》第23条、第14条	法定责任免除	不履行事故通知义务	《保险法》第21条
						故意犯罪或抗拒刑事强制措施致残	《保险法》第45条
						被保险人自杀	《保险法》第44条
					约定责任免除	属保险合同约定不予理赔事项	《民法典》第509条第1款
				《保险法》第19条、《民法典》第497条	不具有保险利益,保险合同无效		《保险法》第12条第1款、第31条第3款
				《保险法》第30条、《民法典》第498条	以死亡为给付保险金条件的合同,未经被保险人同意		《保险法》第34条
					已尽充分说明、提示义务		《保险法》第17条、《民法典》第496条
		保险代位求偿权纠纷	赔偿损失	《保险法》第60条	保险标的的损毁非其原因造成		《民法典》第176条
					法定或约定了赔偿责任限额		《民法典》第180条
							《民法典》第832条
					对被保险人的家庭成员或者其组成人员不具有求偿权		《民法典》第833条
							《保险法》第62条

续表

编号	案由	诉讼请求	请求权基础	抗辩(权)主张		抗辩权基础
33	社会保险纠纷	补缴社会保险费或补缴社会保险费差额	《劳动法》第70条、第72条、第73条			
34	票据纠纷 票据付款请求权纠纷	请求主债务人承担票据金额的付款责任	《票据法》第44条、第77条、第89条、第2款	票据无效,持票人不享有票据权利	作废票据,票据无效	《票据法》第108条、《最高人民法院关于审理票据纠纷案件若干问题的规定》第39条
					欠缺必要记载事项,票据无效	《票据法》第22条、第75条、第84条
					票据金额记载不一致,票据无效	《票据法》第8条
					票据金额、日期、收款人更改,票据无效	《票据法》第9条
				持票人以欺诈、偷盗或者胁迫等手段取得票据的,或者明知有前列情形,出于恶意取得票据的;持票人因重大过失取得不符合《票据法》规定的票据的		《票据法》第12条

续表

编号	案由		诉讼请求	请求权基础	抗辩(权)主张		抗辩权基础
34	票据纠纷	票据付款请求权纠纷	次债务人承担连带责任	《票据法》第50条、第68条第1款、第80条第1款、第93条第1款	背书不连续		《票据法》第31条第1款
					"禁止转让"背书,再背书无效		《票据法》第34条《最高人民法院关于审理票据纠纷若干问题的规定》第46条,第47条
					票据金额分割背书转让,背书无效		《票据法》第33条第2款
		票据追索权纠纷	支付票据金额及利息损失	《票据法》第61条第1款、第70条、第80条第1款、第93条第1款	丧失追索权	汇票未按规定期限提示承兑	《票据法》第40条第2款
						本票未按规定期限提示见票	《票据法》第79条
						不能提供拒绝付款或退票的合法证明	《票据法》第65条

续表

编号	案由		诉讼请求	请求权基础	抗辩(权)主张	抗辩权基础
34	票据纠纷	票据损害赔偿纠纷	托收银行遗失票据，请求赔偿损失	《民法典》第577条		
			付款人错误付款，请求赔偿损失	《票据法》第57条	已尽审查义务	《票据法》第15条第3款
			伪造、变造票据，请求承担赔偿责任	《票据法》第14条第1款		
			故意压票，掩延支付，请求赔偿损失	《票据法》第105条第2款		
		票据利益返还请求权纠纷	请求支付与票据金额相当的利益	《票据法》第18条		
		其他票据权利纠纷	经背书合法取得票据，拥有票据权利，撤销票据判决、恢复票据权利	《票据法》第31条、《最高人民法院关于审理票据纠纷若干问题的规定》第49条		

续表

编号	案由	诉讼请求	请求权基础	抗辩（权）主张	抗辩权基础
35	人格权纠纷	侵犯死者人格权责任	《民法典》第994条、《最高人民法院关于确定民事侵权精神损害赔偿责任若干问题的解释》第3条	原告非死者配偶、子女、父母及其他近亲属	《民法典》第994条
		请求停止侵害、排除妨碍、消除危险、消除影响、恢复名誉、赔礼道歉	《民法典》第995条	为公共利益实施新闻报道、舆论监督等行为的，可以合理使用民事主体的姓名、名称、肖像、个人信息等	《民法典》第999条
		请求精神损害赔偿	《民法典》第996条		
		申请法院责令行为人停止有关行为	《民法典》第997条		
		基于性骚扰的请求权	《民法典》第1010条		
		基于肖像权的请求权	《民法典》第1019条	合理使用，可以不经肖像权人同意	《民法典》第1020条
		基于名誉权的请求权	《民法典》第1024条、第1028条	为公共利益实施新闻报道、舆论监督等行为；法人或非法人组织主张侵犯名誉权	《民法典》第1025条、《最高人民法院关于确定民事侵权精神损害赔偿责任若干问题的解释》第4条
		基于隐私权的请求权	《民法典》第1034条、第1035条、第1038条、第1039条	合理使用	《民法典》第999条、第1036条

续表

编号	案由	诉讼请求	请求权基础	抗辩（权）主张	抗辩权基础
36	离婚纠纷	解除婚姻关系	《民法典》第1079条、《最高人民法院关于适用〈中华人民共和国民法典〉婚姻家庭编的解释（一）》第23条	现役军人不同意离婚	《民法典》第1081条
				女方在怀孕期间，分娩后一年内或者终止妊娠六个月内	《民法典》第1082条
		子女抚养关系	《民法典》第1084条、《最高人民法院关于适用〈中华人民共和国民法典〉婚姻家庭编的解释（一）》第44条、第45条、第46条、第47条、第48条	父方或母方均要求随其生活，一方可优先考虑的情形	《最高人民法院关于适用〈中华人民共和国民法典〉婚姻家庭编的解释（一）》第46条、第47条
				父方或母方均不要求抚养子女的应特别考虑的情况	《最高人民法院关于适用〈中华人民共和国民法典〉婚姻家庭编的解释（一）》第54条
				不抚养子女一方收入嗣高或有其他特殊情况的	《最高人民法院关于适用〈中华人民共和国民法典〉婚姻家庭编的解释（一）》第49条
		抚养费	《民法典》第1085条、《最高人民法院关于适用〈中华人民共和国民法典〉婚姻家庭编的解释（一）》第49条、第50条、第51条、第52条、第53条	对方无经济收入或下落不明的	《最高人民法院关于适用〈中华人民共和国民法典〉婚姻家庭编的解释（一）》第51条
				尚未独立生活的成年子女有所列情形的，父母又有给付能力的，仍应负担必要抚养费	《最高人民法院关于适用〈中华人民共和国民法典〉婚姻家庭编的解释（一）》第41条

续表

编号	案由	诉讼请求	请求权基础	抗辩（权）主张	抗辩权基础
		探望权	《民法典》第1086条第1款、第2款	父或母探望子女，不利于子女身心健康的	《民法典》第1086条第3款
				夫妻双方对于财产归属的约定等	《民法典》第1065条、《最高人民法院关于适用〈中华人民共和国民法典〉婚姻家庭编的解释（一）》第30条、第71条、第82条
36	离婚纠纷	分割共同财产	《民法典》第1062条、第1087条、《最高人民法院关于适用〈中华人民共和国民法典〉婚姻家庭编的解释（一）》第71条至第82条	对军人权益的特殊保护	《最高人民法院关于适用〈中华人民共和国民法典〉婚姻家庭编的解释（一）》第71条
				对妇女、儿童的特殊保护	《妇女权益保障法》第48条
				父母赠与的财产性质认定	《最高人民法院关于适用〈中华人民共和国民法典〉婚姻家庭编的解释（一）》第29条
				婚前一人支付房产首付并登记在其名下，婚后共同还贷	《最高人民法院关于适用〈中华人民共和国民法典〉婚姻家庭编的解释（一）》第78条
				婚前一人承租，婚后共同财产购买的产权	《最高人民法院关于适用〈中华人民共和国民法典〉婚姻家庭编的解释（一）》第27条
				关于有限责任公司、合伙企业、独资企业股权处理的特殊处理	《最高人民法院关于适用〈中华人民共和国民法典〉婚姻家庭编的解释（一）》第73条、第74条、第75条

续表

编号	案由	诉讼请求	请求权基础	抗辩（权）主张	抗辩权基础
36	离婚纠纷	分割共同财产	《民法典》第 1062 条、第 1087 条，《最高人民法院关于适用〈中华人民共和国民法典〉婚姻家庭编的解释（一）》第 71 条至第 82 条	对于彩礼的特殊处理	《最高人民法院关于适用〈中华人民共和国民法典〉婚姻家庭编的解释（一）》第 5 条
				属于一方婚前财产	《民法典》第 1063 条，《最高人民法院关于适用〈中华人民共和国民法典〉婚姻家庭编的解释（一）》第 31 条
				对于一方隐藏、转移、变卖、损坏、挥霍夫妻共同财产或者伪造夫妻共同债务企图侵占另一方财产的制裁	《民法典》第 1092 条
				属于婚后个人财产的孳息和自然增值不属于夫妻共同财产	《最高人民法院关于适用〈中华人民共和国民法典〉婚姻家庭编的解释（一）》第 26 条
				属于婚后共同财产购买的一方父母的房改房，并登记在一方父母名下	《最高人民法院关于适用〈中华人民共和国民法典〉婚姻家庭编的解释（一）》第 79 条
				尚不符合领取养老金条件	《最高人民法院关于适用〈中华人民共和国民法典〉婚姻家庭编的解释（一）》第 80 条

续表

编号	案由	诉讼请求	请求权基础	抗辩（权）主张	抗辩权基础
36	离婚纠纷	要求分割共同债务	《民法典》第 1089 条，《最高人民法院关于适用〈中华人民共和国民法典〉婚姻家庭编的解释（一）》第 34 条、第 35 条、第 36 条	属于夫妻一方个人债务	《最高人民法院关于适用〈中华人民共和国民法典〉婚姻家庭编的解释（一）》第 33 条、第 34 条
		经济补偿	《民法典》第 1088 条、第 1090 条		
		损害赔偿	《民法典》第 1091 条《最高人民法院关于适用〈中华人民共和国民法典〉婚姻家庭编的解释（一）》第 86 条、第 88 条、第 89 条、第 90 条	被告并非无过错方的配偶；判决不准离婚；婚姻存续期间，当事人不起诉离婚而单独提起赔偿	《最高人民法院关于适用〈中华人民共和国民法典〉婚姻家庭编的解释（一）》第 87 条
				对于损害赔偿请求提出的时间限制	《最高人民法院关于适用〈中华人民共和国民法典〉婚姻家庭编的解释（一）》第 88 条、第 89 条

续表

编号	案由	诉讼请求	请求权基础	抗辩（权）主张	抗辩权基础
36	离婚纠纷	损害赔偿	《民法典》第1091条、《最高人民法院关于适用〈中华人民共和国民法典〉婚姻家庭编的解释（一）》第86条、第88条、第89条、第90条	精神损害赔偿方式、数额	《最高人民法院关于确定民事侵权精神损害赔偿责任若干问题的解释》第5条
				侵权事由的限制	《最高人民法院关于适用〈中华人民共和国民法典〉婚姻家庭编的解释（一）》第23条
				双方都有过错	《最高人民法院关于适用〈中华人民共和国民法典〉婚姻家庭编的解释（一）》第90条
37	离婚后财产纠纷	分割离婚时未分割的共同财产	《民法典》第1092条、《最高人民法院关于适用〈中华人民共和国民法典〉婚姻家庭编的解释（一）》第70条、第83条	超出起诉的时间限制	《最高人民法院关于适用〈中华人民共和国民法典〉婚姻家庭编的解释（一）》第84条
				其他抗辩参见离婚分割共同财产及共同债务	抗辩权基础参见离婚分割共同财产及共同债务
38	赡养纠纷	子女支付赡养费	《民法典》第1067条、第1074条、《老年人权益保障法》第14条、第15条	赡养人之间另外签订赡养协议，并征得老年人同意	《老年人权益保障法》第20条

续表

编号	案由	诉讼请求	请求权基础	抗辩（权）主张	抗辩权基础
39	婚姻存续期间抚养费纠纷	要求支付子女抚养费	《最高人民法院关于适用〈中华人民共和国民法典〉婚姻家庭编的解释（一）》第43条		
40	离婚后损害赔偿纠纷	给付损害赔偿	《民法典》第1091条、《最高人民法院关于适用〈中华人民共和国民法典〉婚姻家庭编的解释（一）》第86条	被告并非无过错方的配偶；判决不准离婚；婚姻存续期间，当事人不起诉离婚而单独提起赔偿	《最高人民法院关于适用〈中华人民共和国民法典〉婚姻家庭编的解释（一）》第87条
				损害赔偿请求提出的时间已届满	《最高人民法院关于适用〈中华人民共和国民法典〉婚姻家庭编的解释（一）》第88条、第89条
				精神损害赔偿数额限制	《最高人民法院关于确定民事侵权精神损害赔偿责任若干问题的解释》第5条
41	婚姻存续期间分割共同财产	婚姻存续期间请求分割夫妻共同财产	《民法典》第1066条		
42	同居关系析产、子女抚养纠纷	分割共同财产	《民法典》第1054条、《最高人民法院关于适用〈中华人民共和国民法典〉婚姻家庭编的解释（一）》第3条	财产所有权不明情况，利害关系人可以请求确认权利	《民法典》第234条

续表

编号	案由	诉讼请求	请求权基础	抗辩（权）主张	抗辩权基础
42	同居关系析产、子女抚养纠纷	分割共同财产	《民法典》第1054条、《最高人民法院关于适用〈中华人民共和国民法典〉婚姻家庭编的解释（一）》第3条	按份共有人对共有的不动产或者动产享有的份额，没有约定或者约定不明确的处理原则	《民法典》第308条、第309条
			《民法典》第304条	其他共有人的优先购买权	《民法典》第306条
				以分割共有物存在瑕疵为由主张共有人共担损失	《民法典》第304条
		子女抚养	《民法典》第1071条	父方或母方均要求随其生活，一方可优先考虑情形	《民法典》第1084条第3款，《最高人民法院关于适用〈中华人民共和国民法典〉婚姻家庭编的解释（一）》第46条、第47条
				其他抗辩参见离婚时子女抚养	抗辩权基础参见离婚时子女抚养
		抚养费	参见离婚时子女抚养	参见离婚时子女抚养	参见离婚时子女抚养
		探望权	参见离婚时子女抚养	参见离婚时子女抚养	参见离婚时子女抚养
43	婚约财产纠纷	返还婚约财产	《最高人民法院关于适用〈中华人民共和国民法典〉婚姻家庭编的解释（一）》第5条		

续表

编号	案由	诉讼请求	请求权基础	抗辩（权）主张	抗辩权基础
44	法定继承	享有继承权	《民法典》第1061条、第1070条、第1127条、第1128条、第1129条	继承权丧失	《民法典》第1125条
				继承权放弃	《民法典》第1124条
				存在遗嘱、遗赠或遗赠抚养协议	《民法典》第1123条
				可以适当分得遗产人员	《民法典》第1131条
				对胎儿的特殊保护	《民法典》第16条、第1155条
		分配遗产份额	《民法典》第1130条	特殊情况下的不均等	《民法典》第1130条第2～5款
				法定继承人以外的人酌情分配遗产	《民法典》第1131条
				尚未经过分家析产的家庭共同财产或夫妻共同财产	《民法典》第1153条
				被继承人同时和他人订有遗赠扶养协议	《民法典》第1123条
45	遗嘱继承、遗赠	按照遗嘱内容继承遗产	《民法典》第1133条	遗嘱存在无效、可变更或可撤销情形	《民法典》第1134～1143条、第1154条第4项
				遗嘱继承人或受遗赠人存在丧失、放弃继承权或先于遗嘱人死亡的情况	《民法典》第1144条、第1154条第1～3项
				受遗赠人未在法定期间内表示接受遗赠	《民法典》第1124条第2款

编号	案由	诉讼请求	请求权基础	抗辩(权)主张	抗辩权基础
46	遗赠扶养协议	履行遗赠扶养协议	《民法典》第1158条	未履行遗赠扶养协议所约定义务	《民法典》第1144条
47	被继承人债务清偿	请求清偿被继承人债务	《民法典》第1161条、第1162条	继承人放弃遗产继承	《民法典》第1161条第2款
48	分家析产	分割共同财产	《民法典》第303条、第304条	财产所有权不明情况,利害关系人可以请求确认权利	《民法典》第234条
				按份共有人对共有的不动产或者动产享有的份额,没有约定或者约定不明确的处理原则	《民法典》第308条、第309条
				当事人约定不得分割共有不动产或者动产,非有重大理由不得分割	《民法典》第303条
				其他共有人的优先购买权	《民法典》第305条
				以分割共有物存在瑕疵为由主张共有人共担损失	《民法典》第304条第2款
49	见义勇为补偿纠纷	基于见义勇为受到损害的侵权请求权和补偿请求权	《民法典》183条		
50	防卫过当损害赔偿纠纷	基于防卫过当造成损害的赔偿请求权	《民法典》181条第2款		

续表

编号	案由	诉讼请求	请求权基础	抗辩(权)主张	抗辩权基础
51	紧急避险损害赔偿纠纷	基于紧急避险造成损害的赔偿请求权	《民法典》第182条	自然原因引起,措施合理,未超出必要限度	《民法典》第182条第2款、第3款
52	产品质量损害赔偿纠纷	基于产品质量的侵权请求权、追偿权	《民法典》第1202~1206条		
		惩罚性赔偿	《民法典》第1207条		
		请求撤销交通事故损害赔偿调解协议	《民法典》第147~151条	原协议合法有效	《民法典》第465条、第502条
				已过除斥期间	《民法典》第152条
				原协议存在重大误解、欺诈、胁迫、显失公平,请求撤销原协议	《民法典》第147~151条
53	机动车交通事故责任纠纷	请求履行交通事故损害赔偿调解协议	《民法典》第577条	超出机动车强制保险责任限额范围	《民法典》第1215条、《交通安全法》第76条第1款
		请求承担交强险责任	《民法典》第1213条、第1216条、《道路交通安全法》第76条第1款、《最高人民法院关于审理道路交通事故损害赔偿案件适用法律若干问题的解释》第15条	仅部分赔偿或免除交强险	《机动车交通事故责任强制保险条例》第22条
				被侵权人对同一损害的发生或者扩大有过错的	《民法典》第1173条、《道路交通安全法》第76条第2款
				损害是受害人故意造成的	《民法典》第1174条、《道路交通安全法》第76条第2款

续表

编号	案由	诉讼请求	请求权基础	抗辩（权）主张	抗辩权基础
53	机动车交通事故责任纠纷	请求机动车使用人承担租赁、借用机动车交通事故责任	《民法典》第1209条	机动车所有人、管理人对损害的发生有过错的，承担相应责任	《民法典》第1209条，《最高人民法院关于审理道路交通事故损害赔偿案件适用法律若干问题的解释》第1条
		请求受让人承担已转让交付但未过户机动车交通事故责任	《民法典》第1210条，《最高人民法院关于审理道路交通事故损害赔偿案件适用法律若干问题的解释》第2条	不属于机动车一方责任	《民法典》第1210条，《最高人民法院关于审理道路交通事故损害赔偿案件适用法律若干问题的解释》第2条
		请求挂靠人和被挂靠人承担交通事故连带责任	《民法典》第1211条	不属于机动车一方责任	《民法典》第1211条
		未经允许驾驶他人机动车的，请求机动车使用人承担交通事故责任	《民法典》第1212条	机动车所有人、管理人对损害的发生有过错的，承担相应的赔偿责任	《民法典》第1212条
		以买卖或者其他方式转让拼装或者已达到报废标准的机动车，请求让与人和受让人承担交通事故连带责任	《民法典》第1214条，《最高人民法院关于审理道路交通事故损害赔偿案件适用法律若干问题的解释》第4条		

续表

编号	案由	诉讼请求	请求权基础	抗辩（权）主张	抗辩权基础
53	机动车交通事故责任纠纷	盗窃、抢劫或者抢夺的机动车，请求盗窃人、抢劫人或者抢夺人与机动车使用人承担连带责任	《民法典》第1215条	不属于机动车一方责任	《民法典》第1215条
		非营运机动车发生交通事故造成无偿搭乘人损害，请求机动车一方承担赔偿责任	《民法典》第1217条	属于机动车一方责任的，应当减轻其赔偿责任	《民法典》第1217条
		请求精神损害赔偿	《民法典》第1183条、《最高人民法院关于确定民事侵权精神损害赔偿责任若干问题的解释》第5条		
54	财产损害赔偿纠纷（机动车之间交通事故所致损失）	撤销交通事故调解协议	《民法典》第147~151条	原协议合法有效	《民法典》第465条、第502条
				已过除斥期间	《民法典》第152条
		履行交通事故损害赔偿调解协议	《民法典》第577条	协议存在重大误解、欺诈、胁迫，显失公平，请求撤销原协议	《民法典》第147~151条

续表

编号	案由	诉讼请求	请求权基础	抗辩(权)主张	抗辩权基础
54	财产损害赔偿纠纷(机动车之间交通事故所致损失)	交强险责任	《民法典》第1213条、第1216条,《道路交通安全法》第76条第1款,《最高人民法院关于审理道路交通事故损害赔偿案件适用法律若干问题的解释》第15条	仅部分赔偿	《道路交通安全法》第76条第1款第1项
		赔偿损失	《道路交通安全法》第76条第1款第1项	被侵权人对同一损害的发生或者扩大有过错的,可以减轻责任	《民法典》第1173条
				损害是受害人故意造成的	《民法典》第1174条
55	医疗损害责任纠纷	医疗损害赔偿责任	《民法典》第1218条,《最高人民法院关于审理医疗损害责任纠纷案件适用法律若干问题的解释》第4条	医疗机构或者其医务人员没有过错	《民法典》第1218条
			《民法典》第1219条,《最高人民法院关于审理医疗损害责任纠纷案件适用法律若干问题的解释》第5条	抢救生命垂危患者等紧急情况,经医疗机构负责人或者授权的负责人批准	《民法典》第1220条,《最高人民法院关于审理医疗损害责任纠纷案件适用法律若干问题的解释》第18条
		未尽告知义务的赔偿责任		未造成患者人身损害	《最高人民法院关于审理医疗损害责任纠纷案件适用法律若干问题的解释》第17条

续表

编号	案由	诉讼请求	请求权基础	抗辩（权）主张	抗辩权基础
55	医疗损害赔偿责任纠纷	未尽诊疗义务的赔偿责任	《民法典》第1221条	患者不配合医疗机构进行符合诊疗规范的诊疗；医务人员在抢救生命垂危的患者等紧急情况下已经尽到合理诊疗义务；限于当时的诊疗水平难以诊疗	《民法典》第1224条
		医疗产品的不真正连带责任	《民法典》第1223条、《最高人民法院关于审理医疗损害责任纠纷案件适用法律若干问题的解释》第7条、第21条、第22条、第23条	医疗产品不存在缺陷或者血液合格	《最高人民法院关于审理医疗损害责任纠纷案件适用法律若干问题的解释》第7条
		侵犯患者隐私和个人信息的侵权责任	《民法典》第1226条	经患者同意公开其病历资料	《民法典》第1226条
56	环境污染侵权责任纠纷	基于环境污染的侵权请求权	《民法典》第1229条	能够证明存在不承担责任或者减轻责任情形及不存在因果关系的	《民法典》第1230条
		惩罚性赔偿	《民法典》第1232条		
		第三人过错的不真正连带责任	《民法典》第1233条		

续表

编号	案由	诉讼请求	请求权基础	抗辩(权)主张	抗辩权基础
		高度危险作业致人损害的一般侵权请求权	《民法典》第1236条		
		民用核设施、核材料致人损害的侵权请求权	《民法典》第1237条	能够证明损害是因战争、武装冲突、暴乱等情形或者受害人故意造成的,不承担责任	《民法典》第1237条
		民用航空器致人损害的侵权请求权	《民法典》第1238条	能够证明损害是受害人故意造成的,不承担责任	《民法典》第1238条
57	高度危险作业损害赔偿责任纠纷	占有或使用高度危险物致人损害的侵权请求权	《民法典》第1239条	能够证明损害是因受害人故意或者不可抗力造成的,不承担责任;被侵权人对损害的发生有重大过失的,可以减轻占有人或者使用人的责任	《民法典》第1239条
		高度危险活动致人损害的侵权请求权	《民法典》第1240条	能够证明损害是因受害人故意或者不可抗力造成的,不承担责任;被侵权人对损害的发生有重大过失的,可以减轻经营者的责任	《民法典》第1240条
		遗失、抛弃高度危险物致人损害的侵权请求权	《民法典》第1241条	所有人将高度危险物交由他人管理的,由管理人承担侵权责任;所有人有过错的,与管理人承担连带责任	《民法典》第1241条
		非法占有高度危险物致人损害的侵权请求权	《民法典》第1242条	所有人、管理人不能证明对防止非法占有尽到高度注意义务的,与非法占有人承担连带责任	《民法典》第1242条
		未经许可进入高度危险区受到损害的侵权请求权	《民法典》第1243条	管理人能够证明已经采取足够安全措施并尽到充分警示义务的,可以减轻或者不承担责任	《民法典》第1243条

续表

编号	案由	诉讼请求	请求权基础	抗辩(权)主张	抗辩权基础
58	饲养动物损害责任纠纷	饲养动物致人损害一般侵权请求权	《民法典》第1245条	能够证明损害是因被侵权人故意或者重大过失造成的，可以不承担或者减轻责任	《民法典》第1245条
		禁止饲养的危险动物致人损害的侵权请求权	《民法典》第1247条		
		动物园动物致人损害的侵权请求权	《民法典》第1248条	能够证明尽到管理职责的，不承担侵权责任	《民法典》第1248条
		遗弃、逃逸的动物致人损害的侵权请求权	《民法典》第1249条		
		因第三人过错致使动物致人损害的侵权请求权	《民法典》第1250条		
59	建筑物和物件损害责任纠纷	不动产倒塌、塌陷致人损害的侵权请求权	《民法典》第1252条	能证明不存在质量缺陷的除外	《民法典》第1252条
		不动产设施及其附属物脱落、坠落致人损害的侵权请求权	《民法典》第1253条	能证明自己没有过错	《民法典》第1253条
		高空抛物、坠物致人损害的侵权请求权	《民法典》第1254条	能证明自己不是侵权人的除外	《民法典》第1254条
		堆放物致人损害的侵权请求权	《民法典》第1255条	能证明自己没有过错	《民法典》第1255条

续表

编号	案由	诉讼请求	请求权基础	抗辩(权)主张	抗辩权基础
59	建筑物和物件损害责任纠纷	在公共道路上放置妨碍通行物品致他人损害的侵权请求权	《民法典》第 1256 条	能证明已经尽到清理、防护、警示等义务	《民法典》第 1256 条
		林木致人损害的侵权请求权	《民法典》第 1257 条	证明自己没有过错	《民法典》第 1257 条
		地下设施致人损害的侵权请求权	《民法典》第 1258 条	证明已经设置明显标志和采取安全措施;尽到管理职责	《民法典》第 1258 条
60	股东知情权纠纷	有限责任公司股东请求查阅、复制公司章程、股东会会议决议、董事会会议决议、监事会会议决议和财务会计报告;查阅会计账簿	《公司法》第 33 条、《最高人民法院关于适用〈中华人民共和国公司法〉若干问题的规定(四)》第 7 条	超越知情权范围;有不正当目的,可能损害公司合法利益;原告起诉时不具有股东资格(原告有初步证据证明其持股期间合法权益受到损害除外)	《公司法》第 33 条、《最高人民法院关于适用〈中华人民共和国公司法〉若干问题的规定(四)》第 7 条
		股份有限公司股东请求查阅公司章程、股东名册、公司债券存根、股东大会会议记录、董事会会议决议、监事会会议决议、财务会计报告	《公司法》第 97 条、《最高人民法院关于适用〈中华人民共和国公司法〉若干问题的规定(四)》第 7 条	超越知情权范围;原告起诉时不具有股东资格(原告有初步证据证明其持股期间合法权益受到损害除外)	《公司法》第 97 条、《最高人民法院关于适用〈中华人民共和国公司法〉若干问题的规定(四)》第 7 条
61	股权转让纠纷	转让人请求支付股权转让款	《民法典》第 509 条第 1 款、第 579 条	瑕疵履行(减价请求);履行抗辩权	《民法典》第 582 条、第 525 条、第 526 条、第 527 条

续表

编号	案由	诉讼请求	请求权基础	抗辩(权)主张	抗辩权基础
61	股权转让纠纷	其他股东请求同等条件优先购买	《公司法》第71条第3款、第72条,《最高人民法院关于适用〈中华人民共和国公司法〉若干问题的规定(四)》第21条	视为放弃;不符合同等条件	《公司法》第72条,《最高人民法院关于适用〈中华人民共和国公司法〉若干问题的规定(四)》第21条、第18条
		其他股东请求赔偿损失	《最高人民法院关于适用〈中华人民共和国公司法〉若干问题的规定(四)》第21条	未行使优先购买权系其他股东自身的原因	《最高人民法院关于适用〈中华人民共和国公司法〉若干问题的规定(四)》第21条
		其他股东以侵害优先购买权为由请求确认股权转让合同无效	《民法典》第154条	受让人为善意	《民法典》第154条
		瑕疵股权受让人请求撤销合同	《民法典》第148条	撤销权经过除斥期间	《民法典》第152条
		受让人主张公司协助履行股东变更登记手续	《公司法》第32条第3款		
62	股东损害债权人利益纠纷	股东对公司的债务承担连带责任	《公司法》第20条第3款		

续表

编号	案由	诉讼请求	请求权基础	抗辩（权）主张	抗辩权基础
62	股东损害债权人利益纠纷	出资不实范围内对公司债务承担补充赔偿责任	《最高人民法院关于适用〈中华人民共和国公司法〉若干问题的规定（三）》第13条	股东已经承担了前述责任，其他债权人又提相同请求	《最高人民法院关于适用〈中华人民共和国公司法〉若干问题的规定（三）》第13条
		抽逃出资范围内对公司债务承担补充赔偿责任	《最高人民法院关于适用〈中华人民共和国公司法〉若干问题的规定（三）》第14条	股东已经承担了前述责任，其他债权人又提相同请求	《最高人民法院关于适用〈中华人民共和国公司法〉若干问题的规定（三）》第14条
63	清算责任纠纷	请求清算义务人承担赔偿责任	《最高人民法院关于适用〈中华人民共和国公司法〉若干问题的规定（二）》第18条	并非清算义务人；公司账册等灭失与清算义务人怠于履行清算义务无因果关系；债权人债权无法实现与怠于履行清算义务无因果关系；诉讼时效期间已经经过	《民法典》第70条，《最高人民法院关于适用〈中华人民共和国公司法〉若干问题的规定（二）》第7条，《全国法院民商事审判工作会议纪要》（法〔2019〕254号）第14点、第15点、第16点

续表

编号	案由	诉讼请求	请求权基础	抗辩(权)主张	抗辩权基础
64	股东出资纠纷	请求缴纳出资	《公司法》第28条		
		向按期足额缴纳出资的股东承担违约责任			
		非货币出资显著低于约定出资额,请求补足差额	《公司法》第30条		
		其他股东对公司承担连带责任			
65	公司盈余分配纠纷	请求按实缴出资或章程约定分配利润	《公司法》第34条	未提取法定公积金	《公司法》第166条
				法定公积金不足以弥补亏损	
66	股权确认纠纷	隐名股东请求确认股东身份	《最高人民法院关于适用〈中华人民共和国公司法〉若干问题的规定(三)》第21条、第22条	未经公司其他股东半数以上同意	《最高人民法院关于适用〈中华人民共和国公司法〉若干问题的规定(三)》第24条第3款
		请求确认继承股东身份	《公司法》第75条	章程约定不能继承	《公司法》第75条

续表

编号	案由	诉讼请求	请求权基础	抗辩（权）主张	抗辩权基础
67	公司决议纠纷	确认决议无效	《公司法》第22条第1款	决议内容合法	《公司法》第22条
		撤销决议	《公司法》第22条第2款	程序合法或符合公司章程	《公司法》第42条、第43条、第102条、第103条
		确认决议不成立	《最高人民法院关于适用〈中华人民共和国公司法〉若干问题的规定（四）》第5条	虽未召开会议，但依据章程或法律，可以不召开会议而由全体股东签字、盖章确认	《最高人民法院关于适用〈中华人民共和国公司法〉若干问题的规定（四）》第5条第1项
					《公司法》第37条第2款
68	董事、高管损害股东利益纠纷	请求赔偿损失	《公司法》第152条	受让股权的股东对未及时办理登记也有过错	《最高人民法院关于适用〈中华人民共和国公司法〉（三）》第27条第2款
			《最高人民法院关于适用〈中华人民共和国公司法〉（三）》第27条第2款		
			《最高人民法院关于适用〈中华人民共和国公司法〉若干问题的规定（四）》第12条		
69	董事、高管损害公司利益纠纷	请求所得财产归公司所有	《公司法》第148条第2款	非高级管理人员，未违反忠实、勤勉义务	《公司法》第216条第1项
		赔偿损失	《公司法》第149条		

续表

编号	案由	诉讼请求	请求权基础	抗辩(权)主张	抗辩权基础
70	公司合并纠纷	公司合并决议无效	《公司法》第22条,《最高人民法院关于适用〈中华人民共和国公司法〉若干问题的规定(四)》第4条、第5条	决议合法且经股东会表决通过	《最高人民法院关于适用〈中华人民共和国公司法〉若干问题的规定(四)》第4条、第5条第1项
		撤销公司合并决议			
71	公司分立纠纷	公司分立决议无效	《公司法》第22条,《最高人民法院关于适用〈中华人民共和国公司法〉若干问题的规定(四)》第4条、第5条	决议合法且经股东会表决通过	《最高人民法院关于适用〈中华人民共和国公司法〉若干问题的规定(四)》第4条、第5条第1款
		撤销公司分立决议			
72	公司减资纠纷	确认减资行为无效	《公司法》第22条,《最高人民法院关于适用〈中华人民共和国公司法〉若干问题的规定(四)》第4条、第5条	决议合法且经股东会表决通过	《最高人民法院关于适用〈中华人民共和国公司法〉若干问题的规定(四)》第4条、第5条第1项
		撤销减资决议			
		债权人请求公司清偿债务或提供相应担保	《公司法》第177条第2款		
73	公司增资纠纷	撤销增资决议	《公司法》第22条,《最高人民法院关于适用〈中华人民共和国公司法〉若干问题的规定(四)》第4条、第5条	决议合法且经股东会表决通过	《最高人民法院关于适用〈中华人民共和国公司法〉若干问题的规定(四)》第4条、第5条第1项

续表

编号	案由	诉讼请求	请求权基础	抗辩(权)主张	抗辩权基础
74	清算组成员责任纠纷	公司债权人因债权未经清算向清算组成员主张赔偿	《公司法》第 183 条、第 189 条、第 190 条,《最高人民法院关于适用〈中华人民共和国公司法〉若干问题的规定(二)》第 11 条、第 12 条、第 15 条、第 18 条、第 19 条、第 20 条、第 23 条	清算组成立及清算程序合法,所有债权债务均处理完毕	
		公司因违法清算向清算组成员主张赔偿		债权人因重大过错未在规定期限内申报债权	《最高人民法院关于适用〈中华人民共和国公司法〉若干问题的规定(二)》第 14 条
75	确认劳动关系纠纷	确认劳动关系	《劳动合同法》第 3 条、第 7 条	合同已解除	《劳动合同法》第 36 条
76	追索劳动报酬纠纷	支付每月基本工资、津贴等(包括未支付或未全额支付)	《劳动合同法》第 30 条	已支付,对原告主张的工资数额有异议	《劳动合同法》第 30 条

续表

编号	案由	诉讼请求	请求权基础	抗辩（权）主张	抗辩权基础
76	追索劳动报酬纠纷	支付加班工资（包括未支付或未全额支付）	《劳动合同法》第 31 条	未加班；加班工资已支付；加班工资包含在每月工资总额中	《劳动合同法》第 31 条
		支付奖金、绩效工资、提成（包括未支付或未全额支付）	《劳动合同法》第 30 条	已支付，对原告主张的数额有异议；或无奖金、绩效工资，提成的规定；或有规定，但原告不应享有	《劳动合同法》第 30 条
		支付未休年休假工资（包括未支付或未全额支付）	《职工带薪年休假条例》第 3 条、第 5 条	已安排休假；或已支付，对原告主张的数额有异议；对工作年限有异议	《职工带薪年休假条例》第 3 条、第 5 条
		被用工单位解除劳务关系后，要求用人单位按工作期间的工资标准支付无工作期间的工资	《劳动法》第 58 条	报酬按用人单位所在地的最低工资标准支付	《劳动合同法》第 58 条
77	劳务派遣合同纠纷	用工单位解除劳务关系后，用人单位随即解除劳动关系，要求恢复与用人单位的劳动关系，并支付工资	《劳动法》第 50 条、《劳动合同法》第 48 条		

续表

编号	案由	诉讼请求	请求权基础	抗辩(权)主张	抗辩权基础
78	经济补偿金纠纷	支付终结劳动关系的经济补偿金	《劳动合同法》第36条,第38条,第40条,第44条第1款,第5项,第46条,第47条第1项,第4项,第47条		
		支付替代提前通知金	《劳动合同法》第40条		
		支付违法解除或终止劳动合同赔偿金	《劳动合同法》第47条,第48条,第87条		
79	劳动合同纠纷	恢复劳动关系	《劳动合同法》第48条		
		支付延误退工损失	《劳动合同法》第50条		
		支付未签订书面劳动合同的双倍工资差额	《劳动合同法》第10条,第82条		

[本表由上海市长宁区人民法院法官共同执笔完成,房屋租赁合同纠纷,居间合同纠纷,所有权确认纠纷,业主撤销权纠纷,相邻关系纠纷,相邻通风纠纷和相邻采光、日照纠纷,相邻污染侵害纠纷,物业服务合同纠纷由严超完成,离婚纠纷,离婚后财产纠纷,赡养纠纷,婚姻存续期间共同财产,子女抚养纠纷析产,同居关系析产纠纷,被继承人债务纠纷,分家析产,产品质量损害赔偿纠纷,人格权纠纷,环境污染侵权纠纷,机动车交通事故责任纠纷(机动车之间交通事故所致损失),遗赠抚养协议,继承纠纷,遗嘱继承,法定继承,赠与合同纠纷,遗赠纠纷,医疗损害责任纠纷,防卫过当损害赔偿纠纷,紧急避险损害赔偿纠纷,见义勇为受益人补偿纠纷,高度危险作业损害责任纠纷,饲养动物损害责任纠纷,保管合同纠纷,保证合同纠纷,承揽合同纠纷,运输合同纠纷,赠与合同纠纷,公司决议纠纷,股东知情权纠纷,股权转让纠纷,股东出资纠纷,股东损害公司债权人利益纠纷,清算责任纠纷,公司盈余分配纠纷,股东资格确认纠纷,公司增资纠纷,董事、高管损害股东纠纷,高管责任纠纷,租保合同纠纷,担保追偿权纠纷,建设工程合同纠纷,防卫责任纠纷,公司合并纠纷,公司分立纠纷,公司减资纠纷,公司增资纠纷由邓鑫完成,委托合同纠纷,房屋买卖合同纠纷,建设工程合同纠纷,悬赏广告纠纷,质权合同纠纷,债权债务概括转移合同纠纷,确认劳动关系纠纷,追索劳动报酬纠纷,劳务派遣合同纠纷,经济补偿金纠纷,劳动合同纠纷,成员资格确认纠纷,证券纠纷,票据纠纷,委托理财合同纠纷,融资租赁合同纠纷,金融借贷纠纷,企业借贷纠纷,社会保险纠纷由邓鑫完成,保险合同纠纷由陈涛完成,货运代理合同纠纷由陈涛完成。]

附件二 "九步法"分解备考表

第一步 固定权利请求	
要 求	步 骤
审查原告的诉讼请求是否明确、具体、便于实际履行	1. 通过询问、告知、必要的释明等方式,弄清原告诉请的真实意思,剔除、更正不正确的诉请,明确诉请中包含的权利请求基础
	2. 原告请求确认民事行为效力的,应明确是有效、无效还是未生效、撤销
	3. 原告请求确定权利归属的,应明确权利主体、性质、内容
	4. 原告请求给付钱款或实物的,应明确给付的责任主体、种类、金额、数量
	5. 原告请求履行一定行为的,应明确行为的履行主体、履行内容、履行方式
第二步 确定权利请求基础规范	
审查原告诉请所依据的事实和理由,确定原告主张的法律关系,并在该法律关系基础上进行审理	6. 从诉讼请求及诉讼理由中寻找原告主张的法律关系
	7. 原告主张的法律关系性质明确的,根据该法律关系进行审理
	8. 原告主张的法律关系性质不明确、理由含糊不清、诉请与理由出现矛盾时,应予以释明,让原告明确表态
	9. 释明后原告仍不明确的,可依据诉请及事实理由,由法院认定法律关系,并询问原告意见,原告确认的,按该法律关系进行审理
	10. 原告拒绝确认法院认定的法律关系又不予明确的,裁定驳回原告起诉
	11. 原告主张的法律关系性质与法院认定不一致的,应予以释明,并告知不予变更可能导致的后果。原告变更的,按变更后的法律关系进行审理。原告拒绝变更的,判决驳回原告的诉请

要 求	步 骤
第三步 确定抗辩权基础规范	
审查被告的答辩主张和理由是否明确	12. 要求被告对原告提出的诉讼请求、事实主张、法律关系性质等作出有针对性的答辩
	13. 如被告的答辩包含实体法上的抗辩权的,应找到相对应的具体法条
	14. 如被告提出的答辩属反诉的,对于反诉部分,应予以释明,让其明确是否提起反诉
第四步 基础规范构成要件分析	
根据认定的法律关系,寻找实体法律规范	15. 在原告主张的法律关系得到明确后,法院寻找对应的实体法上的法律规范
	16. 对应的法律条文应当首先是含有实体权利处理的完全性法条,而不是倡导性法条
	17. 完全性法条是具有构成要件及法律效果的规定
第五步 诉讼主张的检索	
审查诉讼主张的完备性	18. 比较当事人的诉讼主张是否与基础法律规范相对应
	19. 诉讼主张与请求权相互矛盾的,诉讼主张与请求权构成要件不匹配的,遗漏诉讼主张的,法院应当予以释明,要求其补充或明确
第六步 争点整理	
根据诉辩主张及其请求权基础规范归纳案件争点	20. 在审理中,注意归纳案件的事实争点和法律争点
	21. 事实争点包括:法律关系发生、变更、消灭的事实,民事主体、行为等事实
	22. 法律争点包括:实体法律适用争点(如对法条的不同理解、法律关系性质是合同之债还是侵权之债等)和程序法律适用争点(如案件管辖、当事人主体等)

要　求	步　骤
	第七步　要件事实证明
以案件事实争点为核心,组织当事人进行举证质证	23. 指导并要求当事人围绕事实争点,厘清举证、质证的基本任务和要求
	24. 根据《证据规定》的有关规定,分配举证责任
	25. 心证公开,促使当事人围绕心证结论收集和补充证据
	26. 审查当事人是否已用尽证明资源及证明方法,是否已经就其主张的所有要件事实完成了证明
	第八步　事实认定
审查认定各方当事人所提供证据的证明力,并据此认定案件事实	27. 如原告主张的事实证据充分的,则支持原告
	28. 如被告主张的事实证据充分的,则支持被告
	29. 如证据穷尽后,案件事实仍处于真伪不明状态的,则根据举证责任分配规则,作出认定
	第九步　要件归入并作出裁判
将查明的案件事实归入相应法律条文的各项构成要件	30. 如认定的事实与原告主张所依据的法律规范要件完全符合,则支持原告的诉请
	31. 如认定的事实与被告的抗辩权基础规范构成要件完全符合,则认定被告抗辩成立,判决驳回原告的诉请

附件三 "要件审判九步法"的运用解析

——以一个借贷合同纠纷案件的适用为例

一、引言

探索、建立和完善保障执法统一的司法方法,研究法律适用的内在规律,对切实提高司法能力、提升司法效率、创新司法模式具有迫切的现实意义和突出的实用价值。

"要件审判九步法"在上海市长宁区人民法院的实际推行,表明司法管理开始更多地呼应司法工作客观规律本身的逻辑要求,表明司法机制开始更多地注重司法技术以及相关的理论问题,表明司法方法开始更多地强调从诉讼流程的各个具体环节出发进行考察与分析。这导引出了一种开创性、建设性的制度体系,其理念的先进性、形式的创新性、方法的务实性无疑应受到肯定与推崇。

下文将通过原告刘某诉被告黄某、张某偿还借贷纠纷一案审理过程的解析,探讨"要件审判九步法"的具体运用,以期进一步厘清审判思路、规范司法行为、提高审判效率。

二、解析

被告黄某与被告张某原系夫妻关系,黄某曾向原告刘某出具借据,借据担保人处盖有张某印章。现期至,黄某、张某未还款,故刘某涉讼。

第一步:固定权利请求

目标:通过此步骤促使当事人充分陈述其诉讼请求,以固定与明确当事人诉讼请求的内容与构成。

方法:通过提示性询问、主动追问等庭审行为,设法厘清诉请中的模糊之处、暴露诉请中的矛盾之处,促使当事人主动更正有明显瑕疵的诉讼请求。

流程:初询问→研判→再询问(释明)→研判→固定

适用:

初询问:刘某将其诉讼请求陈述为,判令两被告归还原告借款人民币240 000元。

研判:刘某诉请存在模糊,两被告各自还款数额不明,顺序不明。

再询问:法官遂阐明并追问刘某,由于你的诉请涉及两位被告,请详细陈述你要求两被告各自承担的借款归还份额、承担还款责任时有没有先后次序?刘某表示,两被告都要对全部借款承担偿还责任,他们两个还款不分先后次序。

研判:未发现刘某诉请有矛盾、模糊等瑕疵。

固定:法官告知并询问刘某:根据你的主张,要求两被告对全部借款承担连带偿还责任。刘某认诺。

第二步:确定权利请求基础规范

目标:通过此步骤促使当事人充分陈述其诉讼请求所依据理由,以固定与明确当事人诉讼请求对应的实体法规范。

方法:通过法律规范阐明、提示性询问等庭审行为,帮助当事人发现其诉请理由中的模糊与矛盾之处,法院应按原告陈述来审查、确定原告主张的法律关系,促使当事人主动更正有明显瑕疵的诉请理由,进而明确自身诉讼请求依据的实体法规范。

流程:初询问→研判→再询问(阐明)→研判→识别【权利基础→实体法规范】

适用:

初询问:法官询问刘某,要求两被告承担连带偿还责任的理由。刘某表示,黄某在2008年12月22日向我借钱,应当还款。张某是借据上的担保人,而且在借款上盖了章;借款时黄某与张某还是夫妻,因此张某应当还款。

研判:刘某诉请理由存在模糊,刘某并未明确第二被告承担连带偿还责任的法律基础。

再询问:法官遂阐明并询问刘某,基于担保关系产生的连带责任和基于夫妻关系产生的连带责任是两种不同性质的法律关系。你在陈述张某承担还款责任的同时,表述了两个事由,一个是由于他是担保人,另一个是由于借款时张某与黄某是夫妻关系,你到底选择哪一个?

刘某表示,张某在借款上盖了章,他就是借款的担保人。借款时黄某与张某是夫妻,能够证明张某对借款是知道的。

研判:刘某已针对两被告分别陈述了诉请理由,未发现模糊、矛盾等瑕疵。

识别权利基础:法官告知并询问刘某,根据你的陈述,你要求两被告还款的理由是不是这样两个,关于第一被告黄某,是因为她是借款人,也就是借款关系;而第二被告张某,是因为他是保证人,也就是担保关系。

刘某认诺。

识别实体法规范:法官询问刘某,根据你的起诉理由,请具体陈述你诉讼请求依据的法律规范。刘某表示,他们一个是借款人,一个是担保人,具体法条我搞不清楚。法官遂阐明并询问刘某,那么根据你的起诉理由,法院将依据同借款和担保有关的法律规范来判断这个案件,你的意见?

刘某认诺。

第三步:确定抗辩权基础规范

目标:通过此步骤促使当事人充分陈述其答辩,以固定与明确当事人答辩的内容及构成,并依据其理由固定与明确答辩对应的实体法规范,继而围绕该法律关系为基础展开审理活动。

方法:通过提示性询问、法律规范阐明等庭审行为,帮助当事人发现其答辩中的模糊与矛盾之处,促使当事人主动更正有明显瑕疵的答辩主张与理由,进而明确答辩所依据的实体法规范。

流程:初询问→研判→再询问(阐明)→研判→识别【答辩主张和理由→实体法规范】

适用:

初询问:被告黄某辩称,我确实收到过原告两笔金额分别为70 000元与170 000元的钱款,但我后来划了70 000元到刘某工商银行的账户。我从没说过不还钱,但我现在没有收入。被告张某辩称,对借款事实不知情,钱没拿到家里用过,我不应承担还款责任。

研判:张某的抗辩过于模糊,并未针对原告的事实主张直接展开抗辩。

再询问:法官阐明并询问张某,刘某认为你是借款担保人,因此要求你承担连带责任,你的意见? 张某表示,订约时我根本不在场,借据盖有我的私章的事是我收到诉状时才知道的。法官追问黄某及张某,借据上张某的章的真实性,形成过程是怎样的。黄某表示,张某是我的前夫,借据上要张某作担保是刘某要求的,签借条时他不在场,他的章是我私自拿去盖的。张某表示,同黄某是在2009年3月3日登记离婚的,借据盖的章是我的。但这章当时放在家中抽屉里,是黄某私自拿取。盖章的事,没有事先和我商量,我并不知情。我们夫妻关系不好,私盖的事刘某心里是清楚的。

研判:两被告已针对原告诉请充分陈述了抗辩,未发现模糊、矛盾等瑕疵。

识别答辩主张和理由:法官告知并询问黄某,根据你的陈述,你认为你已偿还了70 000元借款,因此还款总额要扣掉这部分? 黄某认诺。法官告知并询问张某,根据你的陈述,你认为刘某对黄某私盖你的章是知情的,因此担保关系没有成立? 张某认诺。

识别实体法规范:法官询问黄某及张某,请具体陈述答辩依据的法律规范。黄

某及张某表示,不清楚具体法条。法官遂告知并询问黄某及张某,根据被告答辩主
张和理由,法院将依据同借款和担保有关的法律规范来判断这个案件,你的意见?
黄某及张某认诺。

第四步:基础规范构成要件分析

目标:此步骤要求法官分析权利请求基础规范及对立规范的构成要件。

方法:通过法律推理、法律解释等司法行为,依权利请求基础规范及对立规范
的法条范围构成确定裁判适用的具体法条,分析确定所有相关法律条文中所包含
的构成要件。

流程:确定权利基础→法条寻找→分析构成要件

适用:

		确定权利基础		法条寻找	构成要件分析
请求权利	违约责任请求权	权利依据的要件事由	存在	《合同法》第 210 条	借款合同已生效
				《合同法》第 206 条	负有偿还义务
				《合同法》第 107 条	义务未履行
		权利阻碍性事由	无	—	—
		权利消灭性抗辩事由	存在	《合同法》第 206 条	部分履行
		权利妨碍性抗辩事由	无	—	—
	担保责任请求权	权利依据的要件事由	存在	《担保法》第 13 条	担保合同已生效
				《担保法》第 18 条	负有保证义务
				《担保法》第 18 条第 2 款、第 26 条	义务未履行
		权利阻碍性事由	存在	《合同法》第 49 条	明知无代理权
		权利消灭性抗辩事由	存在	《担保法》第 18 条第 2 款	主债部分履行
		权利妨碍性抗辩事由	无	—	—

新注 138:《合同法》第 210 条,被《民法典》679 条继受,内容有变更。①

新注 139:《合同法》第 206 条,被《民法典》第 675 条继受。②

新注 140:《合同法》第 107 条,被《民法典》第 577 条继受。③

新注 141:《担保法》第 13 条,被《民法典》第 685 条继受,内容有变动。④

新注 142:《担保法》第 18 条,被《民法典》第 688 条继受,内容有变动。⑤

新注 143:《担保法》第 18 条第 2 款,被《民法典》第 688 条第 2 款继受,内容有变动。⑥

---

① 《合同法》第 210 条规定:自然人之间的借款合同,自贷款人提供借款时生效。

《民法典》第 679 条规定:自然人之间的借款合同,自贷款人提供借款时成立。

② 《合同法》第 206 条规定:借款人应当按照约定的期限返还借款。对借款期限没有约定或者约定不明确,依照本法第六十一条的规定仍不能确定的,借款人可以随时返还;贷款人可以催告借款人在合理期限内返还。

《民法典》第 675 条规定:借款人应当按照约定的期限返还借款。对借款期限没有约定或者约定不明确,依据本法第五百一十条的规定仍不能确定的,借款人可以随时返还;贷款人可以催告借款人在合理期限内返还。

③ 《合同法》第 107 条规定:当事人一方不履行合同义务或者履行合同义务不符合约定的,应当承担继续履行、采取补救措施或者赔偿损失等违约责任。

《民法典》第 577 条规定:当事人一方不履行合同义务或者履行合同义务不符合约定的,应当承担继续履行、采取补救措施或者赔偿损失等违约责任。

④ 《担保法》第 13 条规定:保证人与债权人应当以书面形式订立保证合同。

《民法典》第 685 条规定:保证合同可以是单独订立的书面合同,也可以是主债权债务合同中的保证条款。第三人单方以书面形式向债权人作出保证,债权人接收且未提出异议的,保证合同成立。

⑤ 《担保法》第 18 条规定:当事人在保证合同中约定保证人与债务人对债务承担连带责任的,为连带责任保证。连带责任保证的债务人在主合同规定的债务履行期届满没有履行债务的,债权人可以要求债务人履行债务,也可以要求保证人在其保证范围内承担保证责任。

《民法典》第 688 条规定:当事人在保证合同中约定保证人和债务人对债务承担连带责任的,为连带责任保证。连带责任保证的债务人不履行到期债务或者发生当事人约定的情形时,债权人可以请求债务人履行债务,也可以请求保证人在其保证范围内承担保证责任。

⑥ 《担保法》第 18 条第 2 款规定:连带责任保证的债务人在主合同规定的债务履行期届满没有履行债务的,债权人可以要求债务人履行债务,也可以要求保证人在其保证范围内承担保证责任。

《民法典》第 688 条第 2 款规定:连带责任保证的债务人不履行到期债务或者发生当事人约定的情形时,债权人可以请求债务人履行债务,也可以请求保证人在其保证范围内承担保证责任。

新注 144：《担保法》第 26 条，被《民法典》第 692 条、第 693 条继受，内容有变动。①

新注 145：《合同法》第 49 条，被《民法典》第 172 条继受，内容有变动。②

第五步：诉讼主张的检索

目标：通过此步骤促使当事人充分阐述其诉讼请求与所主张的事实与理由间的逻辑关系，以便法官审查当事人诉讼主张的完备性。

方法：通过追问、提示性询问、法律规范阐明等庭审行为，帮助当事人发现其诉讼请求与所主张的事实与理由间的模糊与矛盾之处，促使当事人主动更正不完备的诉讼主张。

流程：询问（释明）→研判→固定

适用：经法院审核本案原告刘某的诉讼主张，刘某的陈述已经充分阐明了其诉讼请求与主张之事实与理由间的对应逻辑关系，法院也未发现与其诉讼请求明显矛盾的事实和理由。

第六步：争点整理

目标：此步骤帮助法官归纳案件的争点。

---

① 《担保法》第 26 条规定：连带责任保证的保证人与债权人未约定保证期间的，债权人有权自主债务履行期届满之日起六个月内要求保证人承担保证责任。在合同约定的保证期间和前款规定的保证期间，债权人未要求保证人承担保证责任的，保证人免除保证责任。

《民法典》第 692 条规定：保证期间是确定保证人承担保证责任的期间，不发生中止、中断和延长。债权人与保证人可以约定保证期间，但是约定的保证期间早于主债务履行期限或者与主债务履行期限同时届满的，视为没有约定；没有约定或者约定不明确的，保证期间为主债务履行期限届满之日起六个月。债权人与债务人对主债务履行期限没有约定或者约定不明确的，保证期间自债权人请求债务人履行债务的宽限期届满之日起计算。第 693 条规定：一般保证的债权人未在保证期间对债务人提起诉讼或者申请仲裁的，保证人不再承担保证责任。连带责任保证的债权人未在保证期间请求保证人承担保证责任的，保证人不再承担保证责任。

② 《合同法》第 49 条规定：行为人没有代理权、超越代理权或者代理权终止后以被代理人名义订立合同，相对人有理由相信行为人有代理权的，该代理行为有效。

《民法典》第 172 条规定：行为人没有代理权、超越代理权或者代理权终止后，仍然实施代理行为，相对人有理由相信行为人有代理权的，代理行为有效。

方法:通过诉讼主张比对、分析归纳及阐明等司法行为,帮助并促使当事人厘清原、被告双方的诉辩主张及其请求权基础规范中存在的冲突,并以此为基础确定案件的争议焦点。此外,这一步骤中法官需特别注意对当事人事实主张存在的争议点进行筛查,将不属于构成要件范畴的事实争议予以排除(排除原因为"与诉请争议缺乏关联性")。

流程:确定构成要件→整理诉讼主张→梳理争点→确定争点【归纳→询问→固定】

适用:

权利基础	构成要件	诉讼主张			争点确定(经固定)	
		原告刘某	被告黄某	被告张某	法院归纳并询问	固定
违约责任请求权	借款合同已生效	2008年12月22日订约,并已实际给付借款24万元	无异议	没有参与,刘某要提供证据证明确实交付了借款等	刘某与黄某签订的借款协议内容是否真实?刘某是否向黄某交付了借款?	刘某、黄某、张某认诺
	负有还款义务	借据约定借期为1个月	无异议		借款是否已到期?	
	义务未履行	至今两被告均未还	确有部分款项未归还		黄某是否还款?	
	部分履行	不清楚相关情况,黄某应提供证据	2009年1月24日通过转账形式还款7万元	同意黄某意见	黄某归还借款的金额?	

续表

权利基础	构成要件	诉讼主张			争点确定（经固定）	
		原告刘某	被告黄某	被告张某	法院归纳并询问	固定
担保责任请求权	担保合同已生效	2008年12月22日订约,借据上载明张某是担保人,借据落款处盖有张某私章	借据约定和形成均无异议,盖章是自己私盖的	盖章不知情	借款协议中所涉担保内容是否真实?	刘某、黄某、张某认诺
	负有保证义务	自己已交付借款,现借款到期,黄某没有还款	自己已部分还款	没有保证义务	刘某是否在保证期间提出主张?	
	义务未履行	张某未承担还款责任	与张某无关	没有担保义务,所以也不需要履行	张某是否偿还了借款?	
	明知无代理权	只知道两被告当时是夫妻,张某应当知道借款的事,不知黄某偷盖张某的章	张某的章是自己私盖	刘某知情	刘某是否明知黄某私盖张某私章?	
	主债部分履行	不清楚相关情况,黄某应提供证据	自己已部分还款	同意黄某意见	黄某归还借款的金额?	

第七步:要件事实证明

目标:此步骤旨在帮助当事人厘清举证、质证的基本任务和要求,并通过举证责任的分配与法律规范阐明,使承担举证责任的当事人明确知晓真伪不明情形下的风险所在。

方法：通过法官心证的适当公开与阐明，使当事人对存在的诉讼风险有充分的认知，自发地围绕法官分配的证明负担充分举证，进一步提高证明资源的发现程度及证明过程的诉讼效率。

流程：就争点形成初步心证→阐明→分配举证责任【法条寻找→分配】→固定

适用：

权利基础	争点	要件事实的证明			固定
		法院公开初步心证、阐明并分配举证责任			
		初步心证	法律依据	举证责任分配	
违约责任请求权	刘某与黄某签订的借款协议内容是否真实？刘某是否向黄某交付了借款？	刘某相关陈述虽得到被告黄某自认，但为张某否定；事实主张尚不成立，刘某应就此向法庭举证	《证据规则》第5条第1款	刘某	刘某、黄某、张某认诺
	借款是否已到期？		同上	刘某	
	黄某是否还款？	刘某此节主张系消极事实，原则上无须承担举证责任，被告可通过主张积极事实以否定刘某主张	—	—	
	黄某归还借款的金额？	刘某否认，相应抗辩尚不成立，黄某应就此向法庭举证	《证据规则》第5条第2款	黄某	
担保责任请求权	借款协议中所涉担保内容是否真实？	刘某相关陈述被张某明确否定，相关事实主张尚未成立，刘某应就此向法庭举证	《证据规则》第5条第1款	刘某	
	刘某是否在保证期间提出主张？		同上	刘某	
	张某是否偿还了借款？		同上	刘某	
	刘某是否明知黄某私盖张某私章？	刘某否认明知私盖及主债已部分偿还，张某相关抗辩事实主张尚不成立，应就此向法庭举证	《证据规则》第2条第1款	张某	
	黄某归还借款的金额？		《证据规则》第5条第2款	张某	

新注 146：《证据规定》第 5 条，2019 年修正的《证据规定》没有保留该规定，该条被《最高人民法院关于适用〈中华人民共和国民事诉讼法〉的解释》第 91 条继受，内容有变动。①

新注 147：《证据规定》第 2 条，2019 年修正的《证据规定》没有保留该规定，该条被《最高人民法院关于适用〈中华人民共和国民事诉讼法〉的解释》第 90 条继受，内容有变动。②

第八步：事实认定

目标：通过对各方当事人所提供证据的审查，对证据事实内容、证明力大小等作出判断，并据此确认相关案件事实。

方法：根据《证据规则》对举证责任的分配、证据采纳标准等，审查认定各方当事人提供证据的证明力大小，形成对高度盖然性案件事实的判断。法官需要特别注意对案件事实的"提炼"过程。一方面要依构成要件对证据包含的事实内容予以"过滤"，排除缺乏关联性的证据事实；另一方面要依构成要件对案件事实予以"实时比对"，及时展开对相关遗漏事实的追问（这两个方面的互动过程构成所谓"诠释学意义上的循环"）。

流程：围绕争点审查证据→分析证据的可采性与证据效力→推导心证结论

---

① 《证据规定》（2001 年）第 5 条规定：在合同纠纷案件中，主张合同关系成立并生效的一方当事人对合同订立和生效的事实承担举证责任；主张合同关系变更、解除、终止、撤销的一方当事人对引起合同关系变动的事实承担举证责任。对合同是否履行发生争议的，由负有履行义务的当事人承担举证责任。对代理权发生争议的，由主张有代理权一方当事人承担举证责任。

《最高人民法院关于适用〈中华人民共和国民事诉讼法〉的解释》第 91 条规定：人民法院应当依照下列原则确定举证证明责任的承担，但法律另有规定的除外：（1）主张法律关系存在的当事人，应当对产生该法律关系的基本事实承担举证证明责任；（2）主张法律关系变更、消灭或者权利受到妨害的当事人，应当对该法律关系变更、消灭或者权利受到妨害的基本事实承担举证证明责任。

② 《证据规定》（2001 年）第 2 条规定：当事人对自己提出的诉讼请求所依据的事实或者反驳对方诉讼请求所依据的事实有责任提供证据加以证明。没有证据或者证据不足以证明当事人的事实主张的，由负有举证责任的当事人承担不利后果。

《最高人民法院关于适用〈中华人民共和国民事诉讼法〉的解释》第 90 条规定：当事人对自己提出的诉讼请求所依据的事实或者反驳对方诉讼请求所依据的事实，应当提供证据加以证明，但法律另有规定的除外。

在作出判决前，当事人未能提供证据或者证据不足以证明其事实主张的，由负有举证证明责任的当事人承担不利的后果。

适用:

权利基础	争点	要件事实的证明				固定
		法院公开初步心证、阐明并分配举证责任				
		证据状况	证据类型	可采性与证据效力分析	心证结论	
违约责任请求权	刘某与黄某签订的借款协议内容是否真实?刘某是否向黄某交付了借款?	借据	书证	证明借款关系及其履行的直接证据,证据之间可相互印证,应予采纳	借款合同是当事人真实意思,刘某已实际交付了借款	刘某、黄某、张某认诺
		转账交易凭证	书证			
	借款是否已到期?	借据	书证		借款期间已届满	
	黄某是否还款?	—	—	—	黄某偿还了数额为7万元的借款	
	黄某归还借款的金额?	转账交易凭证	书证	同上		
担保责任请求权	借款协议中所涉担保内容是否真实?	借据	书证	同上	保证条款是当事人真实意思,刘某在保证期间提出了给付请求	刘某、黄某、张某认诺
	刘某是否在保证期间提出主张?	诉状	书证			
	张某是否偿还了借款?	借据	书证	同上	借款期间已届满,张某未偿还借款	
	刘某是否明知黄某私盖张某私章?	—	—	—	无证据表明刘某明知黄某私盖了张某私章	
	黄某归还借款的金额?	转账交易凭证	书证	同上	黄某偿还了数额为7万元的借款	

第九步:要件归入并作出裁判

目标:将查明的事实与相对应的法律条文的各项构成要件进行归入比较,从而得出裁判结论。

方法:法官基于诉辩主张所对应的法律规范构成要件,比对已查明的案件事实,通过逻辑三段论的归入过程以形成裁判结论。法官还要注意在得出裁量心证后,运用恰当的检测和评估方法,对该结论的公正性和妥当性予以验证。这些方法包括:反面推导(假设与判决结果相反的结论是正确的,然后用充分条件假言推理来看,能否推翻这个相反的结论)、类案比对(比对类似案件生效判决)、常情验证(法律逻辑来源于生活逻辑,判决结果不应严重背离生活逻辑或社会一般评价标准)、利益衡平(考察裁量结论的利益分配状况,各法律责任间是否宽严一致,避免出现畸轻畸重的局面)等。

流程:比对构成要件与案件事实→推导责任裁量心证→形成裁判结论

适用:

权利基础		构成要件	案件事实	归入		裁判结论
				比对结果	责任裁量心证	
请求权利	违约责任请求权	借款合同已生效	借款合同是当事人真实意思,刘某已实际交付了借款	具备权利依据的要件事实	刘某指向黄某的违约责任请求权成立	黄某应偿还刘某借款17万元
		负有还款义务				
		义务未履行	借款期间已届满			
		—	—	无权利阻碍性事由	刘某享有请求黄某即时清偿债务的权利	
		部分履行	黄某偿还了数额为7万元的借款	具备权利消灭性抗辩事由(部分债务已因清偿而消灭)	黄某已清偿部分应自债务总额中扣除	
		—	—	无权利妨碍性抗辩事由		

续表

| 权利基础 | 构成要件 | 案件事实 | 归入 | | 裁判结论 |
			比对结果	责任裁量心证	
请求权利	担保责任请求权	担保合同已生效	保证条款是当事人真实意思,借款期间已届满,张某未偿还借款	具备权利依据的要件事实	刘某指向张某的担保责任请求权成立	张某应就上述给付承担连带责任
		负有保证责任				
		义务未履行	借款期间已届满		刘某享有请求张某连带清偿主债务的权利	
		明知无代理权	无证据表明刘某明知黄某私盖了张某私章	无权利阻碍性事由		
		主债部分履行	黄某偿还了数额为7万元的借款	具备权利消灭性抗辩事由(担保债务应随主债的部分清偿而减少)	黄某已清偿部分的债务应自担保债务总额中扣除	
		—	—	无权利妨碍性抗辩事由		

三、结语:作为法官法律适用管理机制的"要件审判九步法"

法律适用作为形式逻辑三段论的演绎过程,应当从法条至事实,进而得出结论。然而,当前司法实践表明,相当数量的案件裁量结论被首先"确定"了,然后法官在案情、证据和法律条文的丛林中"编织"法律推理的路径。在这个过程中,裁量结论不是法律适用的逻辑产物,反而成了法律适用的预设方向。

面对"如何实现对法官法律适用行为实施有效管理"的司法课题,"要件审判九步法"给出了体系化的解决方案。这一机制从规范法官司法行为模式出发,遵循了法律规则本身的逻辑要求,强调从诉讼流程的各个具体环节出发实施审判管理,进而实现了对法官法律适用全过程的行为构成与司法方法的规范化与制度化。

附件四 "八个一致"实例解析

——以一个买卖合同纠纷案件为例

下面,我们通过对一份买卖合同纠纷判决书进行解析,来看一下"八个一致"标准是如何具体运用到裁判文书检查过程中去的。首先,让我们看一下裁判文书的原文:

××市××区人民法院
民事判决书

(2009)×民二(商)初字第×××号

原告北京某数码有限公司,住所地北京市海淀区某大厦。

法定代表人郭某,董事长。

委托代理人钟某,该公司法务经理。

被告上海某电脑科技有限公司,住所地上海市某楼。

法定代表人方某某,执行董事。

委托代理人李某某,上海市某律师事务所律师。

委托代理人贺某某,上海市某律师事务所律师。

被告方某某,男,汉族,××××年×月×日出生,住江西省某小区。

委托代理人李某某,上海市某律师事务所律师。

委托代理人贺某某,上海市某律师事务所律师。

被告王某某,女,汉族,××××年×月×日出生,住上海市某室。

委托代理人李某某,上海市某律师事务所律师。

委托代理人贺某某,上海市某律师事务所律师。

原告北京某数码有限公司诉被告上海某电脑科技有限公司、方某某、王某某买卖合同纠纷一案,本院于2009年10月26日受理后,依法适用简易程序,由代理审判员×××独任审判,公开开庭进行了审理。原告委托代理人钟某,被告上海某电脑科技有限公司、方某某、王某某的共同委托代理人李某某到庭参加诉讼。本案现已审理终结。

原告北京某数码有限公司诉称,其与第一被告签订的《货物买卖框架合同》在原告的系统中进行交易。同时,原告与第二、第三被告分别就上述买卖合同签署了《最高额保证担保合同》,约定上述被告为第一被告承担最高额为人民币100万元,保证期为两年,形式为连带责任的担保。由于第一被告尚未付清货款,故请求判令第一被告支付货款406 840元,并支付违约金自2009年7月7日起按每日千分之一的标准承担违约金;判令第二、第三被告承担还款连带责任;诉讼费和财产保全费由被告共同承担。

被告上海某电脑科技有限公司、方某某、王某某对所欠原告货款的金额无异议。但称其未还款,系原告拖欠其各类其他钱款,并表示不承担违约金。

经审理查明,原告与第一被告签订《货物买卖框架合同》一份。合同约定了逾期付款的违约金的支付方式和争议解决的管辖地等。嗣后,第二、第三被告又与原告为上述买卖合同同时签订了《最高额保证担保合同》各一份。上述保证合同均明确该两被告对第一被告未付的债务承担连带保证责任,并对担保金额、担保债务的发生期限等均作了约定。2009年7月6日、7日,第一被告向原告订了总价值为406 840元的货物,原告于次日向第一被告交货。因第一被告未支付上述货款,原告遂诉至本院。

上述事实,有《货物买卖框架合同》、《最高额保证担保合同》、订货单和交货发运单等证据材料及当事人的庭审陈述为凭,证据材料经当庭质证,本院予以采信。

本院认为,原告与第一被告签订的买卖合同以及原告与其他被告共同签订的保证合同均具有双方当事人的盖章或签字确认,应为其真实意思的表示,且无悖于现行的法律、法规,故应认定成立、有效。有效的合同内容合同当事人均应予以恪守。因第一被告拖欠货款未付,以致引起本案纠纷,所以,第一被告应当依约向原告履行付款义务,其他被告则按约向原告履行担保责任。对于被告辩称不同意支付违约金,虽合同中未约定付款时间,第一被告亦未向原告交付远期支票,但双方在买卖合同中已约定了逾期付款的违约金的计算方式,故第一被告应当对逾期付款的后果是明知的,该被告在2009年10月30日收到由本院发送的原告主张债权的诉状后,仍未向原告支付相应的货款,故该被告应当自次日起对原告承担逾期付款的违约责任。据此,依照《中华人民共和国合同法》第六十条、第一百零九条、第一百一十四条第一款,《中华人民共和国担保法》第十八条、第三十一条的规定,判决如下:

> 新注 148：《合同法》第 60 条，被《民法典》第 509 条继受，内容有变动。①
>
> 新注 149：《合同法》第 109 条，被《民法典》第 579 条继受，内容有变动。②
>
> 新注 150：《合同法》第 114 条第 1 款，被《民法典》第 585 条第 1 款继受。③
>
> 新注 151：《担保法》第 18 条，被《民法典》第 688 条继受，内容有变动。④
>
> 新注 152：《担保法》第 31 条，被《民法典》第 700 条继受，内容有变动。⑤

一、被告上海某电脑科技有限公司应给付原告北京某数码有限公司货款人民币 406 840 元，于判决生效之日起十日内履行完毕。

二、被告上海某电脑科技有限公司应支付原告北京某数码有限公司逾期付款的违约金（以上述货款为本金，自 2009 年 10 月 31 日至判决生效之日止的按每日 0.1% 计算），于判决生效之日起十日内履行完毕。

三、被告方某某、王某某对上述判决所确定的债务承担连带清偿责任；被告方某某、王某某对被告上海某电脑科技有限公司的付款义务承担清偿责任

---

① 《合同法》第 60 条规定：当事人应当按照约定全面履行自己的义务。当事人应当遵循诚实信用原则，根据合同的性质、目的和交易习惯履行通知、协助、保密等义务。

《民法典》第 509 条规定：当事人应当按照约定全面履行自己的义务。当事人应当遵循诚信原则，根据合同的性质、目的和交易习惯履行通知、协助、保密等义务。当事人在履行合同过程中，应当避免浪费资源、污染环境和破坏生态。

② 《合同法》第 109 条规定：当事人一方未支付价款或者报酬的，对方可以要求其支付价款或者报酬。

《民法典》第 579 条规定：当事人一方未支付价款、报酬、租金、利息，或者不履行其他金钱债务的，对方可以请求其支付。

③ 《合同法》第 114 条第 1 款规定：当事人可以约定一方违约时应当根据违约情况向对方支付一定数额的违约金，也可以约定因违约产生的损失赔偿额的计算方法。

《民法典》第 585 条第 1 款规定：当事人可以约定一方违约时应当根据违约情况向对方支付一定数额的违约金，也可以约定因违约产生的损失赔偿额的计算方法。

④ 《担保法》第 18 条规定：当事人在保证合同中约定保证人与债务人对债务承担连带责任的，为连带责任保证。连带责任保证的债务人在主合同规定的债务履行期届满没有履行债务的，债权人可以要求债务人履行债务，也可以要求保证人在其保证范围内承担保证责任。

《民法典》第 688 条规定：当事人在保证合同中约定保证人和债务人对债务承担连带责任的，为连带责任保证。连带责任保证的债务人不履行到期债务或者发生当事人约定的情形时，债权人可以请求债务人履行债务，也可以请求保证人在其保证范围内承担保证责任。

⑤ 《担保法》第 31 条规定：保证人承担保证责任后，有权向债务人追偿。

《民法典》第 700 条规定：保证人承担保证责任后，除当事人另有约定外，有权在其承担保证责任的范围内向债务人追偿，享有债权人对债务人的权利，但是不得损害债权人的利益。

之后,有权就已承担部分向被告上海某电脑科技有限公司进行追偿。

如果被告未按本判决指定的期间履行给付金钱义务,应当依照《中华人民共和国民事诉讼法》第二百二十九条的规定,加倍支付迟延履行期间的债务利息。

> 新注153:《民事诉讼法》第229条,被2017年修正的《民事诉讼法》第253条继受。①

本案案件受理费人民币8012.80元,减半收取人民币4006.40元,财产保全费人民币2755元,由被告上海某电脑科技有限公司、方某某、王某某共同负担,于判决生效之日起七日内缴付本院。

如不服本判决,可于判决书送达之日起十五日内,向本院递交上诉状,并按对方当事人的人数提出副本,上诉于上海市××中级人民法院。

代理审判员:×××

二〇〇九年十一月二十四日

书记员:×××

接下来,我们对这份判决书采用"八个一致"方法进行解析:

第一,检查当事人的诉辩称与卷宗记载是否一致。

【具体要求】原告的诉讼主张应与其起诉状一致,诉讼过程中有变更的,应当记入笔录,并应在裁判文书中体现;被告的诉讼主张应与其答辩状及笔录记载的相一致,诉讼过程中有变更的,应当记入笔录,并应在裁判文书中体现;经释明,当事人的诉辩称主张有变动的,释明过程及诉辩称变更过程应记入笔录,并应在裁判文书中体现。

【实际检查情况】

1. 原告诉称

---

① 《民事诉讼法》(2007年修正)第229条规定:被执行人未按判决、裁定和其他法律文书指定的期间履行给付金钱义务的,应当加倍支付迟延履行期间的债务利息。被执行人未按判决、裁定和其他法律文书指定的期间履行其他义务的,应当支付迟延履行金。
《民事诉讼法》(2017年修正)第253条规定:被执行人未按判决、裁定和其他法律文书指定的期间履行给付金钱义务的,应当加倍支付迟延履行期间的债务利息。被执行人未按判决、裁定和其他法律文书指定的期间履行其他义务的,应当支付迟延履行金。

起诉状及庭审笔录记载的诉称	判决书归纳的诉称	比对结论
第一被告支付货款 406 840 元，并自 2009 年 7 月 7 日起按每日千分之一标准承担违约金（截至 2009 年 10 月 14 日为 40 684 元），共计 447 524 元； 庭审中，原告提出违约金计算至判决生效日止	第一被告支付货款 406 840 元，并支付违约金自 2009 年 7 月 7 日起按每日千分之一的标准承担违约金	（1）没有明确违约金的具体计算期间范围； （2）没有反映出庭审中诉讼请求的变更过程
第二、第三被告承担还款连带责任	第二、第三被告承担还款连带责任	一致
本案诉讼费和财产保全费由被告共同承担	诉讼费和财产保全费由被告共同承担	一致

2. 被告辩称

庭审笔录记载的辩称	判决书归纳的辩称	比对结论
"对于本诉的事实中欠款 406 840 元没有异议，我方没有归还是自力救济，由于原告拖欠被告的返还款、各类活动的垫付款、价格保证款等 30 万元多。"	原告拖欠其他钱款	一致
"根据原告提供的订单，订单的类型都是欠款订单，支付方式是远期支票，证明原告对被告的欠款，是同意授信用远期支票的方式支付的。对于没有约定还款时间的欠款，根据法律规定没有规定时间的，双方协商不成的给予一定履行期限……原告之前没有向被告提出付款请求。"	无	缺失具体抗辩主张
最后陈述部分表示，"同意支付货款，但不同意支付违约金"	不承担违约金	缺失被告对支付货款诉讼请求的认诺

第二,检查当事人的诉讼主张与基础规范是否一致。

【具体要求】原告诉讼主张应包含请求权基础规范涵盖的所有构成要件;被告抗辩主张应包含抗辩权基础规范涵盖的所有构成要件;被告答辩主张应与原告诉讼主张形成争点交锋。

【实际检查情况】

1. 检查原告诉讼主张与请求权基础是否一致

(1)支付货款主张

该项主张的请求权基础为《合同法》第 109 条:"当事人一方未支付价款或者报酬的,对方可以要求其支付价款或者报酬。"

> 新注 154:《合同法》第 109 条,被《民法典》第 579 条继受,内容有变动。[1]

构成要件	诉讼主张	比对结论
合同有效[2]	双方签订《货物买卖框架合同》	合同签订和合同有效系两个概念
当事人一方未支付价款或者报酬	原告再三催促,第一被告拒不支付货款	一致

(2)违约金主张

其请求权基础为《合同法》第 114 条第 1 款[3]:"当事人可以约定一方违约时应当根据违约情况向对方支付一定数额的违约金,也可以约定因违约产生的损失赔偿额的计算方法。"

---

① 《合同法》第 109 条规定:当事人一方未支付价款或者报酬的,对方可以要求其支付价款或者报酬。

《民法典》第 579 条规定:当事人一方未支付价款、报酬、租金、利息,或者不履行其他金钱债务的,对方可以请求其支付。

② 合同有效系契约履行请求权基础隐含的一个构成要件,原告应予主张。但是,按照要件事实证明要求,欠缺行为能力、意思表示不真实等阻碍合同生效的主张属于被告的抗辩,由被告承担证明责任。

③ 完全性法条应当包含构成要件和法律后果,该条系不完全法条,其隐含的法律后果是"约定的内容应当遵守"或者"当事人依此提出诉讼的,法院应予支持"。关于完全性法条和不完全性法条的概念参见王泽鉴:《法律思维与民法实例》,中国政法大学出版社 2001 年版,第 56~60 页。

> 新注155:《合同法》第114条第1款,被《民法典》第585条第1款继受。①

构成要件	诉讼主张	比对结论
违约金合意	双方签订《货物买卖框架合同》第7条第1款约定,逾期付款应承担逾期付款金额每日千分之一的违约金	原告在起诉状中有此主张,但判决书对此未作具体表述
违约行为	原告再三催促,第一被告拒不支付货款	一致

(3)连带责任主张

其请求权基础为《担保法》第18条第2款:"当事人在保证合同中约定保证人与债务人对债务承担连带责任的,为连带责任保证。连带责任保证的债务人在主合同规定的债务履行期届满没有履行债务的,债权人可以要求债务人履行债务,也可以要求保证人在其保证范围内承担保证责任。"

> 新注156:《担保法》第18条第2款,被《民法典》第688条第2款继受,内容有变动。②

构成要件	诉讼主张	比对结论
约定连带责任	原告与第二、第三被告分别就上述买卖合同签署了《最高额保证担保合同》,约定上述被告为第一被告承担最高额为人民币100万元,保证期为两年,形式为连带责任的担保	一致

---

① 《合同法》第114条第1款规定:当事人可以约定一方违约时应当根据违约情况向对方支付一定数额的违约金,也可以约定因违约产生的损失赔偿额的计算方法。

《民法典》第585条第1款规定:当事人可以约定一方违约时应当根据违约情况向对方支付一定数额的违约金,也可以约定因违约产生的损失赔偿额的计算方法。

② 《担保法》第18条第2款规定:连带责任保证的债务人在主合同规定的债务履行期届满没有履行债务的,债权人可以要求债务人履行债务,也可以要求保证人在其保证范围内承担保证责任。

《民法典》第688条第2款规定:连带责任保证的债务人不履行到期债务或者发生当事人约定的情形时,债权人可以请求债务人履行债务,也可以请求保证人在其保证范围内承担保证责任。

构成要件	诉讼主张	比对结论
债务人在主合同规定的债务履行期届满没有履行债务	原告再三催促,第一被告拒不支付货款	主合同约定的债务履行期限未明确

2. 检查被告抗辩主张与抗辩权基础是否一致

根据庭审笔录,被告在最后陈述时对支付货款的诉讼请求予以认诺,对连带责任主张未作抗辩,但是不愿支付违约金,其抗辩权基础是《合同法》第61条:"合同生效后,当事人就质量、价款或者报酬、履行地点等内容没有约定或者约定不明确的,可以协议补充;不能达成补充协议的,按照合同有关条款或者交易习惯确定。"

新注157:《合同法》第61条,被《民法典》第510条继受。①

构成要件	诉讼主张	比对结论
合同约定不明	没有约定还款时间	一致
不能达成补充协议	双方协商不成	一致
按照合同有关条款或者交易习惯确定	按照双方交易惯例,是收货后开具远期支票	一致

第三,检查归纳的诉讼争点与当事人的诉讼主张是否一致。

【具体要求】判决书应当在全面反映当事人诉辩意见的基础上,准确概括当事人的争议焦点,争点概括应当具有连贯性,可以时间、过程为主线。如当事人在事实上与法律上均存在争点的,法官应当分别归纳事实争点与法律争点,双方认可的事实应当在概括争点前表述。事实争点应当归纳到请求权基础规范的要件事实,当事人对支持要件事实的事实存在争议的,可归入要件事实争点。当事人在庭前证据交换或者庭审过程中没有争议的事实,判决书应当在概括争议焦点时予以简要说明。

---

① 《民法典》第510条规定:合同生效后,当事人就质量、价款或者报酬、履行地点等内容没有约定或者约定不明确的,可以协议补充;不能达成补充协议的,按照合同相关条款或者交易习惯确定。

【实际检查情况】

该份判决书未明确归纳诉讼争点,庭审笔录中,主审法官归纳双方争议的焦点为是否应当支付违约金。但这样归纳争点过于笼统,违约金是原告的诉讼请求,而非这一请求权基础的构成要件,实际的争点是按照双方交易惯例,被告收到货物后至原告起诉时仍未付货款是否构成违约。

诉讼争点	诉讼主张	比对结论
是否应当支付违约金	原告:再三催促,第一被告拒不支付货款 被告:没有约定还款时间,按照交易惯例是开具远期支票	未将争点具体到请求权或抗辩权的构成要件,过于笼统

第四,检查当事人的诉讼证据与诉讼主张是否一致。

【具体要求】所有要件事实均应有证据证明;认诺和自认必须经当事人明示,并在庭审笔录中记明。

【实际检查情况】

由于是适用简易程序审理的案件,裁判文书对举证、质证、认证过程作这样的简化处理——"上述事实,有《货物买卖框架合同》、《最高额保证担保合同》、订货单和交货发运单等证据材料及当事人的庭审陈述为凭,证据材料经当庭质证,本院予以采信"。但如此表述方式,原、被告各自的举证内容、质证意见,无从得知。

诉讼证据	诉讼主张	比对结论
《货物买卖框架合同》、《最高额保证担保合同》、订货单和交货发运单等证据材料及当事人的庭审陈述	原告:(详见第一步) 被告:(详见第一步)	因裁判文书表述过于简略,诉讼证据与诉讼主张一致性无从体现,对当事人的认诺未作表述

第五,检查认定事实与事实争点是否一致。

【具体要求】裁判文书应对事实争点作出认定;对事实争点的认定要完整,不应遗漏;法院依职权主动查明的事实,在"另查明"部分表述。对于当事人的事实争点,如在事实认定部分未写明认证理由及结论的,在判决理由中必须写明认证理由。

【实际检查情况】

该份判决书在"经审理查明"部分,对双方不存在争议的事实作出了认定,但未能明确指出双方存在的事实争点,未能将争点具体到请求权或者抗辩权要件事实层面。

认定事实	事实争点	比对结论
原告与第一被告签订《货物买卖框架合同》一份,合同约定了逾期付款的违约金的支付方式和争议解决的管辖地等	（1）是否约定付款时间；（2）如未约定,是否事后达成协商意见；（3）如未协商一致,被告未支付货款是否符合与双方交易惯例	对事实争点未作出认定
第二、第三被告又与原告为上述买卖合同同时签订了《最高额保证担保合同》各一份。上述保证合同均明确该两被告对第一被告未付的债务承担连带保证责任,并对担保金额、担保债务的发生期限等均作了约定		
2009年7月6日、7日,第一被告向原告订了总价值为406 840元的货物,原告于次日向第一被告交货		
第一被告未支付上述货款		

第六,检查法律理由与法律争点是否一致。

【具体要求】对于当事人的法律争点,应当逐一写明法院是否采纳,并写明理由;应当写明适用法律条文的主要理由;判决理由中不应当出现当事人诉辩称及法院认定事实中未出现的事实。

【实际检查情况】

在本院认为部分,判决理由一是对合同的有效性予以肯定,二是对第一被告付款义务予以肯定,三是对其他被告的担保责任予以肯定。前三者系无争议。对于被告不同意支付违约金,认为"虽合同中未约定付款时间,第一被告亦未向原告交付远期支票,但双方在买卖合同中已约定了逾期付款的违约金的计算方式,故第一被告应当对逾期付款的后果是明知的,该被告在2009年10月30日收到由本院发送的原告主张债权的诉状后,仍未向原告支付相应的货款,故该被告应当自次日起对原告承担逾期付款的违约责任"。这一论证虽与争点一致,但论证理由不充分。

法律理由	法律争点	比对结论
原告与第一被告签订的买卖合同以及原告与其他被告共同签订的保证合同均具有双方当事人的盖章或签字确认,应为其真实意思的表示,且无悖于现行的法律、法规,故应认定成立、有效	合同有效	一致
因第一被告拖欠货款未付,以致引起本案纠纷,所以,第一被告应当依约向原告履行付款义务	第一被告承担付款义务	第一被告的认诺未予认定
其他被告则按约向原告履行担保责任	第二、第三被告承担连带责任	其他被告承担连带责任的法律理由应当明确
虽合同中未约定付款时间,第一被告亦未向原告交付远期支票,但双方在买卖合同中已约定了逾期付款的违约金的计算方式,故第一被告应当对逾期付款的后果是明知的,该被告在 2009 年 10 月 30 日收到由本院发送的原告主张债权的诉状后,仍未向原告支付相应的货款,故该被告应当自次日起对原告承担逾期付款的违约责任	是否构成逾期违约	付款时间没有确定,如何认定逾期?被告应当自收到诉状次日起承担逾期付款违约责任没有法律依据

第七,检查判决书主文与诉讼请求是否一致。

【具体要求】判决书主文要与原告的诉讼请求完全对应,不能漏判或超过诉讼请求多判;不应遗漏当事人变更、追加的诉讼请求。

诉讼请求	判决书主文	比对结论
第一被告支付货款 406 840 元	被告上海某电脑科技有限公司应给付原告北京某数码有限公司货款人民币 406 840 元,于判决生效之日起十日内履行完毕	一致

续表

诉讼请求	判决书主文	比对结论
自 2009 年 7 月 7 日起按每日千分之一标准承担违约金(截至 2009 年 10 月 14 日为 40 684 元),庭审中,原告提出违约金计算至判决生效日止	被告上海某电脑科技有限公司应支付原告北京某数码有限公司逾期付款的违约金(以上述货款为本金,自 2009 年 10 月 31 日至判决生效之日止的按每日 0.1% 计算),于判决生效之日起十日内履行完毕	部分未予支持①
第二、第三被告承担还款连带责任	被告方某某、王某某对上述判决所确定的债务承担连带清偿责任;被告方某某、王某某对被告上海某电脑科技有限公司的付款义务承担清偿责任之后,有权就已承担部分向被告上海某电脑科技有限公司进行追偿	超出诉讼请求②
本案诉讼费和财产保全费由被告共同承担	本案案件受理费人民币 8012.80 元,减半收取人民币 4006.40 元,财产保全费人民币 2755 元,由被告上海某电脑科技有限公司、方某某、王某某共同负担,于判决生效之日起七日内缴付本院	一致

【实际检查情况】

该份判决书对原告的诉讼请求作出了相应判决,判决书主文与原告的诉讼请求基本对应。

第八,检查引用条文与判决书主文是否一致。

【具体要求】引用法律条文,应引用请求权、抗辩权基础法律条文;引用的条文

---

① 对违约金的诉讼请求,原告请求支付"自 2009 年 7 月 7 日至判决生效之日"的违约金,但判决仅支持"自 2009 年 10 月 31 日至判决生效之日止",考虑判决书主文和诉讼请求应当一一对应,该判决书主文中应增加"其余诉讼请求不予支持"内容。

② 按照《最高人民法院关于适用〈中华人民共和国担保法〉若干问题的解释》第 42 条第 1 款的规定,"人民法院判决保证人承担保证责任或者赔偿责任的,应当在判决书主文中明确保证人享有担保法第三十一条规定的权利"。这样判决符合现有法律规定,理论上可以避免保证人承担责任后另行提起诉讼,但与"不诉不理"的司法原则有所冲突,一旦保证人与债务人之间有争议也难以直接申请法院执行,仍需通过诉讼程序解决。

必须与所有判决书主文能够相对应；如有具体条款可以引用，不应引用"诚实信用""公序良俗"等一般性条款和概念性法条；对于确定相关法律关系、法律用语含义等起关键作用的法律条文，可在判决理由部分予以写明。

【实际检查情况】

该份判决书引用法律条文方面存在的问题包括：一是多引法条，《合同法》第60条并非请求权基础，不必引用；二是漏引法条，案件受理费、保全费等诉讼费用的承担，未引用相关法条。①

判决书主文	引用条文	比对结论
被告上海某电脑科技有限公司应给付原告北京某数码有限公司货款人民币 406 840 元，于判决生效之日起十日内履行完毕	《合同法》第60 条、第 109 条	多引条文
被告上海某电脑科技有限公司应支付原告北京某数码有限公司逾期付款的违约金（以上述货款为本金，自 2009 年 10 月 31 日至判决生效之日止的按每日 0.1% 计算），于判决生效之日起十日内履行完毕	《合同法》第114 条第 1 款	一致
被告方某某、王某某对上述判决所确定的债务承担连带清偿责任；被告方某某、王某某对被告上海某电脑科技有限公司的付款义务承担清偿责任之后，有权就已承担部分向被告上海某电脑科技有限公司进行追偿	《担保法》第18 条、第 31 条	一致
本案案件受理费人民币 8012.80 元，减半收取人民币 4006.40 元，财产保全费人民币 2755元，由被告上海某电脑科技有限公司、方某某、王某某共同负担，于判决生效之日起七日内缴付本院	无	缺少对应法条

---

① 当前裁判文书写作中，案件受理费和财产保全费等诉讼费用的承担一般不引用法条，但考虑到诉讼费用承担也涉及当事人的诉讼利益，体现诉讼责任，建议援引相关法条。

新注 158：《合同法》第 60 条，被《民法典》第 509 条继受，内容有变动。①

新注 159：《合同法》第 109 条，被《民法典》第 579 条继受，内容有变动。②

新注 160：《合同法》第 114 条第 1 款，被《民法典》第 585 条第 1 款继受。③

新注 161：《担保法》第 18 条，被《民法典》第 688 条继受，内容有变动。④

新注 162：《担保法》第 31 条，被《民法典》第 700 条继受，内容有变动。⑤

---

① 《合同法》第 60 条规定：当事人应当按照约定全面履行自己的义务。当事人应当遵循诚实信用原则，根据合同的性质、目的和交易习惯履行通知、协助、保密等义务。

《民法典》第 509 条规定：当事人应当按照约定全面履行自己的义务。当事人应当遵循诚信原则，根据合同的性质、目的和交易习惯履行通知、协助、保密等义务。当事人在履行合同过程中，应当避免浪费资源、污染环境和破坏生态。

② 《合同法》第 109 条规定：当事人一方未支付价款或者报酬的，对方可以要求其支付价款或者报酬。

《民法典》第 579 条规定：当事人一方未支付价款、报酬、租金、利息，或者不履行其他金钱债务的，对方可以请求其支付。

③ 《合同法》第 114 条第 1 款规定：当事人可以约定一方违约时应当根据违约情况向对方支付一定数额的违约金，也可以约定因违约产生的损失赔偿额的计算方法。

《民法典》第 585 条第 1 款规定：当事人可以约定一方违约时应当根据违约情况向对方支付一定数额的违约金，也可以约定因违约产生的损失赔偿额的计算方法。

④ 《担保法》第 18 条规定：当事人在保证合同中约定保证人与债务人对债务承担连带责任的，为连带责任保证。

连带责任保证的债务人在主合同规定的债务履行期届满没有履行债务的，债权人可以要求债务人履行债务，也可以要求保证人在其保证范围内承担保证责任。

《民法典》第 688 条规定：当事人在保证合同中约定保证人和债务人对债务承担连带责任的，为连带责任保证。连带责任保证的债务人不履行到期债务或者发生当事人约定的情形时，债权人可以请求债务人履行债务，也可以请求保证人在其保证范围内承担保证责任。

⑤ 《担保法》第 31 条规定：保证人承担保证责任后，有权向债务人追偿。

《民法典》第 700 条规定：保证人承担保证责任后，除当事人另有约定外，有权在其承担保证责任的范围内向债务人追偿，享有债权人对债务人的权利，但是不得损害债权人的利益。

后 记

填上法律出版社编辑的电子邮箱地址，把这本书的相关文件附上，点击"发送"，邮箱显示"邮件发送成功"，时间是 2010 年 8 月 9 日凌晨两点。至此，这本书的写作终告完成。

2001 年，时任上海市高级人民法院民一庭庭长（现上海市高级人民法院副院长）盛勇强先生告诉我，他想搞一套以要件为基础的审判方法。两年以后，上海市高级人民法院推出了《民事办案要件指南》，全面奠定了在上海法院推行要件式审判方法的基础。这个指南出台后，立即引起了社会各界的强烈反响。那时，国内关于要件的理论研究和实务探索几乎是空白。这套指南强化请求权基础，强调固定规范要件、固定争点，具有较强的科学性。

我一直有一个观点，作为法官，厘清审判思路，最大限度地实现审判公正，是最好的司法为民。所以，我一直对这个课题有着浓厚的兴趣。两年前，我调任上海市长宁区人民法院院长。这让我有机会近距离观察基层法官审判思路的一些情况。结果发现，我们在推广审判方法方面还存在着一些不足。我觉得，我们还需要把审判方法进一步具体化、步骤化。这让我产生了推出"要件审判九步法"的想法。经过一年多的实践，这套方法取得了一定的成效。

2009 年，原《人民法院报》社长杨润时先生邀请我参加了他主持的法律适用方法课题组。课题组给了我一个与最高人民法院和全国其他地方法院的法官们切磋交流想法的机会。2010 年年初，在《人民法院报》与上海市第一中级人民法院和上海市长宁区人民法院举办的法律适用方法专题研讨会上，我们重点研讨了"要件审判九步法"。没想到，来自全国各地的专家学者们对这个方法都表示了非常热忱的支持。更出乎我意料的是，《人民法院报》刊出的"九步法"报道，在全国各地法院引起了不小的反响，不少法院前来交流或来信来电索取"九步法"资料。于是，我决定以这个方法为主题写一本讲义。

担任基层法院院长，行政和审判管理工作非常繁忙，我只能利用夜间的时间来写作。恰逢今年我获得了在外学习的机会，于是我又利用课余时间，紧赶慢赶，终于写完了这本讲义。

在"九步法"的探索过程中，我的同事张天轮、季立辉、张工益、金练红、王建平、王俊、刘亚玲、卫晓蓓、张枫、孙海峰、顾鸣香、章晓琴、许艳婷等同志积极支持，纷纷在自己的办案实践中尝试采用"九步法"并加以总结提炼和推广，为"九步法"的推行作出了重要贡献。在此，我表示衷心的感谢！

　　本书从写作意向开始，就得到了法律出版社韦钦平女士的大力支持。在出版过程中，法律出版社的实习编辑楼鹏科先生在文字和内容上提出了非常宝贵的意见，避免了不少差错。在此，我表示衷心的感谢！

邹碧华

2010 年 8 月 19 日

编后记

模范法官生前身后的
《要件审判九步法》

刚刚过去的 2014 年,年仅 47 岁的作者邹碧华因突发心脏病,永远地离开了我们。《人民日报》在 2014 年 12 月 17 日头版以"担当,是改革者必须的修行"和"勇于担当的'邹碧华精神'"作了报道。一人逝而众人哀,他的离世罕见地引发了法律界的震撼和哀痛,形成了"邹碧华现象"。追悼会上的挽联"碧血忠魂潜心法治鞠躬尽瘁,华星秋月璀璨人生风范长存"是对他一生的写照。2015 年 1 月 24 日邹碧华被追授为"全国模范法官""上海市优秀共产党员"称号。

邹碧华称得上是法律出版社杰出的作者,在我与他八年的合作交往中,经我手出版有 8 本图书。其中既有他的原创独著,也有他担任主编、副主编和合作撰写的作品,但无论是哪种形式,从章节题目到内容构思、语言表述都凝聚了他的思想、智慧和心血。《要件审判九步法》是他的代表作,也是最有影响的一部审判方法类著作。自 2010 年本书出版以来,前几次的重印,仅是根据新的司法解释将"请求权、抗辩(权)基础备考表"作了修订,但这丝毫没有影响图书的销售。而他在法院的工作,我所了解的,从他任上海市高级人民法院民二庭庭长时,对商事审判实务问题的研究,到任上海市长宁区人民法院院长时所推行的可视化管理、要件审判、裁判文书撰写的八个一致、执行中的分权制衡,心理学知识在接待当事人、调解、开庭中的运用等等,都很好地诠释了他坚定法治理想信念,注重审判业务研究,不断开拓创新,勇于担当的精神。

法律适用方法的运用对于统一司法、公正司法,提高法官办案水平都具有重要意义,而法律适用方法的运用并未引起我国司法实践部门的足够重视。为此,本书出版后,我们联合《人民法院报》、中国人民大学法学院共同主办了《民商事审判方法》研讨会,与会专家学者和法官对本书给予了一致好评。杨立新教授谈到本书时讲:九要件裁判方法也是围绕着请求权的方法来进行的,也是请求权的方法与司法实践相结合思路的产物。通过请求权与法律关系相结合的裁判方法,我们能够形成比较完善的具有实践操作性的裁判模式,老法官在对新法官传帮带的时候,就有了一种可以遵循的科学的方法。我想这也是本书之所以畅销的原因吧。

邹碧华的优秀,也可以说是卓越,并不是今天才形成的。对于他的优秀品质,我在2011年夏天因出版本书撰写的《编辑手记》中早有阐述。手记的内容刊发在出版社内部的《悦读与实践》总第1辑/2011秋季版上。现将部分文字分享,作为对邹碧华法官的追忆。

2010年春节刚过,时任上海市长宁区人民法院院长的邹碧华到中央党校学习。得知这一消息,想到每次去上海他都会热情接待,我也想借机略表谢意,即约请他吃个便饭,就是这次的约请促成了《要件审判九步法》一书在2010年9月的面世。

我清晰地记得邹院长在电话里充满自信与期待地向我阐述他要将多年审判实践中总结出来的法律适用方法编成一本讲义,市场一定看好的话语。当时,作为从事出版工作已10年有余,一直对审判实务领域的图书选题有着浓厚兴趣的我,也对这个选题做出了迅速的判断,当即回答"我给您支付版税"。不久,我拿到了书稿的目录,更坚定了出版的信心。

书稿就在他一次次许诺交稿时间,又一次次推迟,又在我的一次次催促中完成了。邹院长在最初的后记里是这样描述交稿的"填上法律出版社韦钦平女士的电子邮件地址,把这本书的相关文件附上,点击'发送',邮箱显示'邮件发送成功',时间是2010年8月9日凌晨两点。至此,这本书的写作终告完成"。在这里我可以体会他交稿时的心情。在公开正式出版的后记中我还是删掉了我的名字。书稿交付后,我满怀兴奋地阅读了部分书稿。虽然书稿本身的内容是谈法律适用方法的,但字里行间无不透射出他对法院审判工作全局的一些深度思考和创新做法。也从一个侧面折射出,作者在不断实践、不断探索中而迸发出的思想,就如喷涌的泉水一样源源不断。书稿的创新性、可操作性、实践价值可与当代著名法学专家的裁判方法类图书相媲美。

作者的谦虚、敬业、对知识的孜孜以求,以及对法院审判工作乃至整个司法业高瞻远瞩的思想和使命感,给我以及接触到他的编辑留下了深刻的印象。可以说,他的信念、执着和行动感染着我,我也因此而更好地做好编辑工作。

2010年9月16日,《要件审判九步法》一书已摆在了在沈阳召开的《民商事审判方法》的研讨会上,会上受到了来自基层法院、中级法院、省高院领导和法官的一致好评。市场反馈也超出我们的预期,首印数很快售罄,其销售业绩在专业图书排行中遥遥领先。

这些过程,让我进一步了解并深切地感受到审判实践一线的法官迫切需要一套有效的审判方法,这也是目前法院审判工作的亟需。

记得当时这篇手记是一气呵成,几乎没有润色。今天法律人对邹碧华的缅怀和追念,印证了我四年前发自内心的真实感受。

我很荣幸在我的编辑生涯中能与这样一位杰出的作者近距离接触,他的思想和品行已在我的内心留下了深深的烙印!

韦钦平
2015 年 1 月

图书在版编目（CIP）数据

要件审判九步法／邹碧华著 . -- 北京：人民法院出版社，
2021.6

ISBN 978 - 7 - 5109 - 2973 - 1

Ⅰ.①要…　Ⅱ.①邹…　Ⅲ.①审判 - 研究 - 中国
Ⅳ.①D925.04

中国版本图书馆 CIP 数据核字（2020）第 208213 号

要件审判九步法

邹碧华　著

策划编辑	韦钦平	
责任编辑	韦钦平　周利航	
出版发行	人民法院出版社	
地　　址	北京市东城区东交民巷 27 号（100745）	
电　　话	（010）67550691（责任编辑）　67550558（发行部查询）	
	65223677（读者服务部）	
客 服 QQ	2092078039	
网　　址	http://www.courtbook.com.cn	
E - mail	courtpress@ sohu.com	
印　　刷	天津嘉恒印务有限公司	
经　　销	新华书店	

开　　本	787 毫米×1092 毫米　1/16	
字　　数	337 千字	
印　　张	19.25	
版　　次	2021 年 6 月第 1 版　2025 年 8 月第 13 次印刷	
书　　号	ISBN 978 - 7 - 5109 - 2973 - 1	
定　　价	45.00 元	